Herbert Werler
Millionengrab Werbung

SCHÄFFER
POESCHEL

Herbert Werler

Millionengrab Werbung

Die Sünden der Werber und die Fehler ihrer Auftraggeber

Zweite, aktualisierte Auflage

1994
Schäffer-Poeschel Verlag
Stuttgart

Die Deutsche Bibliothek – CIP-Einheitsaufnahme

Werler, Herbert:
Millionengrab Werbung : die Sünden der Werber und die Fehler ihrer Auftraggeber / Herbert Werler. – 2., aktualisierte Aufl. – Stuttgart : Schäffer-Poeschel, 1994
ISBN 3-7910-0822-6

Gedruckt auf säure- und chlorfreiem, alterungsbeständigem Papier

ISBN 3 7910 0822 6

Einbandgestaltung: Willy Löffelhardt
Satz: Typobauer Filmsatz GmbH, Ostfildern
Druck: Uhl GmbH + Co, Radolfzell
Printed in Germany

Schäffer-Poeschel Verlag Stuttgart

Ein Tochterunternehmen der Verlagsgruppe Handelsblatt und der Spektrum Fachverlage GmbH

Inhalt

Zum Thema. Zum Autor. Zum Thema Kritik

Jeder deutsche Unternehmer kennt zwei geflügelte Worte zum Thema Werbung. Das eine lautet *Wirb oder stirb*, das andere ist der Henry Ford (von anderen auch dem Warenhauspionier John Wanamaker) zugeschriebene Ausspruch *Die Hälfte allen Geldes für die Werbung ist zum Fenster hinausgeworfen; ich weiß nur nicht welche.* Die beiden Redewendungen umreißen exakt das Dilemma, in dem sich jeder befindet, der für seine Erzeugnisse oder Dienstleistungen mit Hilfe von Werbemaßnahmen Abnehmer sucht. Einerseits muß er sich – meist ungern – eingestehen, daß Werbung Kraftstoff fürs Geschäft ist. Andererseits hat er das ungute Gefühl, der teure Kraftstoff rinne unkontrolliert aus Tank und Leitung, bevor ein unbestimmbarer Rest im Motor seine Kraft entfaltet – oder, wer weiß das schon sicher, selbst dort nutzlos verpufft.

Zwar gibt es durchaus (noch) Unternehmen, die gut und gern auf jede Werbung verzichten können. Doch für die meisten wäre ein solcher Verzicht über kurz oder lang tödlich. Das gilt heute besonders für die Konsumgüter-Industrie, die ihre oft austausch- und angreifbaren Erzeugnisse mit riesigem Werbeaufwand in den Markt zu pumpen versucht. Sie steht zunehmend vor dem Problem, daß ihr Kampf um Käufer nicht nur um ein paar zusätzliche Zehntelprozent-Anteile an einem Warenkuchen geht, sondern daß dieser Kuchen während des Catch-as-catch-can-Kampfes um Marktanteile durch die parallellaufende Jagd auf Zuwachsraten immer größer und größer wird. Mit ihm wächst aber auch die Zahl der Kaufappelle, denen wir alle ausgesetzt sind, vor unseren Augen über die Grenze hinaus, jenseits derer sie insgesamt zunehmend wirkungsloser werden.

Diese klassische Markenartikelwerbung interessiert hier nur insofern, als auch alle »kleinen« Werbungtreibenden und die »Business-to-Business«-Werber von ihr und ihren Machern schon immer lernen konnten – und sei es an ihren Fehlern. Denn die werden auch dort gemacht, wo die Markenwerbung entsteht: in den großen, meist internationalen, Werbeagenturen. Und das, so seltsam das klingen mag, nicht zu knapp.

Es geht also in diesem Buch darum, Fehler aufzuzeigen. Fehler, die an sich schon dazu angetan sind, die erstrebte Effizienz (gedruckter) Werbung zu mindern. Fehler, die aber auch dazu führen, daß der Teil des Werbebudgets, den schon Ford oder Wanamaker nutzlos durchs Fenster davonfliegen sahen, ebenso inflationär wächst wie die Zahl der Werbebotschaften, die über uns niedergehen.

Ertappte Sünder fühlen sich bloßgestellt. Das macht sie empfindlich. Selbst wenn sie (vielleicht) erkennen, daß sie zu Recht kritisiert werden, reagieren sie oft ärgerlich. Dann pflegen sie Fragen zu stellen. Wie, so fragen sie beispielsweise, kommt der dazu, so etwas zu schreiben? Wer ist das überhaupt? Wer oder was gibt dem das Recht, die Früchte meiner Arbeit madig zu machen?

All solchen Fragen zuvorkommend, pfeift der Autor auf Datenschutz und Bescheidenheit und gibt ganz ungeniert bekannt:

Ich lebe seit 1948 vom Schreiben: als Schriftsteller, dessen Kurzgeschichten nicht nur geschrieben, sondern auch gedruckt wurden, als freier Journalist, als Theater- und Filmkritiker; seit 1960 der festen Anstellung wegen und interessehalber in einer Werbeagentur als Katalogredakteur und Werbetexter, Autor und Producer von audiovisuellen Werbemitteln; schließlich in der Industrie als Texter und Werbe(halb)leiter und erneut in einer Agentur als Texter und Konzeptioner.

1971 bis 1987 war ich als freier Berater für Investitionsgüter- und Dienstleistungswerbung wieder selbständig tätig. Und, last, not least, seit 1980 vergleiche ich bis heute in der Zeitschrift »texten+schreiben« Anspruch und Wirklichkeit gedruckter Werbebotschaften kritisch miteinander. Das sind 44 Jahre kommunikativer Aktivität, genug, um Wendungen wie »selbsternannter Kritiker« oder »hochkonzentrierter geistiger Dünnschiß« in Briefen an die Redaktion mit nachsichtigem Lächeln hinzunehmen.

Dennoch fällt dieses Lächeln nicht immer leicht, beweisen doch Wortwahl, Stil und Rechtschreibung solcher Briefe immer wieder, daß es in der deutschen Werbeszene offensichtlich unerwartet viele zweit- und drittklassige Akteure gibt. Erstklassige Werber, die durchaus auch schon mal Fehler machen, nehmen Kritik eher schweigend, aber tätig hin.

Zum Thema Kritik muß deshalb wohl auch dies noch gesagt werden: Wer immer sich mit Äußerungen gleich welcher Art an die Öffentlichkeit wendet, muß damit rechnen, daß er kritisiert wird. Der Sänger im Konzertsaal, der Schauspieler im Theater, der Filmregisseur, der Autor eines Stückes oder eines Romans – sie alle wenden sich an die Öffentlichkeit, wollen ihr eine Ware verkaufen, erhoffen Anerkennung für ihre Leistung. Ist, was sie bieten, gut, freuen sie sich über das Lob der Kritik. Ist es schlecht, ärgern sie sich über den Verriß, bemühen sich aber (hoffentlich), beim nächsten Mal besser zu sein.

Warum sollte es mit der Werbung anders sein? Werbung ist Kommunikation mit der Öffentlichkeit. Inhalt und Art der Darbietung bezwecken etwas. Wer Fehler macht, wer sich in der Tonlage vertut oder die gewählten Ausdrucksmittel nicht beherrscht, muß sich nicht wundern, wenn er kritisiert wird.

Kompliziert wird die Sache dadurch, daß man der Darbietung Werbung meist nicht ansieht oder anhört, wer Fehler oder falsche Töne zu verantworten hat. Vor allem bei kleineren Unternehmen gibt es jede Menge Laiendarsteller: Chefs, Verkaufsleiter oder Techniker glauben zu Recht, das Stück, das gegeben werden soll, am besten zu kennen, übersehen aber gern, daß sie keine Sänger, keine Schauspieler und meistens erst recht keine Kommunikationsprofis sind.

In der öffentlichen Veranstaltung Werbung sind jedoch die Darsteller einer verkorksten Vorstellung meist nicht die Laien selbst, sondern von ihnen angeheuerte Profis. Auch gibt es in diesem Metier kaum professionelle Kritiker, die in einschlägigen Publikationen schlechte Auftritte verreißen. Deshalb liegt es durchaus im Interesse der ohnehin nicht sonderlich gut angesehenen Werbebranche, wenn sich erfahrene Fachleute verpflichtet fühlen, schludernden Kollegen auf die Finger sehen. Wer sonst kann ihnen denn klarmachen, daß sie ihren Auftraggebern nicht nur die optimale, effiziente Arbeit vorenthalten, die diese erwarten dürfen, sondern mit dilettantischen Aktionen deren gutes Geld zum Fenster hinauswerfen?

Die Kritik, meinte der Publizist und Kritiker Herbert Ihering, *ist nicht um ihrer selbst willen, sondern um ihres Gegenstandes willen da.*

Sowohl in meinen Beiträgen für »texten+schreiben« als auch in diesem Buch, das zum Teil aus solchen Beiträgen hervorging, habe ich deshalb stets den Gegenstand, die gute, wirksame Werbung, im Auge und den Standpunkt des Werbungtreibenden, der sie in Auftrag gibt, im Sinn.

In diesem Bestreben bin ich Überzeugungstäter. Deshalb schreibe ich weder in der dritten Person (»Der Autor meint, daß . . .«), noch im Pluralis modestiae (»Wir meinen, daß . . .«), sondern in der ersten Person Einzahl. Das ist deutlicher, klärt die Fronten und ermöglicht es, ernsthafte Information unterhaltsam darzubieten. In diesem Sinne wünsche ich Ihnen eine – hoffentlich – kurzweilige, vor allem aber gewinnbringende Lektüre.

Stuttgart, im Dezember 1992 *Herbert Werler*

1. Worum es geht

Was ist, soll, kann die Werbung?

Der sprichwörtlich versaubeutelte Teil des Werbeetats hinterläßt Spuren in der Bilanz des Werbungtreibenden. Auch anderswo im Kreislauf der Wirtschaft wird er Wirkung zeigen. Doch ansonsten gilt: weg ist weg. Was er bewirken sollte, fand nicht statt, wollte Mr. Ford gesagt haben. Oder Mr. Wanamaker. Könnten wir diese und andere Wirtschaftspioniere fragen, was es denn war, das der durchs Fenster entschwundene Teil des Werbebudgets nicht bewirken konnte, während es der andere sehr wohl schaffte, sie wären um eine ehrliche Antwort nicht verlegen. »Werbegeld soll Geld machen,« würden sie sagen, »was sonst? Ein Unternehmen, das keinen Gewinn macht, ist krank. Ein Unternehmen, das wenig Gewinn macht, ist nicht gesund. Nur Unternehmen, die genug Gewinn machen, können leisten, was alle Welt von ihnen erwartet. Und die Werbung ist eines der Werkzeuge, die wir erfunden haben, um das, was wir produzieren, mit gutem Gewinn zu verkaufen.« Punkt.

So ehrlich sagt das heute keiner mehr. Selbst das zehn Jahre alte »dtv Brockhaus Lexikon«, das ich gern befrage, wenn ich eine knappe Antwort auf eine heikle Frage erwarte, will nicht so recht heraus mit der Sprache. Werbung, heißt es da, sei die »absichtliche und zwangsfreie Form der Beeinflussung, die die Umworbenen für die Werbeziele gewinnen soll. Im allgemeinen Sprachgebrauch wird unter W. meistens die Absatz-W. verstanden.« Und schon im dritten Satz, als Zitat (J. Bidlingmaier) ausgewiesen, geht es nicht mehr darum, was Werbung ist, sondern was sie soll, nämlich: »Sie hat die Aufgabe, die Produkte und Dienstleistungen der Unternehmung bekanntzumachen, die Einstellung zum betrieblichen Angebot zu beeinflussen, die Akquisition zu unterstützen sowie den Einsatz der übrigen absatzpolitischen Instrumente zu ergänzen.«

Ob unverblümt oder kunstvoll umschrieben: Werbung, übrigens selbst ein bedeutender Wirtschaftsfaktor, ist in der Marktwirtschaft nach derzeitigem Verständnis ein unentbehrliches Instrument der Absatzpolitik. Und wie alle anderen absatzpolitischen Instrumente, etwa Design und Qualität der Produkte, Distribution, Preisgestaltung oder Kundendienst, kostet die Werbung Geld – nicht zu knapp und, wer beklagt das nicht, von Jahr zu Jahr mehr.

Wer trotzdem wirbt, weiß warum. Was er meistens nicht weiß, ist, ob er für sein gutes Geld ebenso gute Werbung bekommt – effektive Werbung also, die ihr Geld wert ist, weil sie Geld in die Kasse bringt. Denn mit der Kontrolle des Werbeerfolgs ist das so eine Sache. Relativ pur ist sie nur dem Versand- und dem Einzelhandel möglich. In allen anderen Wirtschaftszweigen ist der Erfolg von Werbemaßnahmen meist nicht oder nur unzureichend vom Erfolg anderer absatzpolitischer Maßnahmen zu trennen. Und häufig genug sind für steigenden oder fallenden Umsatz Faktoren ausschlaggebend, die weder mit den Mühen einer guten Geschäftsführung noch mit der Qualität der Werbung das geringste zu tun haben.

Es liegt nahe, nicht den Erfolg der Werbung messen zu wollen, sondern die Werbung selbst zu beurteilen. Eine neue Anzeigenkampagne also daraufhin abzuklopfen, ob sie geeignet ist, die gesetzten Ziele mit dem höchstmöglichen Wirkungsgrad zu erreichen. Und zwar, bevor sie genehmigt und auf das Publikum losgelassen wird. Und bevor sich irgendwo heimlich jenes Fenster öffnet, von dem alle Welt weiß, daß ...

Ringsumher bricht nun alles in frohes Lachen aus. Das tun wir doch, du dummer Kerl, rufen sie. Glaubst du denn, bei uns werden Kampagnen verabschiedet, die nicht auf Herz und Nieren geprüft, auf ihre Wirksamkeit getestet und, wo nötig, korrigiert oder optimiert wurden?

Mag sein. Doch sind sich selbst kompetente Kommunikationsfachleute beispielsweise über Sinn, Unsinn oder Wahnsinn von Pretests, also Wirksamkeitstests vor dem Gang an die Öffentlichkeit, nicht einig, weshalb wir sie besser vergessen (die Pretests, nicht die Fachleute!).

Und jenes Prüfen auf Herz und Nieren, ohne das doch wohl nirgends eine Kampagne genehmigt wird? Ach, wissen Sie, wie oft habe ich Kampagnen präsentiert: dem Werbeleiter des Kunden im stillen Kämmerlein, dem zwölfköpfigen Akademiker-Gremium am großen runden Tisch. Früher oder später hieß es: Sehr schön (schön!), wenn der Chef einverstanden ist, machen wir's so. Und oft hieß es Tage (oder Wochen) später: Sorry, dem Chef hat es nicht gefallen.

Wenn meine Kampagne gut und richtig war, lagen die Auftraggeber – der Werbeleiter, das Gremium, der Chef – falsch. Was Auftraggeber falsch machen (können), darüber lesen Sie einiges im Teil 3 dieses Buches.

Und wenn die präsentierte Werbung fehlerhaft ist? Dann muß, wer immer beim Auftraggeber für das Okay zuständig ist, den Machern sagen können, daß sie Regeln ihres Handwerks entweder nicht kennen oder sie ignorierten. Klar, daß er dazu die Regeln kennen muß. Klartext dazu finden Sie im Teil 2.

Die wichtigsten Faktoren wirksamer Werbung spiegeln sich in einfachen Thesen. Thesen, die jedes Kind versteht. Thesen, die allen einleuchten. Thesen, deren Richtigkeit niemand anzweifeln kann und die so simpel sind, daß es schon fast peinlich ist, sie hinzuschreiben. Trotzdem, hier sind sie:

- **Werbung muß auffallen**
- **Werbung muß gefallen**
- **Werbung muß verstanden werden**

Wer diese Thesen beachtet, schafft die Voraussetzungen für wirksame und erfolgreiche Werbung. Er gründet das verborgene Fundament, auf dem die wesentlichen Elemente der Effizienz aufbauen. Trägt das Fundament nicht, wird auch der Aufbau, dessen beide Faktoren den Werbeerfolg ausmachen, kein Meisterwerk. Auch diese beiden Faktoren lassen sich in kurze, prägnante Thesen fassen:

- **Werbung muß überzeugen**
- **Werbung muß beeinflussen**

Kurze, prägnante Thesen haben ihre Vorzüge. Besonders vorzüglich sind sie, wenn sie verständlich sind. Um Verständlichkeit habe ich mich insofern bemüht, als ich sie in simplen deutschen Worten formuliert habe. Werbefachleute und, noch mehr, Experten, die sich mit den wissenschaftlichen Grundlagen der »Marktkommunikation« befassen, neigen allerdings dazu, sich verbindlicher, weniger fordernd, dafür aber komplizierter auszudrücken. Doch auch in leidlich gutem Deutsch kann man, worum es in den obigen fünf Thesen geht, sagen. Mit Adjektiven beispielsweise:

- **Aufmerksamkeitswirkung**
- **Anmutungsqualität**
- **Verständigungsleistung**
- **Einstellungsbeeinflussung**
- **Verhaltensbeeinflussung**

Wobei anzumerken wäre, daß niemand den Begriff Verständigungsleistung benutzt, sondern mit exakt ebenso vielen Buchstaben von Kommunikationsleistung spricht und schreibt. Doch an dieses häßliche Wort sind wir ja mittlerweile gewöhnt. Werbungtreibende (und Werber) sollten diese fünf Thesen schon deshalb kennen, weil sie so häufig mißachtet werden. Und weil die Mißachtung, vor allem der ersten drei, auch dem Auftraggeber ins Auge fallen kann – wenn er sie kennt. Deshalb möchte ich Sie nicht wie weiland Martin Luther mit ein paar herrischen Thesen alleinlassen, sondern noch ein paar erklärende Worte hinzufügen.

Werbung muß auffallen
Wie und wo auch immer Sie werben: Wenn Ihre Werbung dem Menschen, den sie erreichen soll, nicht auffällt, ist nicht nur die Hälfte des Geldes, das sie kostet, zum Fenster hinausgeworfen, sondern alles. Das ist so logisch, daß darüber eigentlich kein weiteres Wort zu verlieren ist.

Und doch: Etwas erkennen ist das eine, die Erkenntnis zu beachten ein anderes. Und auch das ist leider wahr: Weil auch andere diese Thesen kennen (und danach handeln), und weil diese anderen sehr viele sind, wird es immer schwieriger, aufzufallen. Trotzdem darf niemand, der wirbt, das Wissen verdrängen, daß Werbung beim Umworbenen zuallererst Aufmerksamkeit erregen muß, um wirken zu können.

Werbung muß gefallen
Um aufzufallen, setzen Kreative oft Gestaltungselemente ein, die dem Betrachter nur deshalb ins Auge fallen, weil sie ihm unsympathisch sind und ihn abstoßen. Unsere zweite These *Werbung muß gefallen*, könnte deshalb auch lauten: Werbung muß beim Betrachter Sympathie erregen. Sympathie, da greife ich wieder zum Lexikon, ist »die auf nachfühlendem Verstehen des Verhaltens oder der ganzen Persönlichkeit eines andern beruhende Zustimmung oder Zuneigung.« Der andere, das ist in der Werbung der Werbungtreibende. Er, sein Unternehmen, sein Produkt, seine Dienstleistung brauchen die Zustimmung, die Zuneigung dessen, dem die Werbung ins Auge gefallen ist; sie müssen seine Sympathie erringen.

Denn was dem Menschen nicht sympathisch ist, das läßt ihn kalt. Schlimmer: das stößt ihn ab. Das aber ist das allerletzte, was Sie brauchen können: daß Sie den Menschen, dessen Blick und damit dessen Zuwendung Sie gerade eingefangen haben, abstoßen. Denn nun war die Mühe, die Sie sich mit der Erfüllung der ersten These gemacht haben, schon für die Katz. Der Mensch guckt weg, blättert weiter, schaltet ab, bevor er Ihre Werbebotschaft aufnimmt. Schade. Das Fenster öffnet sich. Das Geld ist weg.

Werbung muß verstanden werden
Ist das Interesse geweckt und die Sympathie des Menschen gewonnen, sind Sie schon weit gekommen. Nun müssen Sie dafür sorgen, daß Ihre Werbebotschaft »ankommt«. Das heißt: Was Sie zu sagen haben, muß in jeder Hinsicht verständlich sein. Bild, Schlagzeile

(»Headline«), Text (»Copy«) und alle weiteren Bestandteile einer Anzeige dürfen sich nicht gegenseitig beeinträchtigen, sie müssen als Ganzes wirken und wahrnehmungspsychologische Gesetze berücksichtigen; die Schrift muß leicht lesbar sein; der Text muß dem Wortschatz des Lesers entsprechen, muß dramaturgisch aufgebaut sein, muß den Leser fesseln und führen, muß ihn interessieren, informieren, motivieren und ihm Genugtuung verschaffen, und er muß, wie die gesamte Werbebotschaft, (normalerweise) glaubwürdig sein.

All diesen Forderungen zum Thema Verständlichkeit (und das sind noch längst nicht alle) liegen Erkenntnisse der Verhaltensforschung zugrunde. Man kann sie in Büchern nachlesen – etwa in »Verständlich sprechen, schreiben, informieren« von Peter Teigeler (Bad Honnef: Bock & Herchen, 1982), in »Werbung – Steuerung des Konsumentenverhaltens« von Werner Kroeber-Riel und Gundolf Meyer-Hentschel (Würzburg: Physika-Verlag, 1982) oder in »Strategie und Technik der Werbung« von Werner Kroeber-Riel (Stuttgart: Verlag W. Kohlhammer, 1991).

Doch zum einen glauben Kenner der Szene zu wissen, daß Werbeleute nichts weniger gern tun, als sich Bücher zu Gemüte zu führen. Zum anderen ist der saarländische Professor Kroeber-Riel, gewiß irgendwie (wenn ich dieses verschwiemelte Modewort ausnahmsweise gebrauchen darf) zu Recht, bei Werbern wenig beliebt (Walter Lürzer, mehrmaliger Ex-Agenturchef: *Einer der gefährlichsten Männer der Nation ... ist der Herr Professor Kroeber-Riel.* »w&v« 40/91). Und Peter Teigeler, ebenfalls Professor, ist in seinem Buch oft selbst wenig verständlich (Edith Hallwass in »texten+schreiben« 4/82: *Denn nicht erst seit Psychologieprofessoren Bücher zum Thema ›Verständlichkeit‹ schreiben, sagt man der Psychologie nach, sie verbreite Dinge über den Menschen, die jeder weiß, in einer Sprache, die keiner versteht.*)

Werbung muß überzeugen und beeinflussen

Die beiden letzten der weiter vorn aufgeführten fünf Thesen, deren Beachtung erfolgreiche Werbung möglich macht, lauteten: Werbung muß überzeugen und Werbung muß beeinflussen. Auch sie sind, nimmt man sie nur beim Wort, ganz selbstverständlich. Trotzdem sind auch sie offenbar gar nicht so leicht zu verwirklichen. Die Gründe dafür überlappen sich vielfältig mit anderen Sünden und Fehlern sowohl der Werber als auch ihrer Auftraggeber. Auf einige der wichtigsten komme ich später ebenfalls zurück.

Wichtig erscheint mir angesichts aufgeregter Diskussionen über Wirksamkeit und Erfolg von Werbung, daß Sie diese beiden Begriffe nicht miteinander verwechseln. Das tun selbst Fachleute wie Prof. Kroeber-Riel gelegentlich im Eifer des Gefechts. Auch davon wird noch die Rede sein. Wir aber sollten, auch wenn sich manche Faktoren der genannten fünf Thesen manchmal nicht ganz eindeutig voneinander trennen lassen, darauf bestehen: Wirksame Werbung ist noch keine erfolgreiche Werbung im ökonomischen Sinn. Der Begriff Wirksamkeit verdeutlicht nur, daß Werbung im Kopf des Rezipienten, des potentiellen Kunden, etwas bewirkt. Diese Wirksamkeit kann man testen. Über den Sinn solcher Tests allerdings kann man verschiedener Meinung sein. So sagte z.B. ein anderer Wissenschaftler, Professor Dr. Rolf Kloepfer, in einem Interview mit »w&v« zur Arbeit Kroeber-Riels: »Es lohnt sich nicht, erneut zusammenzufassen, warum methodisch und empirisch die Basis dieses Gurus unhaltbar ist«.

Was Werbung kann,
die letzte Frage in der Überschrift zu diesem einleitenden Kapitel, läßt sich kurz und klar beantworten: alles.

Werbung kann, was Mr. Ford und Mr. Wanamaker wollten: verkaufen. Auch wenn es mancher nicht wahrhaben möchte. Doch wie immer bei derart kategorischen Behauptungen muß die Relativierung auf dem Fuße folgen. Sie lautet: Werbung kann verkaufen, wenn ein neues Produkt, eine neue Dienstleistung auf einen bisher ungestillten Bedarf trifft und wenn einige wichtige Rahmenbedingungen erfüllt sind (oder werden).

Zwei Beispiele in Umrissen, die Sie sich selbst mit den schönsten Farben ausmalen können:

Beispiel eins: das Spaßmobil. Das ist ein schicker, sicherer, sparsamer Wagen, der der heute üblichen Mittelklasse entspricht, mit allem Komfort ausgestattet ist, zu seinem Antrieb weder primäre noch sekundäre Kraftstoffe benötigt und die Umwelt nicht nur nicht schädigt, sondern die bekannten, bereits eingetretenen Umweltschäden heilt, weil das Antriebsaggregat alle in der Luft enthaltenen Schadstoffe als Treibstoff nutzt und als »Abgas« saubere, frische, ideal zusammengesetzte Atemluft von sich gibt. Es ist wartungsarm, geräuschfrei, steuerbegünstigt und ab übermorgen lieferbar. Sein Preis: ca. 25000 Mark; ein gebrauchtes Auto wird zum Taxpreis von gestern in Zahlung genommen und von Vater Staat entsorgt. Ein Auto also, das rundum Spaß macht.

Beispiel zwei: die Heinzelmännchen-Agentur. Das ist das Super-Dienstleistungsunternehmen von morgen. Anruf genügt (»Eine unserer Leitungen ist immer für Sie frei!«), wenig später stehen freundliche Menschen vor der Tür und helfen Ihnen, Ihre Probleme zu bewältigen. Ob Sie Hilfe im Haushalt oder im Garten brauchen, ob es ein Babysitter sein soll oder ein vertrauenswürdiger Mensch, der während Ihres Urlaubs das Haus hütet, ob das Dach zu decken ist, die Oma in die Badewanne zu heben, der tropfende Wasserhahn zu reparieren, die Fenster zu putzen, der Streit mit der Schwiegermutter zu schlichten oder ein Antrag bei einer Behörde zu stellen – was immer es auch sei, es wird schnell, fachgerecht, unbürokratisch und zum Einheitspreis von 25 Mark pro Leistungseinheit erledigt. Einziger Vorbehalt: Das Ansinnen muß erfüllbar, einleuchtend und sozial gerechtfertigt sein. Die Kosten werden erforderlichenfalls auch von der Krankenkasse oder von der Gemeindekasse übernommen.

Sie haben recht: ich beliebe zu scherzen. Ein solches Fahrzeug, eine solche Agentur brauchen keine Werbung. Ihre Ankündigung wäre für die Medien ein gefundenes Fressen. Presse, Funk und Fernsehen würden sich überschlagen, uns, die Zielgruppe, umfassend zu informieren. Tagelang, wochenlang. Und völlig kostenlos. Das heißt aber, daß neu auf den Markt zu bringende Erzeugnisse und Dienstleistungen im Idealfall, um bekannt und verlangt zu werden, nur der Vermittlung schlichter Fakten bedürfen. Purer Information also, ohne Mätzchen und Kinkerlitzchen, ohne Emotion und Unterhaltung. Eben das, was in unserem Informationszeitalter die zur Kommunikationsindustrie hochentwickelten Medien verkaufen. Wobei Sie bitte das Wort verkaufen beachten wollen. Es bedeutet, daß im fiktiven Idealfall eines Super-Produkts, einer Super-Dienstleistung die Kosten der Bekanntmachung, der Markteinführung vom Verbraucher getragen werden und nicht, wie im Normalfall Werbung, zunächst vom Anbieter mit vollem Risiko vorzufinanzieren sind.

Spinnen wir diesen Gedanken weiter? Das ist ganz einfach, denn von nun an geht's bergab. Streichen wir eine der idealen Rahmenbedingungen nach der anderen, erreichen wir über kurz oder lang den gegenwärtigen Ist-Zustand. Er ist gekennzeichnet von der Tatsache, daß jede fehlende Idealbedingung durch Werbung ersetzt werden muß. Gibt es beispielsweise neben der Neuheit Spaßmobil auch die Neuheit Funcar und ähneln sich die beiden wie ein Ei dem anderen, werden die Hersteller spätestens dann, wenn der erste Bedarf gedeckt ist, beginnen, werbend das herauszustellen versuchen, was die Werber USP nennen, *unique selling proposition.*

Koschnicks »Standard-Wörterbuch der Werbung« (de Gruyter, Berlin, 1983) beschreibt den – von vielen Werbern wider besseres Wissen als Relikt aus der Steinzeit verspotteten – USP so: »Eine von dem amerikanischen Werbefachmann Rosser Reeves entwickelte

Vorstellung, nach der erfolgreiche Werbung an die Verbraucher einen einzigartigen Anspruch herantragen muß, den die Werbung für die Konkurrenz nicht an sie heranträgt oder nicht an sie herantragen kann und der so stark ist, daß er eine große Zahl von Verbrauchern zum Kauf des Produkts veranlaßt.«

Dort, wo ein USP noch denk- und formulierbar ist, sah man noch vor gar nicht allzulanger Zeit die gute Mitte des Geschäfts namens Werbung. Sehen wir uns heute um, dann erkennen wir, wie weit von dieser Mitte wir entfernt sind: so weit wie die Mittellage von der fiktiven idealen Spitze! Und um uns her sehen wir weit und breit nur Produkte und Dienstleistungen, auf die ein anderes Schlagwort zutrifft: me too. Dessen Autor verschwand in der Anonymität, weil ihm vor den tausenden Schöpfungen menschlichen Erfindungs- oder Nachahmungsgeistes grauste, die objektiv nicht voneinander zu unterscheiden sind.

Sie und ich, wir mögen darüber denken, was wir wollen. Tatsache ist, daß wir den Gipfel, den ich mit leichter Hand ins Bild setzte, nie erreichen werden. Tatsache ist aber auch, daß darunter eine ganze weite Welt liegt, in der Werbung, wie wir sehen, fast alles kann. Sogar das fast unmöglich Scheinende: Millionen Verbraucher von einem me-too-Produkt auf ein anderes umzupolen und ihnen dabei noch das Gefühl zu geben, es sei ihnen Gutes widerfahren …

Von der Verrücktheit der Werber

In einem bemerkenswerten Interview behauptete David Ogilvy, einer der großen alten Männer der Werbung, die Werbung leide seit Jahren unter einer Verrücktheit der Werber, an deren Heilung er hoffe mitwirken zu können. Er, dessen Credo es ein langes Werberleben hindurch war, Werbung habe nur eine Aufgabe: ein Produkt zu verkaufen, klagte: »Heutzutage sind die Menschen, die für Werbung bezahlt werden, nicht mehr am Verkauf interessiert. Sie halten Werbung für Kunst. Und sie reden die ganze Zeit über Kreativität.« Er wisse nicht, behauptete Ogilvy, was Kreativität sei. Er sei Verkäufer. Es sei ihm gleichgültig, ob das, was er mache, kunstvoll sei oder clever. »Aber die Werbeleute heute wollen Preise gewinnen. Sie benutzen die Werbung, um sich selbst nach vorne zu bringen, um bessere Jobs und höhere Gehälter zu bekommen. Das ist ein Skandal.«

Das Interview erschien im Oktober 1990 in der Werbe-Fachzeitschrift »w&v«. In einem Editorial forderte Peter Stegmaier die Werbebranche auf, »die Warnungen des Altmeisters David Ogilvy vor ›L'art pour l'art‹-Kreativität ernst zu nehmen.« »Mehr als nur einen mahnenden Zeigefinger«, schrieb Stegmaier, »erhebt der ungekrönte König der Werbung in seinem wohl letzten Interview. Ein Finger deutet auf die Kreativen, die Werbung als Freiraum für ungezügelte Ideenblitze nutzen; einer zeigt auf die Agenturchefs, die Kreativität zur Profilierung ihres Unternehmens mißbrauchen; und ein weiterer auf die Unternehmen, deren untere Entscheidungsebenen von ›derselben Krankheit‹ befallen seien, die ihren Dienstleistern zu oft l'art pour l'art durchgehen lassen.« Und weiter: »Ogilvy warnt aber nicht vor Kreativität an sich, sondern vor der allerorts drohenden Gefahr, übers Ziel hinauszuschießen, vor den Irrungen vieler Doppelseiten in Publikumstiteln oder Wirrungen der meisten TV-Spots, die auswechselbar Slice-of-life, Lifestyle oder Stylelife, nicht einmal aus dem Produkt geboren, propagieren. ... Diesen Vorwurf muß sich die Branche durchaus gefallen lassen, die den Begriff Dienstleister zu oft mißversteht, statt Dienst am Kunden Dienst an den Shareholdern oder an sich selbst verrichtet, vor Bauchpinselei und Nabelschau den Daseinszweck zum Sekundären degradiert.«

Nach einer eher flauen Ehrenrettung für »ernstzunehmende Werber« schließt der Autor mit dem, was er der Überschrift nach eigentlich sagen wollte: »Aber wenn Werbungtreibende sich allzu leicht über den Tisch ziehen lassen, zeugt das auch von Kunst: von der Unkunst der Kunden.«

Die Werbewirtschaft schwieg lauthals. Und ihre Kunden? Von ihnen behauptete Ogilvy, sie würden herausfinden, »daß die Werbung dieser smarten, anmaßenden und unwissenden Leute gar nichts verkauft. Und sie werden damit aufhören.« Das taten sie mit einer Ausnahme, von der noch zu reden sein wird, offensichtlich (noch) nicht. Doch gibt es Anzeichen genug, daß sich die großen internationalen Werbeagenturen selbst auf kommende Stürme vorbereiten. Auch wenn sie nicht mit Ogilvy der Meinung sind, die Werbung leide an der Verrücktheit der Werber, sehen sie genügend dunkle Wolken in Form von Werbeverboten oder -einschränkungen für gewisse wichtige Branchen am Horizont. Und es ist ganz so wie im wirklichen Leben: Vor einem aufziehenden Gewitter ist die Landschaft am buntesten.

Rot zum Beispiel.

1991 – das Jahr war in dieser Hinsicht durchaus merkwürdig – wurden die Leser von Zeitschriften wie TEMPO und WIENER, ein

Bild 1

junges Publikum also zwischen 18 und 30, von einer seltsamen Anzeige überrascht. Ein aufrecht stehendes Rechteck in sattem Karminrot anstelle eines Fotos. Darüber schwarz gedruckt die Frage *What is red?* Darunter die Antwort *Marlboro is red.* Und durch ein rotes Element des Packungsdesigns davon getrennt die Umkehrung *Red is Marlboro.* Wer nicht englisch konnte, war selber schuld. Immerhin bekam auch er mit, daß es um die Zigarettenmarke ging, die

Bild 2

sonst mit Cowboy, Pferden und grandioser Landschaft warb. Und mit *Packshot* natürlich, der Abbildung der Packung, aus der das Designelement stammt.

Die Anzeige (Bild 1, links), so erfuhr die Fachwelt (nicht das Publikum!), löse die Cowboy-Werbung nicht ab, sondern sei Teil einer *Event-Promotion*, die sich in sieben deutschen Großstädten mit *Happenings* an *Twens* wende. Zu deutsch also: Philip Morris wollte so jene Zielgruppe ansprechen, um die kämpfen muß, wer zusätzliche Marktanteile gewinnen will.

Weil sich der Konkurrenzkampf der von Werberestriktionen bedrohten Zigarettenbranche zunehmend in diesem Sektor abspielt und weil ausgerechnet hier mit Emotionalem der alten Art kein Blumentopf zu gewinnen ist, muß man sich eben Neues einfallen lassen. Reynolds Fußgänger, der für eine Packung *Camel – Der Weg lohnt sich.* – meilenweit ging, verschwand hinter dem Horizont, vor dem sich nun im Kino niedliche Stoffkamele produzierten. Auf Plakaten und Anzeigen stand plötzlich das Kamel, das ein Dromedar ist, *Für unsere australischen Freunde* antipodisch kopf, trieb, *Typisch Junggeselle*, Unfug mit den Pyramiden, ließ sich im Urlaub von einer Giraffe vertreten oder verschwand in der von der Werbeagentur McCann-Erickson erdachten Kampagne so spurlos wie jeder Hinweis darauf, daß es um eine Zigarette ging. Gerade noch einen zahn- und richtungslosen Slogan erlaubte man sich noch: *Reine Geschmackssache.*

Über den Nutzen der Kampagne war nur wenig zu hören; der »Spiegel« glaubte zu wissen, die in Deutschland von McCann-Erickson kreierte und in den USA adaptierte Camel-Werbung habe dort nur mäßigen Erfolg gehabt. Der bei McCann zuständige *Creative Director* dagegen: »Der seit 1987 kontinuierliche Marktanteilsverlust der Camel Filters konnte im vergangenen Jahr zum ersten Mal deutlich gebremst werden.« (»w&v«, 28. 08. 92)

Der Drang der Zigarettenwerber nach neuen Ausdrucksformen oder, direkter gesagt, die Versuche, Produktversprechen ebenso wie die Lifestyle-Botschaften von Lustgewinn, Freiheit oder gesellschaftlicher Anerkennung heimlich aus der Werbung verschwinden zu lassen, war nicht neu. Der bisher weitestgehende Versuch dieser Art war die 1989/90 monatelang mit ganz erheblichem finanziellen Aufwand geschaltete Anzeige für die Zigarette *Silk Cut* (Bild 2, Seite 15), in der es nicht den geringsten Hinweis auf die Marke gab.

In England ging die Zigarettenindustrie diesen Weg noch um einiges konsequenter. Dort waren weitere *Silk Cut*-Motive, die den »Seidenschnitt« verfremdeten, ebenso zu sehen wie nicht weniger verblüffende visuelle Verfremdungen und Verschiebungen in Anzeigen und Plakaten der Marken *JPS* und *Benson & Hedges.*

Benson & Hedges, deren auch ins Deutsche adaptierte britisch steife Werbung bis dahin konservativ wie die Eiserne Lady persönlich wirkte und allenfalls dadurch auffiel, daß die im Bild fast versteckte Zigarettenpackung für die Dummen noch einmal herausvergrößert wurde, bewies auf einmal subtilen Geschmack. Eines der neuen Motive zeigte zum Beispiel Unterlegscheiben, Muttern und eine Schraube; während alles andere in rostbraunem Ton gehalten war, leuchteten der untere Teil der Schraube und eine daraufgeschraubte Mutter im *Benson & Hedges*-Gold. Nirgends ein Hinweis auf die Marke oder den Hersteller.

Der wenigstens ist in einer Anzeige für die amerikanische Motorrad-Legende *Harley-Davidson*, die 1990 im »manager magazin« erschien, in Form des Firmenzeichens und (einmal) im Text enthalten. Und dieser Text, lesen und staunen Sie, geht so:

Mein Kommentar zu diesem »Text« besteht aus einem Wort mit drei Vokalen und vier Konsonanten (ß = 1 Buchstabe), das ich aus Gründen der Schicklichkeit aber für mich behalte. Am Fuß der Anzeige, kleingedruckt wie der Hinweis des Bundesgesundheitsministers bei Zigarettenanzeigen, aber großkotzig in Versalien, die hier der Lesbarkeit wegen in normaler Schrift wiedergegeben werden, steht:

> Kunsthochschul-Rektor Professor Kasper König hat auf dieser Seite die Freiheit, seine Meinung zu Harley-Davidson zu äußern.

Und rechts vom Text lesen wir in zwei Zeilen folgendes:

> Marko Lehanka, Student am Institut für neue Medien an der Staedelschule, Frankfurt, hat für Kasper König diesen Text erarbeitet. Er ließ die technischen Daten einer Harley-Davidson und die organischen Daten eines weiblichen Menschen vom Computer verarbeiten.

Das Ganze wurde von der nicht unbedeutenden deutschen Tochter einer bedeutenden amerikanischen Werbeagentur namens DMB&B verantwortet. Trotzdem geht dieses Meisterwerk der Auftragskommunikation meilenweit am Selbstverständnis und am Image von Harley-Davidson vorbei. Doch das macht nichts. Wenn ein deutscher Kunstprofessor und ein deutscher Kunststudent eine Anzeige kreieren, ist das Ergebnis ganz zweifellos Kunst. Das wird Michael Schirner, den deutschen Werbeguru, freuen, der schon lange behauptet, Werbung überhaupt sei Kunst. Sie alle miteinander aber, Sie haben es längst bemerkt, geben David Ogilvy recht, zumindest mit seiner Behauptung *Sie halten Werbung für Kunst.*

Doch der Guru (der ebenfalls Professor ist), der Professor und der Student, sie liegen falsch.

Am 05. 07. 91 erschien das »ZEITmagazin« Nr. 28. Die Redaktion ließ es von Bob Wilson gestalten, einem heftig umstrittenen amerikanischen Allround-Künstler. Er entwarf *25 Stühle für Gestalten der Weltliteratur, Denker und Diktatoren*, ließ sie bauen, fotografieren, die Bilder von seinem Freund Heiner Müller mit Fußnoten versehen und füllte damit 25 der 48 Magazinseiten. Dazu kam eine Seite Editorial und – Magazin bleibt Magazin – der Rest war Werbung.

Natürlich war das so entstandene Magazin keine Kunst. Doch es führte Kunst vor. Es war Ausstellung, Galerie. Mehr nicht. Aber noch nie hat Werbung so gestört, sich so dekuvriert, auch wenn einige wenige Werbungtreibende versuchten, ihre Anzeigen der Umgebung anzupassen. Wer nach dieser Demonstration noch glaubt, Werbung sei Kunst oder könne Kunst sein, weiß nicht, wovon er redet.

Etwas anderes ist es mit der Kreativität, die Ogilvy bedenkenlos mit der Kunst in einen Topf wirft. Werbung ohne Kreativität ist wie

Sekt ohne Kohlensäure. Es kann gar keinen Zweifel daran geben, daß zielgerichtete Kreativität der Nährboden effizienter Werbung ist. Da mag er noch so sehr beteuern, er wisse gar nicht, was Kreativität sei, er sei Verkäufer, basta: Wenn er je Werbung machte, die verkaufte (und daran ist ja nicht zu rütteln), dann war David Ogilvy kreativ. Und wer seine Bücher kennt, der weiß, daß er genau so ein Pfau ist, wie die radschlagenden *agency boys*, die er kritisiert. Das ganz wesentliche Faktum, das ihn von jenen unterscheidet, ist der Erfolg, den seine Anzeigen fast automatisch hatten. Der Erfolg an der Kasse, wohlgemerkt, der heute zunehmend schwindet oder sehr, sehr viel härter erarbeitet werden muß als vor dreißig, vierzig Jahren. Doch das ist nicht Schuld der Werber, sondern Folge unseres Wirtschaftssystems, das sich soziale Marktwirtschaft nennt, obwohl es besser Catch-as-catch-can hieße. In diesem Freistilkampf ist die Werbung einer der bewährtesten und wirkungsvollsten Griffe.

Der werbungtreibende Hersteller, der den entscheidenden Griff ansetzen will, muß Werber suchen und finden, die nicht nur mit allen strategischen, taktischen und kreativen Wassern gewaschen sind, sondern darüberhinaus ein Gespür für gangbare neue Wege abseits der bewährten Pisten und Trampelpfade haben.

Natürlich wissen das auch die strategischen Köpfe der Werbeagenturen. Manchen, wie dem Deutschland-Chef der englischen Super-Agentur Saatchi & Saatchi, kommt prompt Old Ogilvy in den Sinn. Stolz verkündete er »Kreative Arbeit ist nur kreativ, wenn das Produkt auch verkauft wird!« Andere, wie die neubestellte oberste Creativdirektorin der zweitgrößten Agentur der Welt (Young & Rubicam – 11000 Mitarbeiter, 7,5 Milliarden Dollar Etatvolumen), geben Uralt-Werbeweisheiten von sich wie »Wir müssen uns wirklich nur mit viel gesundem Menschenverstand jeweils auf eine einzige Idee konzentrieren, und die muß unterhaltsam übergebracht werden, sonst schauen die Leute nicht hin oder schalten um.« Wozu in einem Interview des »manager magazin« Y&R-Boss DeDeo diesen seinen Senf gibt: »Das Fehlen dieser Konzentration auf einen Punkt ist sowohl ein Problem bei unseren eigenen Leuten als auch bei den Kunden, die natürlich möglichst viel von den Qualitäten ihrer Produkte kommunizieren möchten.«

Das alles wäre einfach zum Lachen, hingen nicht zigtausende von Arbeitsplätzen und Milliarden an Umsatz vom Funktionieren der Branche ab – durchaus vergleichbar der Situation der Auto- oder der chemischen Industrie. Und mögen sie, wie die Y&R-Oberen, fröhlich im dunklen Wald pfeifen oder das Verhalten angstbeißender Hunde annehmen wie der Boss der auch nicht unbedeutenden, weltweit operierenden Agentur BBDO, der »das Versagen der gesamten kreativen Fähigkeiten unserer Branche« für unentschuldbar hält: Die Werber wissen, daß die Wendeboje greifbar nahe ist, wenn nicht vielleicht sogar schon im Kielwasser dümpelt.

Einer hat schon Ende der achtziger Jahre seinen Werbekurs gewechselt. »Anzeigen mit *Benetton*-Klamotten wird es nicht mehr geben«, sagte Luciano Benetton dem »Stern«, »unsere Produkte brauchen nicht mehr vorgestellt zu werden.« Also zeigten seine Anzeigen keines der Erzeugnisse, die die italienische *Benetton*-Gruppe in damals 6300 Modegeschäften in aller Welt verkaufte, sondern perfekte Farbfotos mit Stopperqualitäten, die dem Betrachter »Generalideen wie Toleranz, Rassengleichheit oder Sensibilität für die Umwelt« nahebringen sollten. Und natürlich den Firmenslogan *United Colors of Benetton.*

»Eine Kommunikationsstrategie mit sozialem Engagement und zeitlosen Werten« nannte das Luciano Benetton. Vor Jahren sagte man *Imagewerbung* dazu; die großen Agenturen rissen sich darum, bekamen doch ihre Kreativen auf diese Weise eine hübsche Spielwiese. Angesichts der neuen Richtung waren sie stocksauer und voller Häme. Kein Wunder: mit der *Benetton*-Werbung sind nur mehr zwei befaßt: Oliviero Toscani, ein Fotograf, der heimlich zum Werbekreativen mutierte, die Bildmotive (fremder Fotografen) beschafft, zusammen mit Benetton auswählt und die Anzeigen reali-

Bild 3

siert, und Luciano Benetton, der genehmigt und bezahlt. Nur die Schaltung der Anzeigen besorgten zunächst noch fremde Werbeagenturen; in Deutschland standen der Frankfurter JWT-Filiale für das Etatjahr 1991/92 4 Millionen Mark zur Verfügung. Letztmalig, muß gesagt werden, denn noch bevor 1991 zu Ende ging, gründete der Fotograf Toscani eine Media-Agentur, durch deren Kasse in Zukunft der 85-Millionen-Dollar-Schaltetat fließt.

Doch dafür kann sich, was Toscani seinem Freund und Auftraggeber vorlegt, nicht nur sehen lassen. Es schlug auch höhere Wellen, als man es von Anzeigenkampagnen gewöhnt war. Der neunzehnjährige Sohn meines Friseurs wußte auf Anhieb zwei *Benetton*-Motive des letzten Etatjahres zu nennen: die bunten Kondome und (Bild 3, links) das Bild des Soldatenfriedhofs – letzteres vom Deutschen Werberat als »Entgleisung« verurteilt und nach einmaliger Schaltung in der Versenkung verschwunden.

Wenn Sie mich fragen: Die Leute beim Deutschen Werberat haben sich die Anzeige nicht richtig angesehen. Für mich war dieses Foto ein großartiges Symbol für Toleranz. Doch dazu muß man den einen Stern unter den vielen Kreuzen erst einmal wahrgenommen und seinen Symbolgehalt erkannt haben.

Zwei der seit August 1991 geschalteten Motive sorgten ebenfalls schon vor ihrem Erscheinen für Aufsehen vom Vatikan bis nach

Bild 4

Hamburg: ein Baby unmittelbar nach der Geburt, blutig und noch an der Nabelschnur, und der keusche Kuß, den ein Nonnenmodel und ein Priesterdarsteller versuchen. Die Generalidee zu einem weiteren Motiv – eine subtil fotografierte Rolle weißen Toilettenpapiers auf weißem Grund – erschloß sich mir leider bei allem guten Willen nicht, und über die Motive der nächsten Kampagne – vom auf der Straße in seinem Blut liegenden Mafia-Opfer über den Aids-Toten bis zum menschlichen Knochen als Schlagstock (Bild 4, Seite 21) – kann man tagelang diskutieren. Daß dabei der Name *Benetton* stärker ins Gespräch kommt und in den Köpfen der Leute haften bleibt: Was sonst will Werbung denn?

Werbung der Zukunft also? Nein und ja. Eines ziemt sich nicht für alle. Doch die – übrigens bis in alle Ewigkeit fortführbare – *Benetton*-Werbung beweist, daß es möglich ist, neue Wege zu finden, daß vielleicht sogar ganz neue Dimensionen der Produktwerbung zu erschließen sind und daß Old Ogilvy mit seiner Meinung zur Kreativität ganz schön alt aussieht. Es sei denn, man setzt Kreativität mit Verrücktheit gleich. Was ja so verrückt auch wieder nicht wäre.

Die Sache mit der Kreativität

Howard Gold werden Sie nicht kennen. Wir waren Anfang der siebziger Jahre für kurze Zeit Kollegen bei der Stuttgarter Werbeagentur Bläse. Howard war Amerikaner, und obwohl er aussah wie ein Holzfäller von der kanadischen Grenze, war er ein hellwacher, kluger, kreativer Werbefachmann. Und ein guter Beobachter. Die deutschen Kreativen, stellte er kopfschüttelnd fest, tun ihren Job mit einer falschen Einstellung. Sie halten sich für Künstler, die ein böses Schicksal zwingt, ihr Brot mit Werbung zu verdienen. Sie kapieren nicht, daß sie mit dieser Einstellung zwar ganz gute Werber sein können, aber nie gute Künstler geworden wären.

Weil, sagte Howard, Künstler zweckfrei tun, was sie tun müssen. Weil sie nicht danach fragen, ob ihr Tun Geld bringt. Weil für sie gilt: Erst kommt die Kunst, dann, vielleicht, auch mal Geld. Wer, weil er diese Konsequenz nicht mag, die Kunst verrät und in die Werbung geht, ist kein Künstler. Und das heißt: der Anspruch, ›eigentlich‹ Künstler zu sein, ist nichts als Größenwahn, der den Blick dafür vernebelt, daß in der Werbung zweckfreies Tun nicht gefragt ist, ein Künstler also in der Werbung völlig fehl am Platze wäre. Was nicht ausschließt, daß der freischwebende Künstler und der an die *payroll* gefesselte Werber nicht einiges gemeinsam haben. Da ist zunächst einmal die Begabung, das Talent. Dazu schreibt mein hochgeschätzter Schweizer Kollege Milo Schraner (dessen 1988 erschienenes »Konzeptionelles Kursbuch« – Curti Medien AG, CH-8152 Glattbrugg – ich jedem an Werbung Interessierten wärmstens ans Herz lege):

> Der Basiswert Talent, ob verbaler, visueller oder anderer Art, ist eine angeborene Qualität. Sie kann nicht produziert oder anderswie erworben werden. Wer kein Talent besitzt, hat kreativ ausgeträumt. Es ist allerdings mehr Begabung erforderlich als bloß eine schwache Ader, denn der Talentgrad bestimmt den kreativen Rang. Gut Zeichnen können im landläufigen Sinn, beispielsweise, ist eine alltägliche Größe, die wenig oder nichts verspricht. Talent als Basisfaktor der Kreativität lebt als starke, lodernde Begabung, die aus Eignung und Neigung brennt. Doch reicht auch die nicht immer aus; kreative Werbeberufe etwa erfordern mehr als ein Talent – nebst schöpferisch gestalterischen Gaben werden Vorstellungskraft, psychologisches Geschick, modisches Flair, Sinn für Trends und andere Kommunikationsfaktoren gebraucht.

Wo das Startkapital Talent fehlt, sind also Hopfen und Malz schon mal verloren. Doch auch die »starke, lodernde Begabung« ist längst nicht alles, was Künstler und kreative Werber gemeinsam haben (müssen). Beide brauchen Talent, aber sie müssen auch ein Handwerk (oder mehrere) beherrschen. Was meisterhaft allerdings wohl auch nur talentierten Menschen möglich ist ...

Bei Malern wie bei Grafikern gehört dazu z.B. der Umgang mit Pinsel, Feder, Stiften und sonstigen Werkzeugen, das Wissen um deren Möglichkeiten und Grenzen, und so schwierige Fertigkeiten wie die Darstellung dreidimensionaler Formen auf einem zweidimensionalen Medium ohne Verständlichkeitsverlust. Für Dichter und Texter gehören zur handwerklichen Basis z.B. ein hochentwikkelter, über das Normale weit hinausgehender Wortschatz ebenso wie umfassende Kenntnisse von Wortbedeutung, Sprachlehre und Rechtschreibung – von der überdurchschnittlichen Fertigkeit im zweckentsprechenden Gebrauch von Wörtern und Sätzen ganz zu schweigen.

Aber auch Einfallsreichtum, spielerische Phantasie und gestalterische Kraft brauchen sowohl der Künstler wie der Werber, einen siebenten Sinn für Form und Strukturen und so Subtiles wie Stilgefühl ebenso wie ein handfestes, untrügliches Gefühl dafür, »was geht« und »was nicht geht«. Eigenschaften und Fähigkeiten also, die nicht nur Künstler und Werbeleute brauchen wie der Fisch den

Sauerstoff im Wasser, sondern auch Forscher und Wissenschaftler, Formgestalter und Goldschmiede, Apparatebauer und EDV-Programmierer und wer weiß alles noch.

Deshalb ist es schon ein bißchen seltsam, daß man im Deutschen im einen Fall klar und verständlich von Handwerk spricht und im anderen von Kreativität. Handwerk – da weiß jeder, worum es geht. Doch wer immer bisher öffentlich über Werbung nachdachte und dabei ganz von selbst bei dem zweifellos überstrapazierten Begriff Kreativität anlangte, tat sich meist sichtlich schwer.

Auch in einem eher unwichtigen Buch zum Thema Werbung (Friedemann W. Nerdinger: »Die Welt der Werbung«; Campus Verlag, Frankfurt, 1991), finden sich nur Umschreibungen der seltsamen Art, die in der Erkenntnis gipfeln: »Kreativität ist schwer zu definieren, aber leicht zu erkennen.«

Dabei stellt der Autor klipp und klar fest, Kreativität sei der Kern werblicher Leistung. Auch er meint, wie seinerzeit Howard Gold: »Diejenigen, die solche Leistungen vollbringen, scheinen sich weniger als Werber denn als Künstler zu sehen ...«, faßt aber dann zusammen: »In der Werbung dreht sich alles um Kreativität. Kreativität fragen die Kunden nach und Werber suchen sie zu verkaufen. Genau darüber, was denn Kreativität ist bzw. woran man sie erkennt, besteht aber keine Übereinstimmung.«

Deshalb sollten wir uns für die Dauer des Weges, den wir in diesem Buch zusammen gehen, auf eine Definition einigen, die nicht den Begriff umschreibt, sondern das, was ihn ausmacht, zu beschreiben versucht. Etwa so:

Kreativität ist eine Form menschlicher Intelligenz, die ein hohes Maß angeborener Begabung voraussetzt und sich in Einfallsreichtum, Phantasie und schöpferischer Kraft, Sinn für Stil, Formen und Strukturen und Gefühl für gestalterische Möglichkeiten (und Fallgruben) äußert, unabhängig davon, auf welchem Feld der schöpferischen Tätigkeit sie sich zeigt. Zu ihrer praktischen Umsetzung in konkrete Resultate bedarf es der perfekten Beherrschung der jeweiligen handwerklichen Fähigkeiten.

Mag sein, daß meine Beschreibung nicht vollständig ist. Dafür bin ich aber auch nicht der Meinung mancher Leute, Kreativität sei etwas, das man hat wie eine große Nase, rote Haare oder krumme Beine. Vielmehr behaupte ich, daß jeder talentierte und hinreichend intelligente Mensch kreative Fähigkeiten ebenso einüben, also erlernen kann wie die ebenfalls erforderlichen handwerklichen.

Vielleicht müßten wir uns nun auch noch darüber einigen, was denn wohl Intelligenz ist. Auch da gibt es unterschiedliche Definitionen. Ich halte mich ganz praktisch an die Lebensgeschichte eines berühmten Mannes. Der war zunächst Bauer, gründete mit 23 eine Versuchswirtschaft, scheiterte mit einer Erziehungsanstalt für arme Kinder, war mit 52 Zeitungsredakteur, ein Jahrzehnt später Pädagoge und gilt als geistiger Schöpfer der modernen Volksschule. Kein Zweifel, daß Johann Heinrich Pestalozzi (1746–1827) als intelligenter Mensch starb, obwohl er sich als junger Bauer sicherlich selbst nicht als solchen sah – konstatierte er doch an sich einen »Mangel an Gegenwart des Geistes bei erstmals entstehenden Veränderungen mich interessierender Umstände«.

Geistesgegenwart im ursprünglichen Sinn des Wortes also als wesentliches Element dessen, was wir Intelligenz nennen: schon Pestalozzi bewies, daß auch dies erlernbar ist. Gestehen wir dem intelligenten, kreativen Menschen nun noch zu, daß es hinsichtlich der Gegenwart des Geistes und der darauf beruhenden Fähigkeiten qualitative Unterschiede von Mensch zu Mensch und, wie jeder Kreative weiß, selbst beim einzelnen sogar zeitlich schwankend von Tag zu Tag, ja von Stunde zu Stunde, gibt, dann haben wir eine hinreichend sichere Basis zur Beurteilung werblicher Leistung. Doch um ganz sicher zu gehen, wollen wir uns anhand von einigen Beispielen noch vergewissern, wie sich denn nun die angeblich so schwer zu definierende Kreativität im täglichen Leben »leicht erkennen« läßt. Vielleicht wird dann klar, daß das Dilemma, wie immer im Leben, ganz einfach darin besteht, daß die einen nicht richtig erklären und die anderen nicht richtig zuhören.

Also bitte: Kreativität zeigt sich darin, daß der Auftraggeber in seinem Briefing vielleicht schreiben würde

> Über jahreszeitlich bedingte Schwierigkeiten, wie sie unseren Mitbewerbern oft erhebliche Schwierigkeiten bereiten, haben wir kaum zu klagen. Unser Streckennetz ist so trassiert, daß klimatisch bedingte Behinderungen die Abwicklung der von uns zu übernehmenden Aufgaben kaum beeinträchtigen können

und eine Junior-Texterin namens Margot Müller, die eben noch Sekretärin war, diesen Sachverhalt in die knappe Headline packt

> Alle reden vom Wetter. Wir nicht.

Liegt die Kreativität hier im Text, so findet sie im nächsten Beispiel (Bild 5, Seite 26) ihren Ausdruck primär im Foto – schon weil es praktisch gar keinen Text gibt – der Amerikanerin Annie Leibovitz. Sie fotografierte zunächst prominente Amerikaner, später, als die Konzeption auch für Deutschland übernommen wurde, deutsche und in Deutschland bekannte europäische Prominente so, daß sich

Bild 5

Bild 6

das Bild, das der Betrachter von der abgebildeten Person hat, im Idealfall um eine neue, oft bis dahin unbekannte, Dimension erweitert.

Anzeigenkampagnen, die mit Abbildungen Prominenter deren Zufriedenheit mit dem beworbenen Produkt bekunden sollen, nennt man *Testimonials*. Kaum je zuvor waren in solchen Kampagnen die Prominentenbilder so unterschwellig, aber auch so ausschließlich Vehikel der Werbebotschaft. Es läßt sich darüber streiten, ob diese auf der Übermächtigkeit der Leibovitzschen Kreativität beruhende Botschaft besser ankommt als auf andere, konventionelle Art oder ob wir es hier mit zwar spektakulärer, aber werblich belangloser L'art pour l'art zu tun haben.

Im dritten Beispiel (Bild 6, oben) ist es tatsächlich schwierig, verbindlich zu bestimmen, was die kreative Klasse der von der Werbeagentur Lintas gestalteten *Telekom*-Anzeige ausmacht. Das Bild ist lustig, es macht den Betrachter aufmerksam, reizt ihn zum Lesen des Textes, doch es ist kein Originalfoto, sondern stammt offensichtlich aus einem alten Film. Die Headline ist ein Zitat der Bundesbahn-Headline – frech, aber in jeder Beziehung zulässig und durchaus eine kreative Leistung. Der Text (die Werbeleute nennen's *Copy*) ist beiden adäquat:

> Manche rauben einem nicht nur den letzten Nerv. Sondern auch den letzten Groschen. Weshalb wir Sie an dieser Stelle mit einer erfreulichen Nachricht überfallen möchten: Bei allen Unternehmen, deren Telefonnummer mit 0130 beginnt, telefonieren Sie zum Nulltarif. So können Sie sich ganz zwanglos informieren und beraten lassen. Und verpulvern weder Energien noch Kleingeld. Man nennt das Kundendienst. Oder Service 130 der Telekom. – Achten Sie mal drauf: Sie werden erstaunt sein, wie viele Firmen sich ein Gespräch mit Ihnen gerne etwas kosten lassen.

Ein nachdenkender Betrachter, der sich von dieser Anzeige angesprochen fühlt, wird sich sagen: Auf die Idee muß einer erst mal kommen! Was nichts anderes bedeutet, als daß wir tatsächlich ein Ergebnis kreativen Denkens und Tuns vor uns haben. Des Denkens und Tuns allerdings nicht eines einzelnen, sondern eines Teams.

Eines Teams? werden Sie fragen. Kann denn ein Team kreativ sein? Es kann. In der Fachpresse liest sich das so: »Einfallen ließ sich die [Anzeige] die Hamburger [Werbeagentur] Lintas: Helmut Böning (CD), Julia Stackmann und Mario Vernier (Text), Günter Bauregger (Art), Elgin Feldhoff-Keppler und Matthias Ribbe (Kundenberatung), Claus Schwabe (Produktion), Georg Hölscher (Mediaplanung).«

Mag sein, daß die Kreativität der beiden Kundenberater, die man auch Kontakter nennt, weil sie den Kontakt zum Kunden halten, »nur« darin bestand, den Verantwortlichen bei der *Telekom* die Idee ihrer Kollegen zu »verkaufen«. Kann sein, muß aber nicht; es kann auch einer dieser beiden die Idee ganz allein gehabt haben, die die anderen dann verwirklicht haben. Der Normalfall wäre das jedoch nicht.

Auch die Kreativität des Mediaplaners und des für die Produktion, also die technische Herstellung der Anzeige, verantwortlichen Kollegen ist kaum je auf Idee und Konzept der Anzeige gerichtet. Kreative sprechen der Leistung dieser Mitarbeiter zwar meist jede Kreativität ab, doch sind die Grenzen in den Agenturen oft sehr flexibel und sowohl die Mediaplanung als auch die Produktion können durchaus kreativ gehandhabt werden.

Bleiben also die Dame Stackmann und die Herren Böning, Vernier und Bauregger. Die Namen sind echt, sie standen in »w&v« unter einem anderen Motiv dieser *Telekom*-Anzeigenserie. Möglich also, daß sie hier nur stellvertretend für andere Kolleg(inn)en stehen. Das tut nichts zur Sache, von der ich nur zeigen will, wie sie funktioniert.

Frau Stackmann und Herr Vernier also sind Texter. Meist sind in einem Team ein(e) ältere(r), erfahrene(r) und ein(e) jüngere(r), noch nicht so versierte(r) – Entschuldigung, Leser(in), ich habe diese geschlechtsspezifische Klammerei nicht erfunden! – Texter(in) zusammen tätig, mancherorts in der Stellenbeschreibung auch neudeutsch *senior copy writer* und *junior copy writer* genannt. Ihr Vorgesetzter – und der anderer Kreativgruppen – ist Herr Böning, der CD. Das heißt zwar *creativ director* (oder Kreativdirektor), hat aber mit dem Direktor eines Wirtschaftsunternehmens in der deutschen Wirtschaft wenig gemeinsam. Eher schon damit, daß im amerikanischen Sprachgebrauch auch der Regisseur ein Director ist, ein Mensch, der einem Team die (künstlerische) Richtung angibt. Jedenfalls setzen sich diese drei zusammen und, nun ja: kreieren, was ihnen aufgetragen wurde. In unserem Fall eine Anzeige zum Thema »Service 130«. Dazu holen sie, eventuell zeitweise, Herrn Bauregger; seine Statusparenthese weist ihn aus als zuständig für *art work*, für Gestaltung also, was immer das im einzelnen bedeuten mag.

Einer dieser vier Kreativen nun wird wahrscheinlich die Idee gehabt haben, Margot Müllers Bundesbahn-Headline zu *covern* (das amerikanische to cover bedeutet mancherlei, darunter auch »bearbeiten« und wird neuerdings hauptsächlich in der Popmusik gebraucht; seltsam, daß es phonetisch dem deutschen [ab]kupfern so ähnlich ist). So entstand die witzige Headline. Ganz legitim übrigens.

Ein anderes Gruppenmitglied erinnerte sich dann vielleicht des alten Filmfotos, wußte möglicherweise sogar, wo es aufzutreiben war. Anderenfalls trat die *art buyerin* in Aktion, die in jeder größeren Werbeagentur unentbehrlich ist. Selten ist auch ein Mann *art buyer*, manchmal ein(e) freie(r) Mitarbeiter(in). Sie/er beschafft alles, was die Graphik zur Visualisierung einer Idee braucht und nicht selbst herstellen will/kann/darf. Inzwischen basteln die Texter den Text und wenn das gesuchte Foto eingetrudelt ist (ich schreibe das so hin, obwohl ich weiß, daß sich dahinter mittlere menschliche Tragödien verbergen können), geht Herr Bauregger an die Arbeit. Von ihm stammt (normalerweise) die Layout-Idee, hier z. B. die, Bild und Textfeld mit einer Abrißkante zu verbinden und links das aufmerksamkeitsweckende rote Dreieck mit dem Slogan *Ruf doch mal an!* einzuklinken.

Sind die Reinzeichnungen der gesamten Kampagne fertig, holen die Kundenberater das o.k. des Kunden, sofern es nicht bereits früher erteilt wurde. Danach ist der *Produktioner* dran: er gibt die Druckvorlagen für die vom Mediaplaner in Zusammenarbeit mit dem Kunden festgelegten Zeitschriften in Auftrag (selbst das klingt sehr viel einfacher als es ist!), überwacht ihre Herstellung, nimmt sie ab und sorgt dafür, daß sie termingerecht bei den Druckereien sind.

Bild 7

Drei Beispiele also, an denen deutlich wird, was Kreativität ist. Eins davon, die *American Express*-Kampagne, zeigt aber auch schon, daß Zweifel erlaubt sind an der werblichen Wirksamkeit kreativen Tuns. Und wenn es nicht den Rahmen dieses Kapitels sprengen würde, könnte ich jede Menge Beispiele zeigen, bei deren Anblick man sich sofort ernsthaft fragt, ob sie bewirken, was der Werbungtreibende von ihnen erwartet – obwohl auch da ersichtlich Kreative am Werk waren. Wie, zum Beispiel, wäre denn die Tageszeitungs-Anzeige der Lintas-Kreativen (Bild 7, oben) für die *Telekom*-Kampagne zu beurteilen? Hier finden wir die oben erwähnten Elemente kreativen Tuns wieder – auf eine »Zweitfarbe« reduziert; zweifellos ein Pluspunkt. Der Text sagt informativ, worum es geht:

> Der Abwesenheitsauftrag: Wir beantworten für Sie das Telefon, sagen, wie lange Sie wegbleiben und nehmen Nachrichten entgegen. Auf Anfrage richten wir Ihnen aus, wer Sie sprechen wollte und warum. Außerdem erinnern wir Sie auch gerne an bestimmte Termine, geben Nachrichten von Ihnen weiter oder werfen Sie zu bestimmten Zeiten aus dem Bett.
> Sonst noch Wünsche? (0) 11 41.

Erst nachdem ich diesen Text gelesen hatte, hatte ich auch mein Aha-Erlebnis. Aha, sagte ich mir, die gehen davon aus, daß ich mich mit meinem Freund Gunter in St. Moritz herumtreibe und mir die Konkurrenz, während ich mir ein spätes Austernfrühstück aufs Zimmer bringen lasse, zu Hause alle Wässerchen abgräbt. Daß ich das weniger witzig finde als die dafür verantwortlichen Leute bei *Telekom* und Lintas, mag die vielleicht nicht kratzen; ich halte das für einen Fehler. Nichts von all den komplizierten Gedankengängen paßt auf mich. Und auf Millionen andere, die über diese Anzeige stolpern (was ja gut und richtig ist!), paßt es ebensowenig. Sie fühlen sich nicht angesprochen. Sollten sie aber, wenn das Bundespost-Unternehmen *Telekom* das, was früher »Auftragsdienst« hieß, nicht zum Spielzeug einer Elite stilisieren will. Einer Elite, die zudem nicht nur den Roomservice im Palace nutzt, sondern auch kommunikative Möglichkeiten der besseren Art.

Und übrigens, MeisterInnen des Textes: Man kann das Telefon unbeachtet klingeln lassen, an die Wand werfen, mit einem Kissen zudecken oder allein zu Hause machen lassen, was es will. Beantworten kann man es nicht. Beantworten kann man Fragen, keine Gegenstände oder Personen, und mögen sie noch so fragwürdig sein. Auch *Telekom* kann das, wie so viel anderes, nicht. Sorry, das ging wohl daneben.

Also, werden Sie nun wissen wollen, wie ist es denn nun mit der Kreativität in der Werbung? Meine Antwort: Nichts geht in der Werbung ohne Kreativität. Selbst die mieseste, kenntnis- und anspruchslos zusammengeschusterte Anzeige wäre ohne einen Funken Kreativität nicht entstanden. Aber auch Anzeigenkampagnen, die von kenntnisreichen, anspruchsvollen und erfahrenen Top-Kreativen in den renommierten Werbeagenturen mit allem möglichen Aufwand erarbeitet wurden, müssen nicht unbedingt makellos sein. Und erst recht nicht erfolgreich im Sinne unserer Wirtschaftspioniere. Die Gründe dafür liegen sowohl bei den Werbern als auch bei ihren Auftraggebern.

Werbung fällt auf – oder durch

Generationen von Werbefachleuten lebten mit AIDA. Nicht mit jener äthiopischen Sklavin am ägyptischen Königshof, deren Schicksal Guiseppe Verdi veroperte, sondern mit vier angloamerikanischen Begriffen, deren Anfangsbuchstaben eben dieses Akronym und damit eine leicht merkbare Eselsbrücke ergaben: *Attention, Interest, Desire und Action.* Dies, so meinte der »Erfinder« namens R. Colley, sei es, was Werbung beim Rezipienten wecken müsse, um wirksam zu sein: zu deutsch *Aufmerksamkeit, Interesse* (an der Werbebotschaft bzw. am beworbenen Produkt), Begehren (oder der Wunsch, dieses Produkt zu besitzen) und Handeln (also im Idealfall: hingehen und kaufen).

Heute winken die meisten Werber ab, wenn man sie auf AIDA hinweist – vor allem die jüngeren. Ältere dagegen mahnen immer mal wieder, man solle Aida, die alte Dame aus Amerika, nicht gering schätzen.

Ich finde, das kann jeder halten, wie er will. Hauptsache, er hält sich an die Erkenntnisse der Kommunikationswissenschaftler, auf denen sowohl die vier Buchstaben der holden Aida als auch die fünf Stufen zur Wirksamkeit der Werbung, die ich Ihnen beschrieb, basieren.

Wir bleiben bei letzteren, genauer gesagt, zunächst einmal bei jenen drei »Fundament«-Thesen. Sie erinnern sich: Werbung muß auffallen – Werbung muß gefallen – Werbung muß verständlich sein. Fachleute machen daraus die drei Substantive Aufmerksamkeitswirkung, Anmutungsqualität und Kommunikationsleistung.

Meine Erfahrung in diesem Metier sagt mir, daß Wörter allein oft nicht ausreichen, um dem Nichtfachmann verständlich zu machen, worum es bei diesen drei Thesen wirklich geht. Stellen Sie sich also bitte ein Feuerwerk vor. Die Zuschauer sind schon lange versammelt, haben den Einbruch der Dunkelheit erlebt und plötzlich fordert ein Kanonenschlag Aufmerksamkeit. Alles wendet sich dem Ort zu, an dem das Feuerwerk aufgebaut ist. Und es geht los. Bild um Bild erscheint am Himmel, eins schöner, interessanter als das andere. Haben Sie schon einmal bemerkt, daß ein gutes Feuerwerk dramaturgischen Regeln folgt wie ein Theaterstück oder ein Ballett? Je ausgefeilter die Dramaturgie, desto besser die Anmutungsqualität.

Das Finale verlöscht. Böller verkünden das Ende der Darbietung. Die Zuschauer sind begeistert, verzaubert. Und dieser Zauber, der sie noch lang gefangenhält, ist – im Fall des Feuerwerks – die Kommunikationsleistung, die die Feuerwerker anstrebten. Alles klar?

Jede Anzeige, jeder Fernsehspot, jeder Werbefilm braucht den Kanonenschlag, der die Aufmerksamkeit weckt, die Dramaturgie, die zum Gefallen, zur Anmutungsqualität führt, und die Kommunikationsleistung, die, anders als beim Feuerwerk, das Verständlichmachen einer Botschaft ist – letztlich aber vielleicht doch eine Art Zauber ...

Nun wissen Sie ja selbst, wie Sie reagieren, wenn im Fernsehen Werbespots laufen, wissen, wie viele der Plakate Sie auf der Fahrt zum Arbeitsplatz bewußt wahrnehmen (wahrscheinlich einige mehr als TV-Spots) und wissen, wie viele Anzeigen im »Spiegel«, im »Stern«, in der »Wirtschaftswoche«, ja selbst in Fachzeitschriften Sie überblättern, ohne sie auch nur zu bemerken.

Und dann lesen Sie auch noch immer wieder von jenen durchschnittlich 1,7 oder 2 Sekunden »Betrachtungsdauer«, die der Leser nach Untersuchungen von Verhaltensforschern der einzelnen Anzeige widmet. Wie soll in diesem Augenblick Aufmerksamkeit geweckt werden? Und was, um Himmels willen, soll in einer solch kurzen Zeit von Ihrer Werbebotschaft hängenbleiben?

Lassen Sie sich nicht ins Bockshorn jagen! Es ist die Rede von durchschnittlichen Betrachtungszeiten. Gelingt es dem Werber, den Betrachter mit einem Kanonenschlag aufmerksam zu machen, ist schon viel gewonnen: Seine Anzeige ist dann eben kein Durchschnitt mehr. Erweist sich die Anmutungsqualität als positiv und tragfähig, ist schon (fast) alles gewonnen. Die Botschaft erweckte Aufmerksamkeit. Nun will der Mensch, der Ihre Werbebotschaft vor Augen hat, wissen, was Sie ihm zu sagen haben. Mag sein, daß sein Interesse schlagartig erlischt, wenn er es weiß und erkennt, daß er Ihr Produkt selbst dann nicht besitzen möchte, wenn Sie es ihm schenken wollten. Ihm müssen Sie keine Träne nachweinen.

Seine Nachbarin aber, deren schöne Seele schon seit einer kleinen Ewigkeit von dem träumt, was Sie anbieten, die ihre Anzeige aber gelangweilt überblättert, ohne ihr auch nur eine Sekunde ihre Aufmerksamkeit zu schenken, ist all Ihre Enttäuschung wert. Sie war die potentielle Käuferin, für die Ihre Anzeige gemacht war. Schlecht gemacht, wie Sie nun feststellen müssen. Dabei fanden Sie sie so schön. Worauf es eben nicht ankommt. Ihre Anzeigen sollen nicht Ihnen gefallen, sondern potentiellen KäuferInnen. Ihre Anzeigen sollen nicht Ihre Aufmerksamkeit auf sich ziehen und nicht die Ihres Verkaufsleiters, sondern einzig und allein die jener Menschen, die als Käufer Ihres Produkts, als Nutzer Ihrer Dienstleistung in Betracht kommen.

Und wie macht man das? werden Sie nun fragen. Wie muß eine Anzeige aussehen, die Aufmerksamkeit weckt?

Tut mir leid. Das ist nicht mein Bier. Das ist Sache dessen, dem Sie Ihre Werbung anvertrauen. Von mir können Sie nur erfahren, wie Werber dieses Ziel, ihr wichtigstes Ziel – Aufmerksamkeit, Gefallen und Interesse zu wecken – mit Sicherheit verfehlen. Und damit fangen wir nun gleich an.

2. Die Sünden der Werber

Verständlichkeit ist eine Zier, doch viele werben ohne ihr

Das Buch hieß »Industriewerbung«, wurde von Horst R. Becker herausgegeben und erschien 1981 im Würzburger Vogel-Verlag. Der Bundesverband der Deutschen Industrie (BDI) empfahl es all jenen, »die in Leitungsfunktionen der technisch-industriellen Werbung aufsteigen wollen; aber auch all denen, die bereits in verantwortlicher Stellung tätig sind und sich einen Gesamtüberblick ... verschaffen möchten.« Ein gutes Dutzend namhafter, erfahrener Autoren – Praktiker und Wissenschaftler – schrieben darin über alles, was es zum Thema Industriewerbung zu sagen gibt. Einer davon, Helmut Weiske, auch Herausgeber des Fachinformationsdienstes »iw-report«, machte dort ein Jahr später bekannt, daß von diesem Buch in einem halben Jahr ganze 350 Exemplare verkauft wurden.

Franz Ulrich Gass, ein anderer erfahrener Werbemann, warf daraufhin im »iw-report« den Kollegen »mangelnde Lernbereitschaft« vor. Weitere Werber hauten teils in die gleiche Kerbe, teils den Diskutanten auf den Hut. Einer, der auf den Hut von Gass zielte, meinte, daß dessen Erfahrungen aus ›seiner Zeit‹ stammten, und fuhr fort:

> Jüngere Werbeleute haben ›ihre Zeit‹, in der sie Erfahrungen und Erkenntnisse sammeln, um sich zu vervollkommnen. Warum, so frage ich, läßt Gass sie nicht? Jede Generation hat ihre eigenen Probleme und ihre eigene Sprache.

Dazu gibt es einiges zu sagen. Doch zunächst möchte ich Sie mit drei uralten Regeln der Werbung bekanntmachen, die sowohl von Wissenschaftlern wie z.B. Prof. Peter Teigeler als auch von Praktikern wie Franz Ulrich Gass (dieser in seinem Buch »Was kommt an in Wort und Bild«, Verlag Hoppenstedt & Co., Darmstadt, 1982) als wichtig für den Erfolg jeder Kommunikation dargestellt wurden.

Uralt-Regel Nr. 1: Keine negative Schrift

Sie ist wahrscheinlich die älteste der drei Regeln. Ein erfahrener Produktioner (den man damals auch in der Werbung noch Hersteller nannte) bleute sie mir 1960 ein; er selbst kannte sie offenbar auch schon lange. Daß ein für den Druck oder für die Herstellung der Druckvorlagen verantwortlicher Fachmann vor negativer Schrift in mehrfarbigem Untergrund einigen Horror hat, ist verständlich: Tanzt beim Druck nur einer der übereinanderliegenden Farbaufträge aus der Reihe, so bekommt die Schrift, die eigentlich weiß sein soll, einen Farbrand. Je kleiner die Schrift, desto kritischer wird die Sache. Wer Pech hat, dem gehen z.B. Prospekte in der gesamten Auflage oder Zeitschriften-Anzeigen gleich dutzendweise bis zur Unleserlichkeit zu ...

Eine von zahllosen Anzeigen, die das Problem illustrieren, ist die für *Cognac Otard* (Bild 8 und 9, unten), die zugleich auch die beiden noch folgenden Regeln souverän mißachtet. Zwar ist sie schön und sicher auch geeignet, Aufmerksamkeit zu wecken. Beides ist die Folge der Anwendung eines (ebenfalls uralten) gestaltpsychologischen Gesetzes, das die Differenzierung von Figur und Grund fordert. Doch was die Negativschrift angeht, übten sich die Mannen der Werbeagentur Kastner & Partner in Ignoranz. Ergebnis: Die im dunklen Untergrund enthaltene rote Farbe ist ins Weiß des Textblocks und, besonders kraß, des Vermerks links unten übergetreten. Das mag man als »Schönheitsfehler« abtun. Tatsächlich aber wird dadurch die Lesbarkeit des Textes erheblich gemindert.

Wie man dabei auf die Nase fallen kann, zeigen die beiden schönen und in vielen Punkten hoch zu bewertenden Anzeigen, die von

Bild 8

Bild 9 (Ausschnitt 1:1)

Bild 10

Bild 11

der Agentur BMZ für *Toyota* gestaltet wurden. Die Anzeige für das *Celica-Cabrio* (Bild 10, Seite 37) erschien 1988 im hervorragend gedruckten »Diners Club-Magazin«. Obwohl die negative Schrift direkt im mehrfarbigen Fond steht, ist sie nur minimal durch Standfehler zweier Farben (Rot und Cyan) beeinträchtigt – erstaunlicherweise am meisten in der pfiffigen, im größten Schriftgrad gesetzten, Headline *Garantiert bügelfrei.* (In unserem verkleinerten Nachdruck kann dieser Fehler nicht nachvollzogen werden, da beim erneuten Druck neue Standfehler entstehen können.)

Trotzdem ging man später dazu über, Bild und Copy zu trennen. Natürlich kann ich dies nur vermuten, doch ich bin sicher, daß dafür drucktechnische Gründe ausschlaggebend waren. Die 1991 im »Spiegel« erschienene *Camry*-Anzeige (Bild 11, Seite 37) besteht also aus einem oberen Teil mit der Abbildung und einem unteren, in dem sich nur Text und Logo befinden. Die großen Buchstaben des Namens CAMRY (samt blödsinnigem Punkt dahinter) und die winzigen Buchstaben der Modell-und Preiszeile stehen erhaben in den – durch winzige, eingeätzte »Näpfchen« farbtragend gemachten – Oberflächen von vier verschiedenen Druckzylindern, die ihre Farben nacheinander an das mit hoher Geschwindigkeit vorbeigeführte Papier abgeben. Dabei müssen die nicht färbenden Flächen exakt übereinanderliegen, um die negative Schrift sauber konturiert zu drucken – ein Wunder an Präzision.

Im unteren Teil der Anzeige steht der Text scheinbar nur in Schwarz. Das heißt, die Buchstaben befinden sich nur auf einem einzigen, dem Schwarz-Druckzylinder. Doch da ist noch das rote *Toyota*-Logo. Die Farbe zu dessen Druck befindet sich, logo, auf dem Rot-Druckzylinder, der auch die Rückleuchten (und alle besonders dunklen Stellen der Abbildung) mitdruckt. Und das ist der Haken: Man kann das Logo nicht isoliert rot drucken; man muß mit diesem Teil des Druckzylinders auch die Buchstaben des Textes negativ mitdrucken. Nur die Farben Blau und Gelb sind an diesem Teil der Anzeige nicht beteiligt. Ergebnis: Die weiße Schrift hat durchgehend rote Ränder, was Sie ebenfalls in unserem Nachdruck zumindest nicht so sehen können wie im Original.

In Kauf nehmen mußte man bei diesem untauglichen Versuch, das Problem Negativschrift technisch in den Griff zu bekommen, eine ganz erhebliche Verschlechterung des Gesamtbildes der Anzeige. Denn natürlich wirkt die 1988er Anzeige viel geschlossener und aus einem Guß. In der fachlichen Bewertung macht der Kritiker deshalb im Feld »Anmutung« ein Minuszeichen. Und das ist schade.

Selbst wenn negative Schrift, aus welchem Grund auch immer, klar und sauber im Untergrund steht, ist sie in jedem Fall schwerer

Schluß mit den faulen Ausreden!
Schuld haben immer nur die anderen. Die Kunden, weil sie das Produkt nicht kaufen. Die Händler, weil sie keinen Platz im Regal rausrücken. Und der Außendienst,weil er sich einfach nicht engagieren will. Schluß damit! Ausreden helfen hier nicht weiter. Das Problem liegt ganz woanders: Die beste Kampagne nützt wenig, wenn man nicht gleichzeitig auf die Bedürfnisse des Handels eingeht. Und das originellste Handelskonzept kommt nicht zum Einsatz, wenn der Außendienst nichts in der Hand hat, um es entsprechend zu verkaufen. Um heute erfolgreich zu sein, brauchen Sie kreative Strategien und Konzepte, die den Handel in den Mittelpunkt stellen. Deshalb sollten Sie mit uns reden, wenn Sie keine faulen Ausreden mehr hören wollen.
Unsere Händler sind doch alle saublöd!
Wenn unser Aussendienst doch nicht so stinkfaul wäre!
STAWICKI
Werbeagentur GmbH GWA · Lindwurmstraße 88 · 8000 München 2 · 089 / 746 18 - 0
Sie sind ja ganz schön neugierig. In unserer neuen Agenturbroschüre erfahren Sie noch mehr über uns. STAWICKI

Bild 12

lesbar als positive. Unser viertes Beispiel (Bild 12, Seite 39) beweist es äußerst eindrucksvoll. Daß die Anzeige mit den scheinbar handgeschriebenen, tatsächlich aber gesetzten Versalblöcken eine Eigenwerbung für eine sich äußerst selbstbewußt gebende Werbeagentur ist, beweist, wie grausam wenig manche Werber von ihrem Geschäft wissen.

Fazit aus nur vier Beispielen: Wer Anzeigen mit negativ gedruckten Lesetexten macht, nimmt in Kauf, daß die Botschaft, die zu vermitteln ist, weniger Leser erreicht, als sie sollte und könnte.

Uralt-Regel Nr. 2: Keine Kursivschriften

Zu dieser Regel schreibt Peter Teigeler in seinem Buch:

> Kursiv-Schriften sind im allgemeinen schlechter lesbar als aufrechte Schriften, dies um so mehr, je länger der Text ist. Diese Tatsache ist bereits 1914 und seitdem immer wieder wissenschaftlich nachgewiesen worden.

Den wackeren Werber stört das nicht. Selbst wenn der besondere Schriftcharakter gar nicht zum Thema bzw. zum Produkt paßt: Kursiv ist in. Häufig steht dahinter nicht nur der Zwang, sich optisch von den anderen unterscheiden zu müssen, also der mehr oder weniger glückliche Versuch eines Trommelwirbels, der Aufmerksamkeit wecken soll. Zunehmend verrät die Verwendung kursiver Schriften auch den modischen Drang zur Corporate Identity, zum unverwechselbaren optischen Auftritt. Was sonst sollte der Grund dafür sein, daß die Werbeagentur Baginski, Muth für *Die Teppich Galerie, Europas größtes Haus für echte Perserteppiche* in Stuttgart, mit Ausnahme der Headlines alle Texte einer Zeitungsanzeigen-Kampagne (Bild 13, rechts) in einer kursiven Schrift setzen ließ?

Nun muß ehrlicherweise gesagt werden, daß solche schlechter lesbaren Schriften auch von denen verwendet werden, die sich für verständliches Schreiben stark machen. Von mir zum Beispiel. Wie jeder Profi verwende ich die kursive Version einer Schrift, wenn es nötig ist, zur Strukturierung langer Texte, besonders aber (wie Sie sicher bemerkt haben, auch in diesem Buch) zur Hervorhebung einzelner Wörter oder Sätze im Fließtext, die man sonst in Anführungszeichen setzen würde.

In Texten mit vielen Zitaten oder Fremd- und Fachwörtern ist die Kursivschrift im Vergleich zum Gänsefüßchen das kleinere Übel. Und: Vereinzelte schlechter lesbare Wörter in einem sonst leicht verständlichen Text haben auch ihr Gutes. Der Leser liest sie langsamer, vielleicht sogar zweimal, und merkt sie sich (vielleicht) gerade deshalb.

Was man doch alles aus einem Tausend-Mark-Schein machen kann.

Darüber zerbrechen sich gerade jetzt zur Weihnachtszeit sehr viele Leute sehr viele Köpfe. Denn man kann die Sache, sprich: den Schein, drehen und wenden wie man will, es will einfach keine originelle Geschenkidee daraus werden. Man kann ihn sogar einrahmen oder Lametta daraus machen. Es hilft alles nichts. Echte Freude würden Sie allerdings verbreiten durch die wundersame Verwandlung Ihres in Sekundenschnelle maschinell gedruckten 1000-Mark-Scheins in einen Orientteppich der Teppich Galerie, welcher ein halbes Jahr handwerkliche Knüpfkunst als Gegenleistung bietet. Zudem ist er viel haltbarer als ein Tausender und verzinst sich dabei nicht unbeträchtlich. Und Sie können ihn drehen (und manche sogar wenden!) wie Sie wollen – ein Orientteppich der Teppich Galerie ist in jeder Lage schön anzuschauen. Schon für weniger als 1000 Mark bekommen Sie bei der Teppich Galerie* erstklassige Orientteppiche, die auf Jahre hin Freude verbreiten. Und mit ihren subtilen Mustern und herrlichen Farben sind sie ein Geschenk, wie Sie es festlicher nicht finden. Schöner kann Ihr 1000-Mark-Schein nicht werden.

Schein aus Frankfurt, 18 x 9 cm, DM 1000,–

Kaschan aus Persien, ca. 160 x 110 cm, DM 980,–

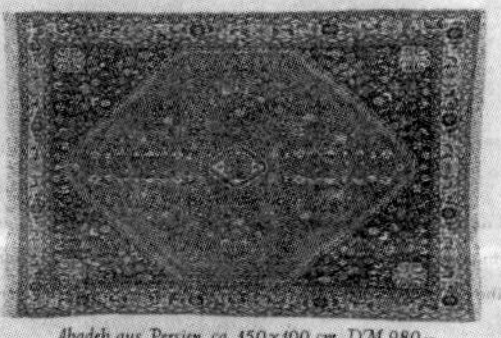
Abadeh aus Persien, ca. 150 x 100 cm, DM 980,–

Sarough aus Persien, ca. 160 x 110 cm, DM 990,–

Zandjan aus Persien, ca. 200 x 130 cm, DM 990,–

*) Außerhalb der normalen Geschäftszeiten haben wir am Donnerstag bis 20.30 Uhr und am langen Samstag bis 18 Uhr für Sie geöffnet.

Sie finden die Teppich Galerie in Stuttgart in der Eberhardstraße 65, neben dem Tagblatt-Turm. Telefon 0711/232723 oder 2364761. Und in Heilbronn auf der Allee/Ecke Karlstraße 29, neben der Harmonie. Telefon 07131/68652-3. Langer Samstag bis März wieder bis 18 Uhr.

Die Teppich Galerie

Europas größtes Haus für echte Perser-Teppiche.

Bild 13

Doch Vorsicht ist geboten. Was in einem Zeitschriftenartikel oder in einem Buch vertretbar ist, wird in der Werbung schnell zum groben Fehler. So könnte man den kursiv gesetzten Text links unten in der Anzeige für *Gilbert Calvados* (Bild 14, unten) vielleicht tolerieren. Er ist kurz und die emotional wirkende Kursivschrift paßt zum Stil. Und doch wurde von einer sympathischen Idee und ihrer nicht uninteressanten gestaltpsychologischen Realisation (Flasche und Gläser farbig gegen das Schwarzweißfoto gestellt) eine Menge verschenkt:

Kursivschrift und Gänsefüßchen? Auch Pleonasmen mindern die Verständlichkeit. Vier verschiedene Schriften in einer Anzeige? Betrachter wird verwirrt: Verständlichkeit nochmals gemindert. Emotionales Lifestyle-Foto und sachliche Produktabbildung? Sehen Sie sich nochmals die *Cognac Otard*-Anzeige an: wieviel emotionaler wirkt sie dagegen …

Darauf noch einen Calvados! Es ist ein Jammer: Auch der ehrliche Normanne *Pâpidoux* (Bild 15, unten) kommt uns negativ und kursiv (mit Gänsefüßchen). Daß dem Satz *Erlaubt sich Monsieur Papidoux* das abschließende *zu sagen* fehlt, hat der französische Auftraggeber nicht bemerkt. Der deutsche Texter leider auch nicht. Und daß der (echte oder getürkte) Normanne Kaffebohnen und -mühle auf den Tisch stellt, damit wir das Kompliment für unseren Kaffee auch

Bild 14

Bild 15

Bild 16

verstehen – für wie blöd hält man uns da eigentlich? Doch das gehört schon wieder in ein anderes Kapitel.

Zunächst aber kommen wir zur

Uralt-Regel Nr. 3: Keine Großbuchstaben

Wenn Sie, diese Regel im Kopf, irgendeine Zeitschrift hernehmen und sich die Anzeigen daraufhin ansehen, kommen Sie aus dem Staunen nicht mehr heraus. Mit größter Selbstverständlichkeit verwenden selbst die renommiertesten Agenturen Versalien, als müsse das so sein. Ist es aber nicht. Wenn uns Rockport mit einer Versalienlangstrecke Schuhe verkaufen will (Bild 16, oben), das Mexikanische Verkehrsamt seine heiße Botschaft phantasievoll verschlüsselt (Bild 17, Seite 44), die QUEENS HOTELS mit einer altrömischen Sandmännchenbotschaft daherkommen (Bild 18, Seite 44) und die ASI Computer GmbH (Bild 19, Seite 44) alles menschenmögliche veranstaltet, die negative Versalschrift künstlich noch unleserlicher zu machen, dann gehen uns die Augen über. Da kann Peter Teigeler nicht nur feststellen

> Texte ausschließlich in Groß-Buchstaben (Versalien) werden schlechter gelesen als Texte in der üblichen Schreibweise,

sondern dies auch wissenschaftlich einwandfrei begründen:

Bild 17

Bild 18

Bild 19

Groß-Buchstaben allein »verwischen« die Wort-Silhouetten, die charakteristischen Wort-Bilder, die für das Lesen so wichtig sind. Die »normale« Schreibweise schafft sie überhaupt erst. Außerdem vermehren Groß-Buchstaben die Druckfläche und damit die Wahrnehmungszeit für die Buchstaben. Also keine Texte in Groß-Buchstaben –

es ist alles für die Katz. BMW fragt weiterhin in (negativen) Großbuchstaben HABEN SIE SICH NICHT VORGENOMMEN, DIE DINGE ETWAS LEICHTER ZU NEHMEN? und Opel klotzt vierseitig DIE NEUE GENERATION VON AUTOFAHRERN ZUM THEMA SICHERHEIT »VERSUCHEN SIE NICHT, MIR EIN AUTO OHNE SEITENAUFPRALLSCHUTZ ZU VERKAUFEN.« und nach dem Umblättern DER NEUE OPEL ASTRA – EINE GENERATION VORAUS – DAS ASTRA-RUNDUMSCHUTZ-SYSTEM. Bis die neue Generation die Botschaft buchstabiert hat, ist sie im Rentenalter!

Der mit allen Abwassern gewaschene Gestalter weiß, wie man auch dem noch eins draufsetzt. Wenn uns die *Volkswagen Gruppe* spanisch kommt, tönt Ayer Frankfurt nicht nur großspurig (und natürlich negativ!) SEAT TOLEDO ANSPRÜCHE WERDEN REALITÄT, sondern wählt für die Zwischentitel und den augenpulverklein gesetzten Text auch noch eine extrem schmal laufende Schrift – es könnte ja jemand auf die Idee kommen, die großartige Werbebotschaft lesen zu wollen (Bild 20, unten).

Bild 20

Bild 21

Auch damit ist das Ende der Kletterstange noch nicht erreicht. Der deutsche Importeur des Champagners der Witwe *Clicquot* ließ sich von der Berliner Agentur c.t.b. eine ihm offenbar besonders edel erscheinende Anzeige schneidern, in der es außer dem Agentursignum absolut nichts Kleingeschriebenes gibt (Bild 21, Seite 45). Und die Firma FOXBORO Deutschland GmbH, A SIEBE COMPANY, wie es im Logo stolz heißt, steht dem wenig nach (Bild 22, rechts). Mit allen ihm zur Verfügung stehenden Mitteln tat hier ein Gestalter alles, um eine eventuell vorhandene Werbebotschaft so unlesbar wie möglich zu machen. Da wird die (auch in lesbare Schrift übersetzt nicht intelligenter werdende) Headline *Die automatisierte Produktion hat natürlich logistische Vorbilder* rigide zu zwei optisch auseinandergerissenen Elementen zerstört; da wird die feinste und kleinste Versalschrift, die aufzutreiben war, für die Copy verwendet; da werden die Anfangsbuchstaben der Kopfleiste, die Aufschluß geben könnte, worum es geht, mit Farbfeldern vernichtet (schließlich heißt es unterm Logo, normal geschrieben: *Wissen, worum es geht!*) – schlimmer geht's nimmer.

Natürlich gibt es nicht nur diese drei, sondern massenhaft noch andere kommunikationswissenschaftlich fundierte Erkenntnisse, deren Nichtbeachtung die Lesbarkeit – und damit Verständlichkeit und Akzeptanz – gedruckter Botschaften mindert; sie betreffen u. a. Art und Größe der Schrift, die Buchstaben- und Wortzwischenräume, die optimale Zeilenbreite und vieles andere mehr.

Die daraus abgeleiteten Regeln gelten für alle, deren Auftrag es ist, Menschen etwas mitzuteilen: für die Gestalter von Wegweisern, Hinweistafeln, Anleitungen und Anweisungen, für Zeitungs- und Zeitschriftenmacher, für Lehrer, Verwaltungsfachleute und Politiker und natürlich für die Werbeleute. Und wie das im Leben immer ist: die einen halten sich daran, die anderen nicht.

Zu denen, die sich nicht daran halten, gehören die Comic-Zeichner. In ihren Sprechblasen finden sich fast ausnahmslos Texte in Großbuchstaben. Niemand weiß, warum. Eine andere solche Gruppe sind die Magazin-Gestalter. Schlagen Sie mal den »Stern« auf. Da gibt es seitenweise Verstöße gegen die Verständlichkeitsregeln. Doch hier weiß man, warum. Den Leuten geht Schönheit vor Verständlichkeit.

Nicht so bei den Publikationen, die zunächst den Anspruch erhoben, den »Zeitgeist« zu repräsentieren, sich dieses Anspruchs und seiner Protagonisten aber bald wieder zu entledigen suchten, weil beide den gewünschten Auflagenzuwachs behinderten. Geblieben sind in »TEMPO«, »WIENER«, »Max« und ähnlichen Zeitschriften sporadische Versuche, ein junges Publikum mit Werbung der ande-

Bild 22

ren Art anzusprechen. Etliche davon finden Sie in diesem Buch als besonders haarsträubende Beispiele für Regelverstöße jeder Art.

Doch die Redaktionen halten sich, sowohl aus Tradition als auch aus purem Gewinnstreben, im allgemeinen an die Lesbarkeitsregeln. Fast ausnahmslos drucken sie ihre Texte (nicht unbedingt die Überschriften) in einer leicht lesbaren Antiquaschrift und nicht in einer der schwerer lesbaren Groteskschriften. Auch sonst folgen sie, läßt man einmal die Boulevard-Blätter außer Betracht, meist den Forderungen der Kommunikationswissenschaftler.

Nun mag das vielleicht jeder halten, wie er will, solange es sein Geld ist, das seine Ignoranz kostet. Doch wenn Werber ihre Arbeit tun, geht es um das Geld von Kunden. Und da verstehe ich jenen jungen Werbemann nicht, den ich anfangs zitierte. Denn er stand ja auf der Kundenseite. Wie, frage ich mich, konnte er seine Meinung, jedem Werber müsse es gestattet sein, seine eigenen Erfahrungen und Erkenntnisse zu sammeln, um sich zu vervollkommnen, gegenüber seiner Geschäftsleitung vertreten? War es ihm denn völlig gleichgültig, ob die Werbung, die eine Agentur für seine Firma machte, »ankam« oder ins Leere verpuffte?

Gerade er und seinesgleichen müßten doch darüber froh sein, daß Leute, die ihre Erfahrungen intus haben, sie an jüngere Kollegen weitergeben und ihnen so das berühmte Lehrgeld ersparen. Gerade er als Auftraggeber seiner Werbeagentur hätte doch daran interessiert sein müssen, daß Nachwuchs-Werber nicht Generation für Generation dieselben teuren Fehler machen. Sicher hat jede Generation ihre eigenen Probleme und ihre eigene Sprache. Doch an der Notwendigkeit, verständlich zu werben, hat sich seit Anno Tobak nichts geändert.

Nun muß man ehrlich zugeben, daß unsere Anzeigengestalter ganz schön alt aussähen, wenn sie tatsächlich alle Erkenntnisse der Kommunikationswissenschaftler strikt berücksichtigen wollten. So manche neue »Masche«, mit der clevere Kreativdirektoren die Werbung für das Produkt ihres Kunden von der Werbung für die gleichen Produkte anderer Werbungtreibender wenigstens für einige Zeit abheben konnten, hätte die staunenden Augen des Publikums nie erreicht, wenn die Verständlichkeitsregeln berücksichtigt worden wären.

Ebenso ehrlich muß man zugeben, daß bei sturer Einhaltung *aller* derartigen Regeln der Weg zur Einheitsanzeige nicht weit wäre. Wie immer wird es auch hier einen goldenen Mittelweg geben, auf dem Originalität und Kreativität nicht unterdrückt werden. Doch auch dieser Mittelweg muß ohne Umwege und Hindernisse Kopf und Herz des Angesprochenen erreichen: die Botschaft muß, wie es seit Jahrzehnten gelehrt wird, »in gewohnter Art empfangen« und verstanden werden.

Der kluge Werber kennt also alle Regeln, die die Verständlichkeit sichern. Doch er wird sich ihnen nicht sklavisch unterwerfen. Hin und wieder wird er, wohlüberlegt natürlich, die eine oder andere Regel mißachten, genau wie der erfahrene Texter, der es sich auch einmal erlauben darf, den Duden zu ignorieren. Doch wer ständig

Bild 23

und grob und letztlich auch noch ohne wirkliche Rechtfertigung gegen alle Regeln verstößt, noch dazu auf anderer Leute Kosten, muß sich leider »mangelnde Lernbereitschaft« vorwerfen lassen.

Daß ein gekonnter Regelverstoß eine klassisch schöne, Aufmerksamkeit weckende, zum Lesen anregende und imagebildende Anzeige ergeben kann, beweist die von den Werbern Frahm + Wandelt gestaltete Anzeige für das noble Hamburger Herrenmode-Geschäft *Ladage & Oelke* (Bild 23, oben). Ein kleines Indiz für das Gekonnte am Verstoß gegen die Uralt-Regel Nr. 3 ist übrigens der fehlende Punkt hinter der Headline. Auf ihn komme ich noch zurück.

Die Schrift und ihr Auftritt in der Werbung

Wenn Sie die bisher vorgestellten Anzeigen (Abbildungen 1 bis 23) noch einmal kurz überfliegen, wird es Ihnen zunächst wahrscheinlich gar nicht auffallen: es ist keine einzige »sprachlose« dabei. Alle bestehen sie aus Bild und Text. Selbst die rätselhaften *Silk Cut*-Anzeigen kommen, allerdings nur dank der vom Gesetzgeber vorgeschriebenen Warnhinweise, nicht ohne Text aus, auch wenn er nicht mehr bewirkt, als daß der aufmerksame Betrachter die Anzeige als Zigarettenwerbung erkennt. Immerhin: Auch die Botschaft des Gesundheitsministers ist Text, geschriebene Sprache.

In meinem Archiv findet sich eine einzige Anzeige (Bild 24, rechts), die **nur** Bild ist. Sie kam ohne jede Botschaft daher und wurde dennoch von ungezählten »Stern«-LeserInnen auf Anhieb als *Jägermeister*-Anzeige der besonders witzigen Art erkannt. Möglich war das allerdings nur denen, die sich vorangegangener »vollständiger« Anzeigen der Serie erinnerten: mit Flasche, Glas, Text und dem Slogan *Jägermeister. Einer für alle.* Dann wurde sie auf wundersame Weise im Kopf der BetrachterInnen mit krachendem Aha-Effekt zur *Jägermeister*-Anzeige. Eine Idee, die bis heute keine Nachahmer fand.

Gedruckte Werbung, so können wir daraus schließen, bedarf also normalerweise einer gewissen Mindestausstattung an Elementen, wenn sie wirksam sein soll. Die beiden wichtigsten Elemente sind Bild und Text, wobei gleich vorweggenommen sei, daß der Text die Aufgabe des Bildes, den Blick des potentiellen Betrachters einzufangen, gewissermaßen in Personalunion mit übernehmen kann (Bild 25, rechts), was umgekehrt zwar denkbar, aber wohl eher schwierig ist.

Denn mit dem Bild ist es so eine Sache. Ein Bild ist ein Bild, sei es nun fotografiert, gezeichnet, gemalt, mit Druckluft gesprüht oder vom Computer auf einem Plotter generiert. Ja sogar im Kopf können wir uns von irgendetwas *ein Bild machen*, das, vielleicht, kein anderer Mensch je zu sehen bekommt. Meist aber sind Bilder für Betrachter gemacht – mit der Absicht, in deren Köpfen etwas zu bewirken.

Das gilt auch für den Text. Auch er soll etwas bewirken. Im Idealfall soll er eine Idee, eine Folge von Gedanken, aus einem Hirn in viele andere Gehirne transportieren. Doch während beim Bild, um ein Wort Marshall McLuhans abzuwandeln, das Medium die Botschaft ist, ist beim Text die Schrift das Medium der Botschaft.

Bild 24

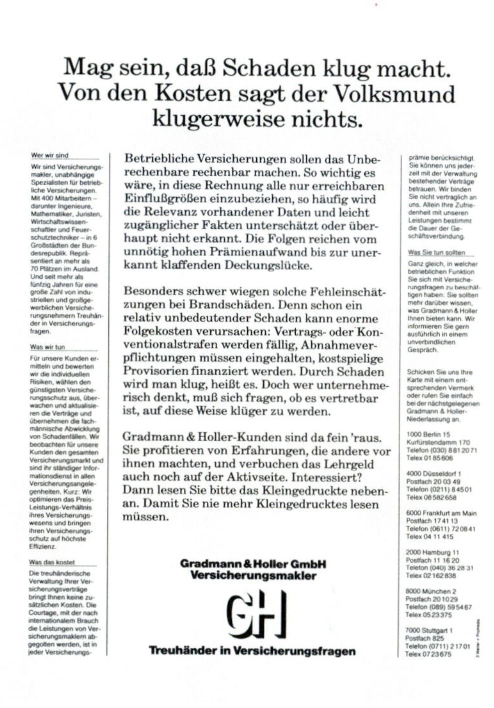

Bild 25

Ein Blick ins Lexikon macht das, was kompliziert erscheint, ganz einfach. Schrift, lesen wir dort, ist ein grafisches Zeichensystem als Kommunikationsmittel, das sprachliche Mitteilungen aus der Hörbarkeit in die Sichtbarkeit umsetzt und dauernd verfügbar macht.

Bild und Text sind demnach zwei Kommunikationsmittel nicht nur unterschiedlicher Form, sondern auch unterschiedlicher Qualität. Auch wenn es manchen Grafikern nicht paßt: Das geflügelte Wort *Ein Bild sagt mehr als tausend Worte* ist nicht nur sprachlich falsch (denn genau genommen müßte es »Wörter« heißen statt »Worte«), sondern auch sachlich.

Weil nämlich Bild und Text auch unterschiedliche Zielsetzungen haben. Das Bild in der Werbung hat meist die Aufgabe, aufmerksam zu machen, Emotionen, Stimmungen, Sympathie zu generieren; Zustände und Wirkungen, für die die rechte Hirnhälfte zuständig ist. Der Text wendet sich an die linke Hirnhälfte; als Träger einer Botschaft, einer Nachricht, einer Information muß er sich an den Verstand, die Logik, die Ratio wenden. Mit anderen Worten: Das Bild ist für die Anmutungsqualität, der Text für die Kommunikationsleistung zuständig. Daß sich da einiges überlappt, ergänzt und rundet, versteht sich von selbst. Das menschliche Gehirn ist eben ein kompliziertes Gebilde.

Gewiß, es gibt Ausnahmefälle, doch ich bestehe darauf:

In der Werbung ist die Sprache und damit der Text, ihre schriftliche Manifestation, die wirkungsvollere, unverzichtbare Form der Kommunikation.

Vorausgesetzt – nein, das ist kein Rückzieher, sondern ein notwendiger Hinweis – der Texter versteht sein Handwerk.

Zunächst einmal erscheint es mir aber notwendig, das grafische Zeichensystem Schrift näher zu betrachten, da es nicht nur eine sich selbst genügende visuelle Manifestation ist, sondern immer (hoffentlich!) auch Träger einer sprachlichen Mitteilung.

Anders als das Bild läßt uns die Schrift nicht im Zweifel darüber, daß sie Träger einer Botschaft ist. Haben wir, vielleicht, weil uns das Bild sekundenschnell signalisiert, worum es geht, keinen Bock auf die Botschaft, lesen wir den Text nicht. Wir wissen ja, die kleine oder große Versammlung von Schriftzeichen will uns etwas sagen, will uns zu etwas überreden. Daß wir dann vielleicht doch den ersten (oder den letzten) Satz lesen, oder die Überschrift, eine Bildunterschrift, einen Slogan – das bewirken vorwiegend bestimmte Eigenschaften der Schrift.

Schrift, ich bin fast sicher, daß Sie mir zustimmen, kann etwas sehr Schönes sein. Sollten wir da nicht einig gehen, blättern Sie doch bitte noch einmal zur Abbildung 23 auf Seite 49 zurück. Und wenn Sie, vielleicht, ganz zufällig natürlich, eine BILD-Zeitung danebenlegen könnten ... Doch, ich finde: Schrift kann schön sein. Muß nicht, aber kann.

Dabei ist es im Grund egal, um welche der rund 5000 Schriften, die es bei uns zur Zeit gibt, es sich handelt. Sicher, unter diesen 5000 verschiedenen Schriften ist auch eine ganze Menge Schrott. Doch es gibt hunderte von Schriften, die einfach von Natur aus schön sind. Denen man ansieht, mit wieviel Liebe (und Mühe) ein Mensch sie ursprünglich zeichnete, Buchstabe für Buchstabe, Zeichen für Zeichen.

Gehen Sie doch mal mit den Augen auf der Seite nebenan spazieren (Bild 26). Sie sehen dort einen winzigen Teil der riesigen Auswahl für den Fotosatz digitalisierter Schriften, die jedermann als Disketten bei der H. Berthold AG, einem der großen deutschen Schriftenhändler, kaufen kann. Sie sehen, daß es von jeder Schrift mehrere Versionen gibt, so von der *Futura Condensed* ganz links oben z.B. die »Schnitte« *light*, *medium*, *bold*, bis hin zu *extra bold outline*. Früher, als es die einzelnen Buchstaben noch in Blei gegossen gab, hieß das auf gut deutsch *mager*, *halbfett*, *fett*. Eine »*outline*«-Version gab es in Blei gar nicht. Und: Damals gab es im täglichen

SET | 0984 Futura Condensed
light, medium, **bold**, ***bold oblique***, **extra bold**, ***extra bold oblique***, extra bold outline

SET | 3018 **NEUFVILLE Display & Decorative** incl. Beton, Lucian, Steile Futura
Futura Display

SET | 0069 Garamond®
regular, *italic*, **medium**, ***medium italic***, **bold**, condensed, medium condensed

SET | 0079 GARAMOND® EXPERT
REGULAR, regular OsF, *italic OsF*, *italic swash*, **MEDIUM**, **medium OsF**, ***medium italic OsF***, **bold OsF**, CONDENSED, medium condensed OsF

SET | 0509 ITC Garamond®
light, *light italic*, book, *book italic*, **bold**, ***bold italic***, **ultra**, ***ultra italic***

SET | 0639 ITC Garamond® Condensed
light, *light italic*, book, *book italic*, **bold**, ***bold italic***, **ultra**, ***ultra italic***

SET | 0575 Garamond® **STEMPEL**
roman, *italic*, bold, *bold italic*
GARAMOND® EXPERT **STEMPEL**
ROMAN, roman OsF, *italic OsF*, bold OsF

SET | 3007 Garamont **AMSTERDAM**
regular, *italic*, medium, *medium italic*
GARAMONT EXPERT **AMSTERDAM**
REGULAR, regular OsF, *italic OsF*

SET | 0652 Gill Sans® 1 **MONOTYPE**
light, *light italic*, regular, *italic*, **bold**, ***bold italic***

SET | 0662 **Gill Sans® 2** **MONOTYPE**
extra bold, **ultra bold**, bold condensed, bold extra condensed, **ultra bold condensed**, ultra bold outline

SET | 0985 **ATF Goudy**
Goudy
bold, extra bold, **heavy face**, **heavy face condensed**
Goudy Catalogue
regular, *italic*
Goudy Old Style
regular, *italic*

SET | 1306 ITC Goudy Sans®
book, *book italic*, medium, *medium italic*, **bold**, ***bold italic***, **black**, ***black italic***
ITC GOUDY SANS® EXPERT
BOOK, MEDIUM

SET | 0986 Helvetica® **LINOTYPE**
ultra light, light, *light italic*, **black**, ***black italic***

SET | 0987 Helvetica® Standard **LINOTYPE**
roman, *italic*, **medium**, ***medium italic***, **demi-bold**, ***demi-bold italic***, **bold**, ***bold italic***

SET | 0988 **Helvetica Condensed & Inserat**
Helvetica® Condensed **LINOTYPE**
extra light, *extra light italic*, light, *light italic*, medium, **bold**

SET | 0715 Perpetua® **MONOTYPE**
roman, *italic*, **bold**, ***bold italic***, **black**

SET | 0707 Plantin® **MONOTYPE**
light, *light italic*, roman, *italic*, **bold**, ***bold italic***, **bold condensed**

SET | 1997 **ATF Script & Brush** incl. Balloon, Brush, Murray Hill
Polka regular, **bold**

SET | 0035 **Poppl College**
Poppl College® 1
regular, *medium*, ***bold***
Poppl College® 2
regular, *medium*, ***bold***

SET | 0003 **Berthold Scripts 2** incl. Berthold Script, Poppl-Residenz
Poppl Exquisit® regular, medium

SET | 0005 **Berthold Fraktur** incl. Alte Schwabacher, Unger-Fraktur, Walbaum-Fraktur
Poppl-Fraktur

SET | 0040 Poppl-Laudatio®
light, regular, *italic*, **medium**, ***medium italic***, **bold**, ***bold italic***

SET | 0067 Poppl-Laudatio® Condensed
light, regular, **medium**, **bold**

SET | 0068 Poppl-Pontifex®
regular, *italic*, **medium**, **bold**, **medium condensed**
POPPL-PONTIFEX® EXPERT
REGULAR, *italic OsF*, **MEDIUM**, **bold OsF**, **MEDIUM CONDENSED**

SET | 0003 **Berthold Scripts 2** incl. Berthold Script, Poppl Exquisit
Poppl-Residenz®
light, *regular*

SET | 0054 **Post-Antiqua & Mediaeval**
Post-Antiqua®
regular, **medium**
Post-Mediaeval
regular, *italic*, medium

SET | 0995 **LINOTYPE Script & Brush** incl. Bison, Diskus, Künstler-Schreibschrift, Künstler-Schreibschrift 2
Present

SET | 1529 Renault
light, *light italic*, **bold**, ***bold italic***

SET | 0651 Rockwell® **MONOTYPE**
light, *light italic*, regular, *italic*, **bold**, ***bold italic***, **extra bold**, condensed, **bold condensed**

SET | 0588 Sabon® **LINOTYPE**
roman, *italic*, bold
SABON® EXPERT **LINOTYPE**
ROMAN, roman OsF, *italic OsF*

SET | 1994 Schadow-Antiqua
book, *book italic*, light, **medium**, **bold**, **bold condensed**

SET | 0026 Seneca®
light, *light italic*, regular, *italic*, medium, **bold**,

Bild 26

Bild 27

Gebrauch von jeder Schrift und ihren Versionen ein gutes Dutzend Schriftgrößen. Heute kann die Größe der Schrift stufenlos eingestellt werden. Und manches, was früher dem Setzer zusätzliche Arbeit machte, ist heute teils gar nicht mehr bekannt, teils bereits in die Computerprogramme integriert.

Doch das muß uns alles hier nur insofern interessieren, als festzustellen ist, daß entgegen ursprünglichen Erwartungen die Einführung des Fotosatzes sehr viel mehr Vorteile gebracht hat als Nachteile. Wobei die Nachteile meist nur die damit befaßten Fachleute treffen und theoretisch keinen sichtbar negativen Einfluß auf die Ergebnisse haben dürften. Doch in der Praxis sieht es leider oft anders aus. Da konkurrieren etwa in den gleichen Zeitschriften zwei Hersteller von Naturheilmitteln gegen Krampfadern. Der eine (Bild 27, oben) stellt seine Dragees aus »den hoch wirksamen natürlichen Arzneistoffen von Buchweizen, Roßkastanie und Maiglöckchen« her, zeigt in durchaus gekonnten Strichzeichnungen die pflanzlichen Wohltäter und, rechtlich unanfechtbar und doch recht zweifelhaft, im unausgesprochenen Vorher-Nachher-Vergleich ihre Wirkung. Dazu eine wuchtige Headline, Packshot, Claim und Logo – alles ganz professionell.

Der Mitbewerber allerdings ist, so scheint es, noch einen Tick professioneller (Bild 28, rechts). Hier wird dem Leser etwas erzählt, was er mit ziemlicher Sicherheit vorher nicht wußte: daß Winzer »von Krampfadern verschont bleiben« und daß dies ein im Rotwein

Bild 28

enthaltener – ungenannt bleibender! – Stoff bewirkt, der vom Hersteller »viel konzentrierter aus den roten Blättern des Weines zur Zeit der Ernte« gewonnen und ANTISTAX genannt wird. Dem mag sein wie es will. Das Plus an Professionalität bringen das *Layout*, also die Anordnung der Anzeigenelemente, und die *Typografie*, also Auswahl, Behandlung und Anordnung der Schrift. Auch der Text selbst ist sprachlich dem anderen hoch überlegen.

Doch es geht mir hier um die Schrift. Auch ein absoluter Laie sieht, daß sich die Schriftbilder zueinander verhalten wie BILD und FAZ. Trotz erkennbarer Gliederung wirkt die WENENWOHL-Anzeige wie Kraut und Rüben und, schlimmer, schon auf den ersten Blick schlechter lesbar. Die für den Text gewählte schmallaufende halbfette Schrift lädt ebensowenig zum Lesen ein wie die sehr klein gesetzte magere am Kopf der Anzeige. Dagegen ist die ANTISTAX-Anzeige grafisch und typografisch geradezu perfekt. Die Anordnung der einzelnen Elemente ergibt ein geschlossenes Bild mit hoher

Aufmerksamkeitswirkung. Die Wahl der nicht zu eng gesetzten und deshalb lesefreundlichen »Brotschrift« zeigt, daß ein typografisch versierter Gestalter am Werk war. Selbst die Verwendung von Versalien für Headline und Zwischentitel und die Negativschrift läßt sich gestalterisch rechtfertigen.

Doch ehrlich gesagt: Obwohl wir es hier eindeutig mit einer besseren und einer schlechteren Anzeige zu tun haben, möchte ich nicht darauf wetten, daß die bessere tatsächlich wirksamer als die schlechtere ist. Der kleine Schuß Marktschreierei in der WENENWOHL-Anzeige erscheint mir völlig unwägbar. Selbst auf die Gefahr hin, von kämpferischen Frauen mißverstanden zu werden: Beide Anzeigen, in Niedrigpreis-Frauenblättern geschaltet, wenden sich an dieselbe Zielgruppe, nämlich ältere Frauen nicht unbedingt höheren sozialen Status'. Mag sein, daß gerade sie sich vom WENENWOHL-Stil angesprochen fühlen (und ihnen schon der Name ANTISTAX zu kompliziert klingt). Was die schlecht lesbare Schrift allerdings auch nicht rechtfertigt.

Die beiden nächsten Beispiele sind aus edlerem Holz geschnitzt. Streiten kann man sich über beide. Die von der Agentur Wensauer-DDB Needham gestaltete Anzeige für das Bündelfunk-System des finnischen Herstellers *NOKIA Mobile Phones GmbH* (Bild 29, unten) wirkt nicht nur professionell, sie ist es durch und durch. Leider sind

Bild 29

Bild 30

Bild 31

es auch die Regelverstöße. Auf einige, die den Text betreffen, komme ich später zurück. Hier geht's, Sie wissen es, um die Schrift. Gut ist, daß die Headline nicht ins Bild eingezogen ist, was sich sicher angeboten hätte. Schlecht ist, daß sie sich optisch so sehr zurückhält, daß man sie gar nicht für voll nehmen will. Dabei wäre so viel Platz gewesen, wenn unten in der Copy damit nicht so verschwenderisch umgegangen worden wäre.

Platzverschwendung also. Zuviel *Durchschuß* zwischen den Zeilen. Daß die ungewöhnlich weit voneinander entfernt sind, sieht jeder Laie. Der Grafiker protestiert: Das macht man heute so. Ich geb's ja zu: Vor ein paar Jahren (exakt: 1986) habe ich selbst eine Anzeigenserie mit damals ungewohnt stark durchschossener Copy gemacht (Bild 31, oben). Doch das waren Zeitungsanzeigen und der Auftraggeber war mit mir der Meinung, daß die Botschaft nur mit Krampf hätte visualisiert werden können. Der Text sollte für sich sprechen und durch eine ungewöhnliche Typografie Aufmerksamkeit wecken, dem Leser gefallen und ihn zum Lesen reizen. Das alles taten die Anzeigen.

Das tat sicher auch die *NOKIA*-Anzeige. Fragt sich nur, ob sie es nicht noch besser getan hätte, wenn ein paar simple und seit Jahrzehnten bekannte Erkenntnisse berücksichtigt worden wären. Zum Beispiel, daß kursive Schrift schlechter lesbar ist als aufrechte. Zum Beispiel, daß bei Textschriftgraden wie dem hier verwendeten die Zeilenlänge im Interesse des Leseflusses 10 bis 11 cm nicht überschreiten sollte (hier sind es 17). Zum Beispiel, daß zu viel Luft zwischen sehr langen, in magerer Schrift gesetzten Zeilen die Lesbarkeit mindert und den Text zum Grauwert verkommen läßt. Zum Beispiel, daß es auch für den Abstand von Wort zu Wort uralte Regeln gibt – auch wenn man noch in den 60er Jahren den *Wortabstand* nach *Geviert-Bruchteilen* maß und heute bei den Fotosetzern nach *Einheiten*. Schon allein der viel zu große Wortabstand beweist, daß hier ein Grafiker werkelte, der noch nie davon gehört hat, daß der Mensch den Sinn eines Textes in Wortgruppen erfaßt und nicht in Einzelwörtern.

Von solcher Ignoranz verschont uns das nächste Beispiel (Bild 30, Seite 56). Dafür traktiert es uns mit Unkenntnis anderer Art. Sie sehen ja inzwischen die gröbsten Verstöße gegen die »Uralt-Regeln« sicher schon selbst. Negative Schrift auf mehrfarbigem Untergrund! In den riesigen Buchstaben der Headline mag das noch angehen. Doch in der ebenfalls gar nicht so klein gesetzten Copy gibt es keinen Buchstaben, der nicht zur Hälfte rot und blau zugedruckt ist. Das erreichte die Werbeagentur Eiler & Riemel, indem sie eine *Antiqua*-Schrift mit besonders feinen Strichen verwendete. Dabei weiß jeder, der es gelernt hat, daß die wahrnehmbare Helligkeit einer Negativschrift gegen den dunklen Hintergrund ein wichtiges Kriterium für die Lesbarkeit ist: je feiner die Schrift, desto größere Schwierigkeiten bereitet sie dem Leser. Was übrigens auch für positive Schrift gilt. Doch damit nicht genug. Fachleute kennen den Begriff *Flattersatz*; normalerweise wird er »linksbündig« gesetzt, d. h. die Zeilen haben einen gemeinsamen linken Rand, rechts jedoch laufen sie unregelmäßig aus. Das erleichtert das Lesen und vermindert die Zahl unschöner Silbentrennungen. Doch dieser Satz flattert, was das Zeug hält. Keine Zeile beginnt dort, wo eine andere beginnt. Wir haben es hier also mit einem der in deutschen Werbeagenturen zuhauf beschäftigten *Art Worker* zu tun, die uns sagen wollen: Das liest ja doch keiner! Hier allerdings kann man nur hoffen, daß er recht hat. Denn wer den Text, allen eingebauten Lesebremsen zum Trotz, dennoch liest, der fühlt sich nach der vielversprechenden Überschrift schnöde alleingelassen.

Da ist dann eine Anzeige wie die für den *Audi 100 Avant* (Bild 32, rechts) geradezu eine Erholung. Da gibt es weder am Text noch am

Satz viel auszusetzen. Sicher, auch hier steht die Schrift negativ im dunklen Hintergrund. Doch sie bleibt – vielleicht auch nur wegen des guten Drucks der Zeitschrift »manager magazin« – lesbar. Das gilt besonders für die Headline. Irgendjemand achtete hier zudem auf die richtige Behandlung der sogenannten kritischen Buchstabenverbindungen und sorgte für fachgerechte *Unterschneidungen*.

Das muß ich Ihnen, weil es eine Menge mit der Anmutungsqualität zu tun hat, ein wenig genauer erklären. Wenn Sie sich mal bitte das Wort Avant ansehen: die beiden einander zugewandten Schenkel des A und des v wurden unterschnitten, die Buchstaben enger zusammengerückt als das normalerweise der Fall ist, wenn dem Kunden die Rechnung wichtiger ist als die Qualität des Satzes. Wenn Sie dieses Avant mit dem Avant am Ende der vorletzten Zeile des ersten Fließtext-Absatzes vergleichen, sehen Sie, daß da dem Satzcomputer freier Lauf gelassen wurde: da beginnt der linke feine Querstrich des v erst eine Winzigkeit neben der gedachten Senkrechten, die man sich vom rechten »Füßchen« des A (Fachleute nennen diese charakteristischen Querstriche *Serifen*) nach oben gezogen denken muß. Was einen im Verhältnis größeren Zwischenraum zwischen den beiden Buchstaben ergibt.

Bild 32

Bild 33

Genau so wurden in der Überschrift die Zwischenräume zwischen den Buchstabenkombinationen A/u und d/i von Audi, v/a/n von Avant, K/o von Kombi und zahlreiche andere behandelt: sie wurden mehr oder weniger unterschnitten.

Sagen Sie bitte nicht, das sei Ihnen Wurst. Wenn Sie Auftraggeber einer Werbeagentur sind, sollte Ihnen klar sein, daß der Verzicht auf Unterschneidungen eine der Nachlässigkeiten ist, die Anmutungsqualität und Kommunikationsleistung mindern und damit auch die Voraussetzungen für Wirksamkeit und Erfolg Ihrer Werbung beeinträchtigen. Und zwar eine Nachlässigkeit, die Sie nun, nachdem Sie's wissen, verhindern können.

Auch das Vermeiden einer anderen Beeinträchtigung der Lesbarkeit von Texten liegt in Ihrer Hand: Schmeißen Sie jeden Werber raus, der sich untersteht, Ihnen Entwürfe vorzulegen, die Text auf getöntem Untergrund vorsehen. Das ist auf den Entwürfen meist nicht schon so zu sehen, wie es später im Druck aussieht. Da steht der Text schön sauber schwarz auf weiß. Doch irgendwo auf einem Überleger steht schwungvoll ein Vermerk für die Reproanstalt: *30 % Grau* (oder etwas Ähnliches). Und weil wir einmal bei *Audi* sind, zeige ich Ihnen (Bild 33, oben) eine sonst wunderschöne, konzeptionell gute Anzeige, die von der Wiener Filiale der großen Werbeagentur DDB Needham Heye & Partner stammt, wo es Art Directoren gibt, die es herzlich wenig interessiert, ob ein Text gut lesbar ist.

Zwar wählte man eine Grotesk-Schrift für den Fließtext (das ist eine ohne Serifen, wie sie die »Auszeichnungsschrift« für Headline und Claim aufweist) und setzte sie schön lesbar schmal und in perfektem Flattersatz. Doch mit dem grau aufgerasterten Hintergrund minderte man den Kontrast zwischen Schrift und Untergrund ganz erheblich. Und damit die Lesbarkeit eines lesenswerten Textes.

Für den winzigen, rot gedruckten Bildtext, für den in den gerasterten Untergrund extra Aussparungen kopiert werden mußten, damit er wenigstens mit Lupe erkennbar wurde, verdient der Herr Art Director übrigens einen saftigen Abzug vom Gehalt. Oder einen kräftigen Tritt in den Allerwertesten.

Natürlich haben sich die Verantwortlichen, fragt man sie hinterher danach, immer etwas gedacht. So ein grauer Hintergrund wie hier bei *Audi* oder wie bei den *Mercedes-Benz*-Anzeigen von Springer & Jacobi macht eine doppelseitige Anzeige geschlossener und gibt ihr ein etwas vornehmeres Flair, sagen sie. Das ist schon wahr. Nur kann man diese beiden Ziele auch anders erreichen. Mit rein typografischen Mitteln beispielsweise. Doch Typografen sind in deutschen Werbeagenturen im allgemeinen nicht gefragt. Ihre Kreativität stimmt so gar nicht mit der vieler Konzeptionäre überein. Den flotten Machern kommen sie vor wie antiquierte Erbsenzähler mit ihren überkandidelt-ästhetischen Begriffen wie *Schriftart*, *-größe* und *-schnitt*, *Laufweite*, *Zeilenlänge* und *-abstand*, *Unterschneidungen* und was sonst noch alles.

Klar, daß man das Aufstöhnen der Typografen lässig überhört oder, schlimmer, ihren Hinweis, es gebe doch so viele schöne Schriften, mit denen sich Kunden profilieren ließen, entsetzlich mißversteht. Finden *Sie* etwa die von einem Roboter konstruierte Schrift (Bild 34, Seite 62), in der die *Degussa* die Headlines ihrer Image-Anzeigen vorübergehend setzen ließ, schön? Oder die von einem tremorgeplagten Grafiker gezeichnete Schrift, die die *Lebensversicherungs-AG der Deutschen Bank* (Bild 35, Seite 62) verwendet?

Andererseits: Selbst die überlegte Auswahl einer Schriftart und ihrer Größe, ihrer Laufweite und ihres Zeilenabstandes schützt hinsichtlich der Lesbarkeit keineswegs vor unangenehmen Überraschungen. Am Beispiel einer Anzeige der Bundespost-Tochter *Telekom* wollte ich Ihnen die Feinheiten im Zusammenwirken der eben genannten Komponenten vorführen. Die Macher dieser aufwendi-

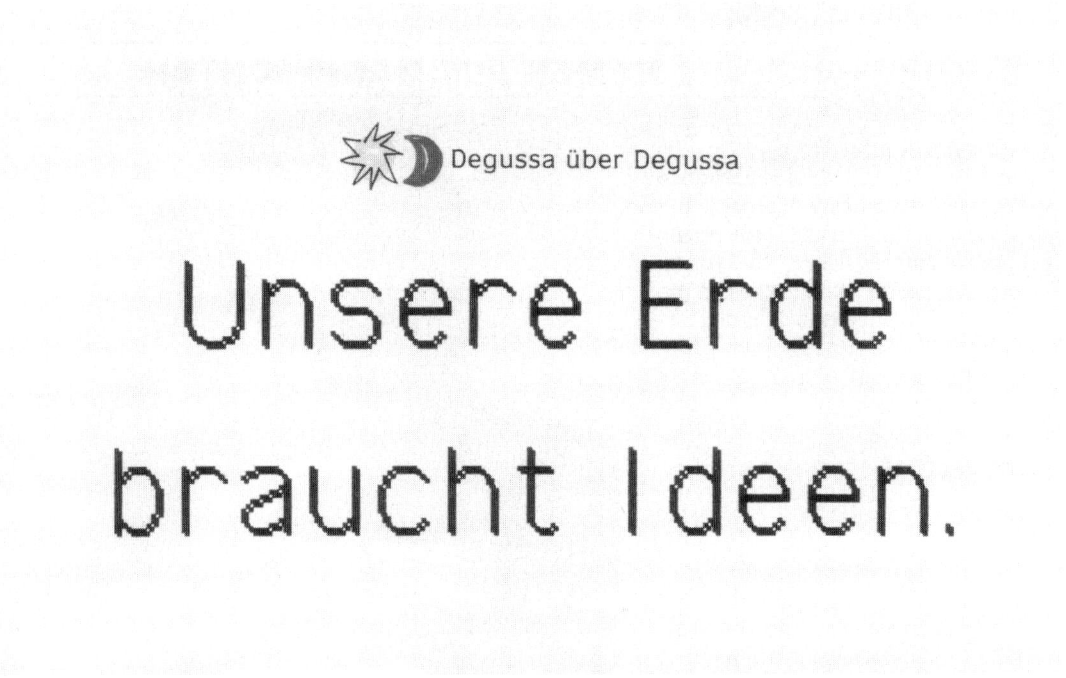

Bild 34

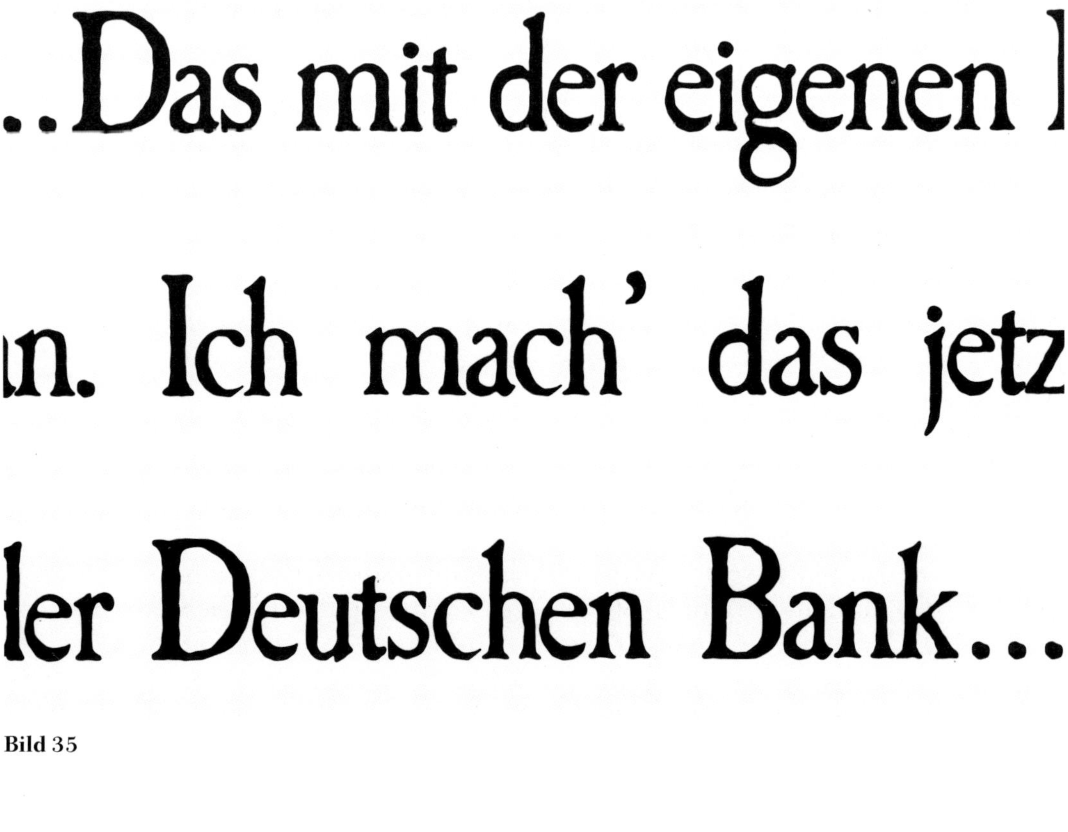

Bild 35

gen institutionellen Werbung bewiesen bei der Wahl der Schrift lobenswerten Sachverstand, setzten sie dann aber, so fand ich, keinesfalls optimal ein (Bild 36, Seite 64).

Die Schrift unterscheidet sich von vielen anderen Antiqua-Schriften durch kräftige Strichstärken und, vor allem, durch großzügige *Binnenräume* (in Bleisatz-Zeiten *Punzen* genannt) – den von den Geraden und Rundungen umschlossenen Flächen etwa im o, im unteren Teil des a oder im oberen des e.

Vor allem diese beiden Merkmale des Schriftschnitts erlauben es, die Schriftzeilen offener, mit größerer Laufweite zu setzen. Auch der Durchschuß zwischen den Zeilen kann (muß) größer als üblich sein. Beides macht größere Satzmengen in größerem Schriftgrad, der an sich schon die Lesbarkeit erhöht, noch besser lesbar.

Dies aber, wollte ich Ihnen zeigen, habe man bei dieser Anzeige versäumt. Die Schrift sei so eng wie möglich gesetzt und auch der Zeilenabstand sei zu gering für wirklich genüßliches Lesen.

Dann nahm ich eine großformatige, vierseitige Zeitungsbeilage zur Hand, mit der *Telekom* unter dem Titel *Ein Jahr Deutschland* im selben optischen Charakter wie die Anzeige Bilanz für 1991 zog. Siehste, dachte ich, die können es ja doch. Da gab es nichts zu meckern. Jedenfalls nicht an Laufweite und Zeilenabstand. Selbst fast 37 cm lange Zeilen waren noch lesbar, und die negativ in magentarote Farbfelder eingezogenen, im gleichen Schriftgrad wie der Fließtext gesetzten Überschriften wirkten größer, kräftiger und zugleich lichter als in der Anzeige.

Doch dann verglich ich unter der Lupe die winzigen Zwischenräume zwischen den Serifen zweier Buchstabenpaare (t und i). Natürlich war dieser Zwischenraum bei der größeren Schrift der Beilage größer als bei der kleineren der Anzeige. Doch im Verhältnis zu den Buchstabengrößen und den Strichstärken erschienen sie mir identisch. Also gleiche Laufweite?

So war es. Und die starke Lupe (8 ×) machte zugleich deutlich, was den Unterschied in der Lesbarkeit der beiden Werbemittel wirklich ausmacht: es ist das Druckverfahren. Das kann ich Ihnen ganz untechnisch vorführen. Auf Seite 64 finden Sie jeweils einige Zeilen der Texte (in Originalgröße) abgedruckt: oben aus der Anzeige, unten aus der Beilage. Jeweils darunter sehen Sie das Wort *Telekom* achtfach vergrößert.

Die Schriftkanten der im Tiefdruckverfahren gedruckten »Spiegel«-Anzeige sind, in Originalgröße unsichtbar, in feine Punkte aufgelöst. Die Zeitungsbeilage dagegen ist im Rollenoffsetverfahren gedruckt; die Schriftkanten sind klar konturiert. Es leuchtet ein, daß klare Buchstabenkonturen selbst auf nicht ganz weißem Papier die

reich, Italien, den Nieder-
landen und Deutschland.
Und sorgt dabei mit hoch-
leistungsfähigen Übertra-
gungswegen für einwand-
Telek
Netzes, das in Deutschland
weiter fortgeschritten ist
als anderswo auf der Welt:
Bis heute sind ca. 900 Orts-
Tele

Bild 36

einzelnen Schriftzeichen deutlicher voneinander trennen als das bei verschwommenen Konturen der Fall sein kann. Im Offsetverfahren kann man also die verwendete Schrift in normaler Laufweite drukken, im Tiefdruck hätte man mit einer größeren Laufweite eine bessere Lesbarkeit erreicht. Meinen Sie nicht auch, daß das die Leute in der Werbeagentur hätten wissen müssen?

Tatsächlich macht nicht der Überfluß an Schriften die Musik, die der deutschen Werbung so häufig fehlt. »Die problemlose Verfügbarkeit von Schriften garantiert noch nicht den problemlosen Umgang mit ihnen«, zitierte die Zeitschrift »w&v« den Stuttgarter Designer und Typografen Kurt Weidemann. »Die Tatsache, daß Schrift nicht so bewußt wahrgenommen wird wie Marke und Farbe, schmälert nicht ihre Bedeutung. Auf das Unterbewußtsein nimmt sie einen erwiesenen Einfluß; die Schrift und ihre Anordnung vermittelt einen Eindruck von Stil und Haltung.«

Auch Weidemann kann ein Lied von der Ignoranz der Werber singen. Er entwickelte für *Daimler-Benz* exklusiv eine Schriften-Trilogie, mit der der Konzern seine Corporate Identity zu festigen gedachte. Die Agentur Hildmann, Simon, Rempen & Schmitz/SMS, Düsseldorf, verwendete zwei der drei Schriften erstmals in ihrer Image-Kampagne für *Daimler-Benz.* Die Hamburger Agentur Springer & Jacobi dagegen setzte die Anzeigen der *S-Klasse*-Einführungskampagne in der Allerweltsschrift Bodoni, die auch von IBM als Hausschrift verwendet wird . . .

Doch auch hier gilt: Wenn der Auftraggeber von seiner Werbeagentur groben Unfug vorgesetzt bekommt und ihn akzeptiert, weil er bzw. die von ihm beauftragten Marketing- oder Werbeleute den Unfug nicht als solchen erkennen, sind sie mitschuldig, wenn ihre Werbung nicht das Optimum an Wirksamkeit bringt. In vielen Fällen sind die Auftraggeber, soweit es um die in diesem Kapitel angesprochenen Mißstände geht, sogar die Hauptschuldigen. Dann nämlich, wenn ihre Corporate-Identity-Konzepte Werbern, die es besser wissen, aufgezwungen werden – oft genug mit 08/15-Schriften, die Hinz und Kunz verwenden, als »exklusive« Hausschrift.

Ach ja, weil ich gerade von grobem Unfug sprach: Kann mir denn um Himmels willen einmal jemand erklären, warum, wenn es fünftausend Schriften gibt, die Art Directoren in allen deutschen Landen auf einmal zum Griffel greifen und Headlines, Sublines, Claims und wer weiß was sonst noch handschriftlich in ihre Reinzeichnungen schmieren? Ah ja, wegen der Emotion? Also wissen Sie, wenn der Hund auf der *Quelle*-Couch keine Emotionen weckt (Bild 37, Seite 66) oder die süße Kohlmeise am rotbackigen Südtiroler Apfel (Bild 38, Seite 66) – wie sollen die Krakeleien, die ihre Schöpfer für kalligrafische Offenbarungen zu halten scheinen, uns die Herzen höher schlagen lassen?

Wenn Herr *Lamy* – persönlich, wie er einmal zugab – die Headlines für seine edel gestalteten Doppelseiten seit ewigen Zeiten mit einem von ihm hergestellten Füller selbst schreibt, sei es ihm gegönnt. Doch wenn der Gewürzhersteller UBENA unter ein Pfundsfoto (Bild 39, rechts) krakeln läßt *Sie war schöner denn je, sein Curry-Huhn bestens gelungen – und nun dieser ärgerliche Schluckauf.* – dann ist es gehupft wie gesprungen, ob dieser Unsinn geschrieben oder gesetzt ist; niemand wird je herausbekommen, was das Textchen mit dem Claim *Würzen mit Phantasie* zu tun hat.

Warum haben die UBENA-Werber die vier Wörter am Fuß der Anzeige wohl nicht auch mit der Hand schreiben lassen? Sie sind ihnen zu wichtig. Sie drucken sie auf die Streuglas-Etiketten, auf die Verkaufsständer im Supermarkt und auf alle Werbemittel. Deshalb rücken sie sie als »Abbinder« der Anzeige ganz nach unten, mit schön viel Weiß darüber, natürlich in Versalien gesetzt (das macht was her, gell?) und mit einem Punkt hinter dem Wort Phantasie, der dort nicht hingehört.

Den überflüssigen Punkt hinter dem Claim DIE ANTIKOFFER (Bild 40, rechts) ließen die 4YOU-Werber Bransch & Partner zwar weg. Doch ansonsten sind sie sicher davon überzeugt, daß sich ihre Ziel-

Bild 37

Bild 38

Bild 39

Bild 40

gruppe von verrätselten Fotos dazu verleiten läßt, Handgeschriebenes und vermeintlich Witziges mit Gewinn (für den Werbungtreibenden!) zu entschlüsseln. Das Logo immerhin setzten sie, negativ, aber schön klar und lesbar rechts unten in die Ecke. Doch dann fragte sich ein kreativer Geist, ob das nicht viel zu lesbar sei, und er nahm den Pinsel und kleckste ein *The Original* darüber. Wahrscheinlich hatte er nun, was er wollte: *satisfaction*. Dem Auftraggeber scheint das Ergebnis gefallen zu haben; von wirksamer Werbung hat also auch er keine Ahnung.

Bild 41

Der Punkt. Viel Lärm um nichts?

»›Jeder Deutsche hat seine Interpunction wie seinen Glauben für sich.‹ Der das behauptete, war einer der großen Dichter des 18. Jahrhunderts: Christoph Martin Wieland«. Mit diesen Sätzen beginnt das Kapitel »Zeichensetzung« in Edith Hallwass' klassischem Ratgeber »Mehr Erfolg mit gutem Deutsch« (Mosaik Verlag, München, 1991). Ein paar Zeilen später jedoch wird der Leser beruhigt (oder beunruhigt?): Seitdem hat sich einiges geändert. Gründlich, wie wir Deutschen nun mal sind, haben wir inzwischen unsere Zeichensetzung straff geregelt ... – Für jeden Zweifelsfall gibt's irgendeine Regel. Nur – kennen muß man sie!

Die Regel 163 im 1. Band des »Duden« beispielsweise. Seit einer kleinen Ewigkeit lautete sie

> Der Punkt steht nicht nach Überschriften, Buch- und Zeitungstiteln, die durch ihre Stellung vom übrigen Text deutlich abgehoben sind.
>
> Der Friede ist gesichert
> Nach den schwierigen Verhandlungen zwischen den Vertragspartnern ...

In der 20. Ausgabe des »Duden«, Band 1, wurde der Beispieltext modernisiert. Da heißt es statt *Friede* jetzt *Frieden.* Im Band 9 »Richtiges und gutes Deutsch« (1985) behandelt der »Duden« das Thema zwar etwas ausführlicher, doch steht auch dort nicht mehr als dies:

> Der Punkt steht nicht nach Sätzen, Satzstücken und Wörtern, die im Druck- oder Schriftbild in besonderen Zeilen deutlich herausgehoben wurden und inhaltlich selbständig sind. [...] Im einzelnen fehlt der Schlußpunkt bei [...] Überschriften, Schlagzeilen, Buch- und Zeitungstiteln, Bildunterschriften:
>
> Mein schönster Ferientag
> Ich reinige mein Fahrrad
> Die Schulsenatorin weiht die neue Stadtbücherei ein
> Der Friede ist gesichert
> [...]
>
> Bei Überschriften o. ä. spielt es keine Rolle, ob sie aus einzelnen Wörtern oder aus einem ganzen Satz bestehen. Ausrufezeichen und Fragezeichen müssen allerdings am Ende der Überschrift ebenso gesetzt werden wie etwaige Satzzeichen innerhalb der Überschrift.

So, und nun werfen Sie doch bitte mal einen Blick auf die Abbildung 41, links. Da erfahren wir in einer gut gemachten und informativ getexteten Anzeigenkampagne der *Deutschen Kunststoff Industrie* z. B., *Wie Fischers Fritz frische Fische frisch hält.* Und da ist hinter allem, was »im Druck- oder Schriftbild in besonderen Zeilen deutlich hervorgehoben« wurde, in konsequenter Mißachtung der Regeln ein Punkt: hinter der Headline, hinter den beiden Zwischentiteln, hinter dem abschließenden Claim (d. h. der Werbebehauptung) *Kunststoff. Wir stellen uns der Zukunft.* und hinter der rechts unten ins Bild eingezogenen Bildunterschrift. Verantwortlich zeichnet dafür die deutsche Niederlassung der großen, internationalen und renommierten Werbeagentur Ogilvy & Mather.

Auch die Anzeigenkampagne der VIAG-Gruppe (Bild 42, Seite 70) kann sich sehen lassen. Sie fällt auf, bringt oben einen interessanten, unten einen informativen Text, hat, was entgegen allen Empfehlungen der Kommunikationswissenschaftler viel zu selten praktiziert wird, einen Coupon und hält sich bei der Aussage EINE STARKE GRUPPE unter dem Firmenlogo an den Duden. Aber hinter die so gute Headline *Ein harter Schlag für Holzköpfe* mußte irgendein solcher bei der Werbeagentur H. F. & P. einen Punkt setzen.

Da freut man sich doppelt über die schöne, rundum gute Anzeige der Werbeagentur RTS RIEGER TEAM für die *Asea Brown Boveri AG* (Bild 43, Seite 70). Auch wer nie vor der Aufgabe stehen wird, Seekabel metertief eingraben zu müssen, liest die Story vom Kabel

Bild 42

Bild 43

Bild 44

Bild 45

zwischen der Insel Föhr und der Hallig Langeneß mit Gewinn. Und er liest sie wegen der wortspielerischen Überschrift *Arne von Holt kontrolliert Volt im Watt* – unserer ersten ohne abschließenden Punkt, wo keiner hingehört. Zur Anzeige der Jauch & Hübener-Gruppe (Bild 45, oben) möchte ich, weil ich jahrelang Werbung für einen Wettbewerber machte (und deshalb weiß, wie extrem schwierig es ist, die Dienstleistungen eines Versicherungsmaklers konzeptionell und textlich perfekt zu »verkaufen«), nur anerkennend sagen, daß sie eine der ganz, ganz wenigen doppelseitigen Anzeigen ist, die ich als rundum positives Beispiel zum Thema fand.

Denn in der Praxis ist das Vorkommen der vier beispielhaft gezeigten Härtegrade von der totalen Dudenabstinenz bis zur ebenso totalen Dudentreue keinesfalls 1 : 1 : 1 : 1. Blättern Sie irgendeine Publikumszeitschrift durch, können Sie selbst feststellen, daß der Punkt an Stellen, wo sie nach Meinung des »Duden« nicht hingehören, bei den großen, ansonsten perfekte Arbeit leistenden Agenturen offensichtlich zum guten Ton gehört.

Daß dabei eben die perfekte Arbeit Schaden leidet, scheint niemand zu sehen. Denn in der Werbung ist der Punkt oft sehr viel mehr als nur ein Lese-Zeichen – was wir gleich sehen werden.

Das heißt allerdings auch, daß Werber sich durchaus lässig über Dudens Punkte-Regeln hinwegsetzen dürfen. Nur: Kompetenz müssen sie dabei schon beweisen. Beispiel gefällig? Bitte:

Quadratisch. Praktisch. Gut.

texteten einst die Kreativen der Werbeagentur Dewe für ihren Kunden *Ritter*. Und bewiesen werbefachliche Kompetenz, als sie hinter jedes der drei Wörter einen Punkt setzen. Obwohl diese drei Wörter in Anzeigen, Fernsehspots und auf den Schokoladenpackungen in einer besonderen Zeile deutlich herausgehoben waren.

Bei der abgebildeten *Miele*-Anzeige der Hamburger Agentur Springer & Jacobi (Bild 44, Seite 70) erkenne ich Kompetenz nur in der Bildidee und im gekonnt geschriebenen Text. Die Aussage *Die Entscheidung fürs Leben* unter dem Markenzeichen *Miele* und, vor allem, die Headline *Eines der wenigen Dinge, die ein Miele Herd noch nicht kann*, die ja vom Text durch das Bild meilenweit getrennt ist, durch Punkte abzuschließen, macht den Kompetenzbeweis leider wieder zunichte.

Den fehlenden Bindestrich zwischen *Miele* und *Herd* kreide ich dem Texter noch nicht einmal an. Er hätte ihn sicher gesetzt. Die Firmen sind es, die (wegen der Corporate Identity!) an ihren Markennamen nicht einmal Wasser und den CD ihrer Werbeagentur heranlassen, geschweige denn einen Bindestrich. Doch der Punkt ist einfach ein werblicher Kunstfehler.

Das hat absolut nichts mit Dudengläubigkeit zu tun. Als Werbetexter nehme ich mir das Recht, kommunikationspsychologische Erkenntnisse über Duden-Regeln zu setzen. Ich weiß, daß der Punkt dem Leser signalisiert: Schluß, Ende; mehr mußt du gar nicht wissen. Ich weiß aber auch, daß die Headline eine Einladung zum Weiterlesen sein muß. Wenn man also, was Old Ogilvy einst für einen Fehler hielt, wie in der Miele-Anzeige 217 mm Bild zwischen Headline und Text donnert, sollte man wenigstens den Punkt weglassen. Denn der (wirklich gute) Text tief unter dem Bild soll ja gelesen werden.

Wenn allerdings das *Marriot-Hotel* in einer Zeitungs-Kleinanzeige verkündet *Unsere Ostereier sind klein, rot und heißen Kaviar.* darf der Texter den »Duden« getrost ignorieren. Denn das bißchen Text, das dem Leser über wann und wo Auskunft gibt, liest, wer zur Zielgruppe gehört, trotzdem. Sozusagen automatisch und vielleicht gerade des Punktes wegen.

Seltsam und unerklärlich erscheint es mir, daß sich gerade die großen, kreativen und mit den lukrativsten Etats gesegneten Agenturen so wenig Gedanken zu diesem Thema machen. Ich bin fast

Bild 46

sicher, daß dafür eine seltsame Mischung aus Ignoranz und Arroganz verantwortlich ist. Denn bei genauer Beobachtung kann man leicht feststellen, daß zwar nur eine Minderheit der größeren und großen, aber dafür die Mehrheit der kleineren, unbekannten Werber regelgerecht und werblich gekonnt mit dem Punkt umgeht, wie die Anzeigen in Bild 46 (oben) beweisen.

Nun findet dieses orthographische Verwirrspiel ja nicht im luftleeren Raum, sondern in Zeitungen und Zeitschriften statt. Also liegt die Frage nahe, wie es denn die Journalisten machen. Die Antwort: Soweit es den Punkt nach Überschriften, Schlagzeilen und Autorennamen betrifft, sind die Kollegen von der Presse Musterknaben. Bei allem anderen, das »vom übrigen Text deutlich abgehoben« ist, scheiden sich die Geister.

In vielen Zeitschriften steht hinter fett oder kursiv gedruckten, also abgehobenen Einleitungstexten ein Punkt. Der »Stern« und andere Zeitschriften und Magazine lassen den letzten Satz dagegen ohne Punkt im Ungewissen enden.

Das »ZEITmagazin« (Bild 47, unten) geht z.B. mit Punkten äußerst sparsam um. Weder hinter der Überschrift noch hinter Bildunterschriften, noch hinter Autorennamen und auch nicht hinter dem letzten Satz der Einleitungstexte steht ein Punkt. Beim »Stern« hält man's genau so. Bei der »Wirtschaftswoche« jedoch (Bild 48, rechts) sieht man's anders.

Die zusammenfassenden Einleitungen werden behandelt wie normaler Text: hinter ihrem letzten Satz steht ein Punkt. Hinter der

Die Eingangshalle im Haus 2 des Stifts. Der ursprüngliche Komplex wurde 1937 durch eine Initiative Hermann Görings erweitert. Heute weiß die ehemalige Harfenistin Marianne Lang nicht mehr, wie lange sie hier noch sorgenfrei wohnen kann

VORHANG VOR DEM LETZTEN AUFTRITT

Seit fast einhundert Jahren dient das Marie-Seebach-Stift in Weimar pensionierten Bühnenkünstlern als Ruhesitz. Nazi- und SED-Zeit konnte das Heim unbeschadet überstehen. Doch das vereinte Deutschland hat wenig Geld und Herz für die alten Akteure

VON PAUL KAISER UND JANE DULFAQAR (PHOTOS)

Wilfried Schmid geht über die Bühne, graue Schläfen und eine Spur zuviel Pomade im Haar. Er ist aufgeregt. Der siebzig Jahre alte Schauspieler hat schon lange kein Publikum mehr gehabt.

Plötzlich strafft sich sein Körper, und im Bariton donnert er los: Schiller, Ritter Raoul aus der „Jungfrau von Orleans". Der Monolog kommt gut, die Posen sitzen. So wie vor 46 Jahren, als er das erste Mal auf den Brettern stand. Schmid lächelt. Was macht es da schon, daß er beim Spielen unentwegt an die Stubenlampe stößt. Was macht es, daß sich mein Beifall in seinem kleinen Zimmer sehr verloren anhört.

Vier mal fünf Meter können Luxus sein. Wilfried Schmid hat Glück gehabt und den in der DDR einst heißbegehrten Platz bekommen. Heute ist er einer von 42 Theaterleuten, die im Weimarer Marie-Seebach-Stift, dem einzigen Altersheim dieser Art in Deutschland, zu Hause sind. Schauspieler, Sänger und Musiker leben hier, aber auch Inspizienten und Intendantenfrauen.

Ohne Hilfe sind die beiden Villen an der Tiefurter Allee kaum zu finden. Versteckt hinter mächtigen Kastanien, in deren Kronen sich die Weimarer Krähen sammeln, stehen, drei Steinwürfe voneinander entfernt, die beiden Häuser des Stifts. Der Hausmeister schippt Kohlen. Aus den Schornsteinen kringelt Rauch. Ein lädiertes Idyll aus der Vorkriegszeit.

„Gestatten, Siegfried Krasser, Opernsänger im Ruhestand." Contenance ist Trumpf beim scheidenden Kurator der Seebach-Stiftung. An einem seiner letzten beiden Arbeitstage empfängt mich der ehemalige Tenorbuffo, der früher am Weimarer Theater „große Kisten" gesungen hat. Wegen eines schweren Diabetes vor Jahren zum Invaliden erklärt, führte der 57jährige seitdem ehrenamtlich die Geschäfte. „Das ist derzeit schwerer als jede Wagner-Oper!"

Die steht wenigstens als Partitur. Für seine Rolle als Geschäftsführer jedoch fehlen Siegfried Krasser Noten und Dirigent. Er ist so gar nicht der Typ des neudeutschen Ärmelaufkremplers mit sturem Zukunftsblick. Sein brauner Anzug stammt noch aus dem Konsument-Kaufhaus, sein Brillengestell war vielleicht mal unter Ulbricht modern, und das Personalpronomen, das er am häufigsten benutzt, ist „wir".

Eine Fehlbesetzung war Siegfried Krasser, der wegen seines Diabetes nun einem anderen Platz macht, dennoch nicht: Er leitet die Stiftung nicht, er verkörpert sie. Und wer in seine müden Augen schaut, braucht keine Bilanzen und Strukturdebatten, um zu merken, daß es schlecht aussieht. Denn ▶

ZEITmagazin 27

Bild 47

Überschrift selbst und hinter dem darüber einzeln stehenden Stichwort steht keiner. Auch Bildunterschriften enden ohne Punkt, nicht dagegen in den Text eingezogene Zitate, die man wörtlich im Text wiederfindet – was mich (und, wie ich weiß, auch eine Menge anderer Leser) wahnsinnig stört, obwohl diese Einsprengsel ja wohl als Lesehilfe gedacht sind.

Das edle »manager magazin«, aus dem wir eine Doppelseite abbilden (Bild 49, Seite 76), hat seine besondere Note. Überschriften:

Geld + Kapital

Derweil plant die DTB auch eine Reihe neuer Produkte. Ein Drei-Monats-Future für Geldmarkttitel liegt bereits fertig in der Schublade. Gebastelt wird noch an einem Rentenkontrakt auf Anleihen mit der höchsten Bonitätsstufe AAA. Zielgruppe bei diesen Neuheiten sind allerdings institutionelle Kunden. Neue Anlagemöglichkeiten für den Privatanleger würde ein zweites Marktsegement für Aktienoptionen an der DTB bieten. „Der alte Frankfurter Optionsmarkt könnte mit einem Teil seiner 50 Werte an die Terminbörse übertragen werden", schlägt DTB-Chef Franke vor. Dann wären endlich auch Calls und Puts auf Kaufhaus- und Bauwerte möglich. *Stefanie Burgmaier*

Lebensversicherungen

Blöder Kompromiß

Mit variablen Produkten soll die europäische Konkurrenz abgewehrt werden.

Marcus Hildmann hat eine genaue Vorstellung davon, wie sein Idealkunde aussehen soll. „Er ist mit Versicherungsfragen vertraut, gehört zu den Besserverdienenden und weiß ausgewählte Produkte zu würdigen", sagt der Vorstandschef der Individualen Lebensversicherungs AG.

Die frisch gegründete Gesellschaft der Aachener und Münchener Gruppe will ihren Idealkunden mit Versicherungsinnovationen „Made in Germany" an sich binden, bevor die europäische Konkurrenz zum Angriff bläst. Von Mitte 1994 an dürfen ausländische Versicherer um die deutsche Klientel buhlen. „Wir verstehen uns als vorweggenommene Antwort auf den kommenden europäischen Markt", so die großen Worte von Hildmann, der Versicherungen mit neuartiger Flexibilität und hohen Renditen verspricht – ganz nach britischem Vorbild.

Für Innovationen auf dem deutschen Versicherungsmarkt ist es höchste Zeit. „90 Jahre Produktregulierung hat die Entwicklung von verbraucherfreundlichen Versicherungsprodukten in Deutschland verhindert", kritisiert denn auch Wolfgang Müller, Professor für Versicherungswirtschaft. Mit dem konzentrierten Angriff der Franzosen und Briten auf die deutsche Versicherungs-Bastion wird endlich ein frischer Wind wehen. Bereits seit dem Jahre 1991 hat Sun Life, der achtgrößte britische Lebensversicherer, ein Vertriebsbüro in Frankfurt am Main.

Die Gesellschaft will vom nächsten Jahr an mit deutschsprachigen Prospekten über die Angebotspalette von der Insel informieren. Auch die Branchenführer Großbritanniens, Prudential, Norwich Union und Friends Provident, bereiten sich auf den neuen Markt vor. Sie stellen bereits fleißig deutschsprachige Mitarbeiter ein – für den Vertrieb auf dem Kontinent.

Noch ist der Abschluß einer britischen Originalpolice für deutsche Versicherungsnehmer äußerst mühsam. Bis zur Marktöffnung 1994 darf keine ausländische Gesellschaft in der Bundesrepublik verkaufen, müssen Bundesbürger ihre Policen direkt bei der ausländischen Versicherungsgesellschaft abschließen oder über einen Broker mittels Korrespondenzvertrag. Der Preisvorteil der britischen Lebensversicherungen ist auf die aktuelleren Sterbetafeln sowie den höheren Rechnungszins zurückzuführen. Dadurch fallen die Prämien entsprechend niedriger aus. Da hierzulande an den Rechnungsgrundlagen nicht gerüttelt wird, haben die deutschen Versicherer der britischen Konkurrenz nichts entgegenzusetzen.

„Kunden werden in unrentable Kapitallebensversicherungen gelockt."

Dennoch zahlen sich Policen aus Großbritannien für die Bundesbürger nicht automatisch aus, wie die hohen Währungsverluste durch das schwache Pfund Sterling gezeigt haben. Zudem müssen die Erträge von Lebensversicherungen, die außerhalb Deutschlands abgeschlossen werden, zur Zeit voll versteuert werden.

Das Steuerprivileg – Steuerfreiheit bei einer Laufzeit von mindestens zwölf Jahren – gilt nur für inländische Policen. Diese Regelung dürfte in der EG allerdings kaum zu halten sein. Außerdem spielt das Steuerprivileg durch die drastisch erhöhten Freibeträge nur noch für vermögende Anleger eine Rolle.

Die starke Flexibilität ausländischer Anbieter kommt besonders bei den laufenden Prämien zum Vorschein. Der Kunde kann je nach finanzieller Lage mehr oder weniger einzahlen. „Auf dem deutschen Markt werden bislang unelastische Lebensversicherungen verkauft, ganz gleich, ob das dem persönlichen Bedarf entspricht oder nicht", räumt Gerhard Rupprecht, Vorstandsvorsitzender der Allianz Lebensversicherungs-AG, ein. Die deutsche Standardpolice ist eine gemischte Kapitallebensversicherung mit einer einzigen konstanten Versicherungssumme. Bei Tod oder am Ende der Laufzeit wird die garantierte Versicherungssumme zuzüglich der angefallenen Gewinne ausgezahlt.

Das soll sich jetzt ändern. Der größte Lebensversicherer Europas will in Zukunft eine „komplett flexible Lebensversicherung" anbieten. Einen ersten Schritt in diese Richtung sieht Rupprecht im neuen Abruftarif der Allianz Leben, der seit September angeboten wird. Das Neue daran: Die Leistungen aus einer kapitalbildenden Lebens- oder Rentenversicherung werden nicht mehr automatisch zu bestimmten, seit Jahrzehnten festgelegten Terminen überwiesen. Der Versiche-

Familienschutz: Flexible Lebensversicherungen passen sich dem Bedarf an

Foto: Hollander/Diagonal

154 WirtschaftsWoche Nr. 45 / 30.10.1992

Bild 48

PROBLEM+LÖSUNG
Kommunikation

Der richtige Dreh

Dasa-Pilot Schrempp will aus MBB, MTU, Dornier und TST so schnell wie möglich einen weltweit wettbewerbsfähigen Luft- und Raumfahrtkonzern zimmern. Der Weg dazu, hat Schrempp erkannt, führt über die Kommunikation. Ein ausgefeiltes Konzept soll nun aus ehemaligen Konkurrenten Kollegen machen.

Was die Herren Vorstandsmitglieder da regelmäßig zu hören bekommen, rüttelt an den Fundamenten ihrer Existenz: Es fehle an klaren Konzepten, und die Kompetenzverteilung sei wirr. Ob es denn überhaupt eine Zentrale geben müsse, und wenn schon, warum dann eine so große?

Knapp ein Dutzend Mal haben Jürgen E. Schrempp (46), Chef der Deutschen Aerospace AG (Dasa), und seine Vorstandsriege diesen verbalen Spießrutenlauf nun schon hinter sich. Die unbequemen Frager sind keineswegs kritische Oberaufseher aus der mächtigen Daimler-Zentrale in Stuttgart oder pingelige Aufsichtsräte, sondern die eigenen Mitarbeiter.

Was scheint wie ein Tribunal, nennt sich „strategischer Dialog" und ist eines der Instrumente, mit denen das neuformierte Luft- und Raumfahrtunternehmen die rund 61 000 Beschäftigten aus den vier Dasa-Ursprungsfirmen MBB, MTU, Dornier und Telefunken Systemtechnik (TST) dazu bringen will, an einem Strang zu ziehen. Eile ist geboten, denn Schrempp steht bei seinem obersten Dienstherrn, Daimler-Benz-Chef Edzard Reuter (63), in der Pflicht, das Versprechen vom integrierten Technologiekonzern möglichst bald einzulösen. Nur dann nämlich hat die Dasa die Chance, tatsächlich jene „kritische Masse" zu erreichen, die sie gegen ihre internationale Konkurrenz dringend braucht. Denn sie muß in der Luft- und Raumfahrt und der Verteidigungstechnik auf tendenziell schrumpfenden Märkten mit besonders harten Bandagen kämpfen — wichtigstes Argument für die Akquisition der vier Altfirmen. Und auch die vielbeschworenen Synergieeffekte zwischen MBB, MTU, Dornier und TST können — wenn überhaupt — nur zum Tragen kommen, sofern sich die Mitarbeiter der ehemals konkurrierenden Firmen mit ihren sehr unterschiedlichen Kulturen künftig als eine Mannschaft begreifen.

Wichtigstes Vehikel dazu ist neben einer neuen Organisationsstruktur (siehe Kasten Seite 178) ein umfassendes Kommunikationskonzept der Dasa nach innen und außen: Führungskräfte aus den verschiedenen Altfirmen werden in unterschiedlichen Formationen miteinander ins Gespräch gebracht; Vorstände müssen ihre Entscheidungen vor Mitarbeitern zur Diskussion stellen; PR- und Presse-Leute aus allen Dasa-Bereichen feilen an einem einheitlichen Auftritt der Firma.

„Wir haben dabei nach der Lösung gesucht, die sich am besten in zwei bis drei Jahren realisieren läßt; nicht nach dem Optimum in zehn Jahren", erklärt Detmar Grosse-Leege (53), Leiter der Dasa-Öffentlichkeitsarbeit, den Ansatz. Deshalb hat es auch weder abgehobene theoretische Diskurse über Corporate Culture und Unternehmensidentität gegeben, noch sind abstrakte Firmenleitlinien entworfen worden. Statt dessen drehen sich die Diskussionen in allen Gesprächsrunden ganz pragmatisch um aktuelle Tagesprobleme. Das schafft Gemeinsamkeiten und deckt zugleich Schwachstellen in der Struktur auf.

Hauptmoderatoren neben Öffentlichkeitsarbeiter Grosse-Leege sind dabei Thomas Sattelberger (42), Leiter des zentralen Bildungswesens der Dasa, und Walter Schertler, Professor für Organisation und Strategisches Management an der Universität Trier. Er hat während seiner Zeit als Berater bei der Boston Consulting Group reichlich Erfahrung mit Unternehmen in Post-Merger-Situationen gesammelt.

Sie analysierten zunächst, was die einzelnen Kulturen in den vier Altfirmen voneinander unterschied:

□ MBB war ein Konzern mit eigenständigem Management, der sich auf anspruchsvolle Systemgeschäfte konzentriert hatte. Dem Außenbild eines defizitären Staatsunternehmens stand das hohe Selbstbewußtsein der Mitarbeiter gegenüber, in einer exklusiven Technologieschmiede zu arbeiten. Die Freiheit der Forschung, von Altmeister Ludwig Bölkow immer hochgehalten, galt als Leitmotiv; nicht die Orientierung am Markt. Innerhalb der Matrixorganisation von MBB konnten sich die Mitarbeiter — in erster Linie Ingenieure — relativ frei entfalten.

□ Dornier, in Teilbereichen scharfer Konkurrent von MBB, ist bis heute von der Gründerfamilie geprägt: zentralistisch geführt und eng mit dem Standort Friedrichshafen verbunden. Es gibt noch immer ein starkes Clangefühl bei den Mitarbeitern. Krisen, die das Unternehmen erlebt hat, haben die Belegschaft eher noch fester zusammengeschweißt.

□ MTU ist als Hersteller von Motoren und Turbinen auf Seriengeschäfte spezialisiert. Die Firma ist stark fertigungsorientiert und weist die dazu passenden funktionalen Strukturen auf. Unter der Ägide verschiedener Großkonzerne hat sich das Unternehmen erfolgreich zu relativ großer Selbständigkeit entwickelt. Da die MTU schon vor der Gründung der Dasa zum Daimler-Konzern gehörte, ist es jetzt vielen MTU-Mitarbeitern nicht recht einsichtig, was sie mit den neuen Herren sollen;

Nichts paßte zueinander: Über die Jahre haben die Altgesellschaften der Dasa ihre ganz spezifischen Kulturen mit unterschiedlichen Werten und Leitbildern, Erfolgs- und Sanktionsmechanismen entwickelt

Die alten Chefs wurden als Vorstände der neuen Holding in die Pflicht genommen. Nun müssen sie ihre Geschäftsstrategien im Dialog mit Führungskräften aus dem ganzen Unternehmen verteidigen.

176 manager magazin 9/1991 177

Bild 49

kein Punkt. Einleitungen: Punkt nach dem letzten Satz. Bildunterschriften: Mal so, mal so – aber mit System. Besteht die Unterschrift aus einem Satz (linke Seite), wird kein Punkt gesetzt. Besteht sie aus zwei oder mehreren Sätzen (rechte Seite), wird der letzte mit einem Punkt abgeschlossen. Dann steht, wie in unserem Beispiel, mitunter auf der rechten Seite ein Punkt nach der Bildunterschrift, auf der linken nicht. Da hat man sich was gedacht und den »Duden« von der Rechtsabteilung auslegen lassen. Denn der schweigt zu dem Problem noch immer.

Im letzten Absatz der Punkt-Regel im Duden-Band 9 »Richtiges und gutes Deutsch« heißt es:

> Bei Überschriften o. ä. spielt es keine Rolle, ob sie aus einzelnen Wörtern oder aus einem ganzen Satz bestehen. Ausrufezeichen und Fragezeichen müssen allerdings am Ende der Überschrift ebenso gesetzt werden wie etwaige Satzzeichen innerhalb der Überschrift.

Das geht ganz offensichtlich der alltäglichen Wirklichkeit berufsmäßiger Schreiberlinge deutlich aus dem Weg. *o.ä.* steht da für »oder ähnlichem«, und daß Ähnliches oft genug nicht nur aus einzelnen Wörtern oder einem ganzen Satz, sondern häufig aus mehreren Sätzen besteht, war schon damals nicht anders als heute.

Ist es also richtig, wenn DIE ZEIT, wie Sie sehen, einmal titelt

Ein Stein.
Kein Geld

und in einer anderen Ausgabe

Die
Bilder.
Die
Worte.
Und
Aids.

und mich, nebenbei, zwingt, meinen Fragesatz überflüssigerweise fortzuführen, weil ich sonst, so Dudens Wille geschähe, mein Fragezeichen hinter »Aids« setzen müßte? Was hat sich in dem einen Jahr zwischen den beiden Überschriften geändert?

Der Duden jedenfalls nicht. Der kennt auch in der jüngsten Ausgabe keine Titel, keine Überschriften, keine Headlines, die aus zwei, drei oder vier Einzelwörtern, Satzstücken oder Sätzen bestehen. Trotzdem fühlen sich die Zeitungsleute mit dem Duden im Einklang, wenn sie fast stets den letzten Punkt einer Überschrift weglassen. Bei Bildunterschriften – siehe »manager magazin« – beginnen manche zu zweifeln, und bei längeren Einleitungstexten scheiden sich die Typogeister.

Das muß uns hier wenig kümmern. Uns geht es um die Kommunikationsleistung, um die These *Werbung muß verständlich sein.* Ich weiß nicht, was Werbeleute heute in ihren Fachschulen darüber lernen. Vor zwanzig, dreißig Jahren hieß es dazu, daß eine Werbebotschaft so beschaffen sein muß, daß sie »vom Empfänger verstanden und in gewohnter Art empfangen werden kann«. Daran hat sich ganz sicher nichts geändert. Nur eben: daß sich Kreative zunehmend nicht mehr daran halten. Mag ja sein, daß Millionen Leser tatsächlich nicht bemerken, daß im Textteil von Zeitungen und Zeitschriften hinter Überschriften kein Punkt steht und dies in Anzeigen ersichtlich anders ist. Die Kommunikationswissenschaftler wissen schon seit Jahrzehnten, daß solche »kognitiven Dissonanzen« Irritationen des Unterbewußtseins auslösen, die den mit der Werbebotschaft gewünschten Lernprozeß beim Rezipienten behindern. Warum also weigern sich Werbeleute, die davon in ihrer Ausbildung irgendwann einmal gehört haben müßten, dieses Wissen in ihrer Arbeit zu berücksichtigen? Werden sie danach bezahlt, wieviele Punkte sie in ihren Anzeigen unterzubringen imstande sind?

Nein, über die Verwendung des Satzzeichens Punkt in der Werbung zu schreiben, ist keinesfalls viel Lärm um nichts. Und es ist erst recht keine Erbenszählerei, kein »Oberlehrergehabe«, wie man es mir schon manchmal vorgeworfen hat. Manche Werbeleute täten vielmehr gut daran, einzusehen, daß so manche in jeder anderen Hinsicht gute, vielleicht sogar perfekte Anzeige durch den falschen Gebrauch des Punkts in ihrer Wirkung gemindert wird. Den Schaden hat der Auftraggeber. Und es ist schon seltsam, daß es oft dieselben unbelehrbaren Werber sind, die ihre Mitstreiter auf dem Weg zur druckfertigen Vorlage mit Reklamationen bis zur Weißglut triezen ...

Apostrophantasien und andere Unsitten

Zugegeben, es ist schon lange her, daß Herr Dietz jeden Nachmittag in die Agentur kam und einsammelte, was wir Texter bis dahin geschrieben hatten. Herr Dietz war ein pensionierter Schuldirektor; die Agentur bezahlte ihn dafür, daß er keine Sprachschludereien durchließ. Er war ein netter Mensch und sehr behutsam zu den Textern, aber auch unnachgiebig, wenn man sich um einer flotten Floskel willen an der deutschen Sprache vergriff. Als er starb, waren wir alle bei der Trauerfeier. Seine Position wurde nicht wieder besetzt.

Viele der großen Werbeagenturen haben ihren Herrn Dietz noch heute. Man sieht es ihren Texten an. Anderswo vertraut man – mehr oder weniger erfolgreich – darauf, daß Texter ihre Muttersprache beherrschen, was durchaus nicht selbstverständlich ist. Und dann gibt es noch die Agenturen, wo einfach drauflosgeschrieben und insgeheim gehofft wird, daß Leser noch weniger sprachkundig sind als schlechte Texter.

Das sind die Brutstätten der Apostrophitis, einer sprachlichen Entartung, die sich darin äußert, daß harmlose Wörter besonders in Anzeigenüberschriften von sinnlosen und überflüssigen Apostrophen befallen werden wie der Hund von Flöhen. Der Apostroph deutet laut »Duden« an, »daß Laute (Buchstaben), die gewöhnlich gesprochen und geschrieben werden, ausgelassen worden sind.« Nur, wie das eben im Deutschen so ist, wird nicht alles, was ausgelassen wurde, auch mit einem Apostroph gekennzeichnet. Und da gerät dann so mancher Texter, dem kein Herr Dietz zur Seite steht, ins (nicht in's!) Schlingern.

Der Texter beispielsweise, der sich einst für die deutsche Agrarwirtschaft den Imperativ *Butter auf's Brot!* einfallen ließ und zwei Zeilen darüber die Vorzüge des *natürlichen Rohstoff's Milch* lobte, lag beide Male falsch.

Dagegen war die Trefferquote jenes Texters schon besser, der die Headline *Morgenstund' ist Mofastund'* erfand, darunter das Textchen schrieb *Denn wenn Sie es leid sind, allmorgendlich im Berufsverkehr Zeit zu verlieren, steigen Sie am besten auf's Mofa um.* und die Minianzeige mit dem Abbinder schloß *DAS MOFA / weil's vernünftig ist:* einmal traf er ins Tor (weil's vernünftig ist), einmal ins Aus (auf's) und zweimal gegen die Latte (Morgenstund' ist Mofastund'); als Ableger der Redensart *Morgenstund hat Gold im Mund* braucht die Headline keine Apostrophe. Stund, noch gebräuchlich in *von Stund* an ist eine Nebenform von Stunde, und Nebenformen werden nicht apostrophiert.

Immer apostrophiert wird dagegen das e in es: *Darf's ein bißchen mehr sein?* ist so richtig wie *weil's vernünftig ist* oder *als wär's ein Stück von mir.* Bei *als wär's* weiß man nicht, für welches der beiden ausgelassenen e der Apostroph nun eigentlich steht (wieso eigentlich steht, wo er doch eher hängt?). Natürlich muß er auch stehen, wenn nur das e in *wäre* ausgelassen ist: *Es ist, als wär' ich neugeboren.*, lautete einst richtig eine Headline. Hier allerdings hätte Herr Dietz in seiner vornehmen Art angedeutet, seiner Meinung nach sei die Getrenntschreibung *neu geboren* besser, um nicht zu sagen: richtig. Und den Punkt am Satzende hätte er stillschweigend gestrichen.

Über das Auslassungszeichen gibt der »Duden« auf knapp zwei Seiten erschöpfend Auskunft – in ganzen zehn Regeln, aus denen der Nachwuchstexter lernen kann, wo ein Apostroph steht *(Der Wahn ist kurz, die Reu' ist lang. Das hör' ich gern. Ich lass' das nicht zu. Hol's der Teufel!)* und wo nicht. Die Erbitterung, mit der vor einigen Jahren der Bürogerätehersteller *Rank Xerox* die Headline einer Plakat- und Anzeigenkampagne zu verteidigen suchte, bewirkte eher die Bloßstellung orthographischen Unvermögens und ging in einer

Flut von Briefen und Anrufen ganz normaler Leute unter. Mit enormen Kosten wurde dann doch über Nacht aus *Ich geh gern in's Büro* das fehlerfreie *Ich geh' gern ins Büro.*

Nimmt man ein solch falsches Häkchen vielleicht noch ungerührt hin, so bleibt einem angesichts der Anzeige des keinesfalls unbedeutenden Beschläge- und Fensterherstellers *Roto* (Bild 50, rechts) doch die Spucke weg. Hier sind es zwei, doch falscher geht's nicht mehr.

Oder doch? Es ist die Frage nach der Professionalität, die die Musik macht. Wo, wie in vielen Kleinanzeigen, der Dilettantismus von vornherein deutlich wird, wie in den Beispielen 51 bis 53, nimmt man's mit einem Schulterzucken hin. *Johann's* sieht schon beim Vorbeifahren so aus wie die Anzeige, und *Oma's Napfkuchen* – nun ja, da hängt sich jemand an den Trend an, den jeder Abholmarkt erkennt. Doch wer im »Stern« für eine *Wasserschloß Klinik* (hier fehlt ein Bindestrich) inseriert (Bild 54, rechts unten), der sollte doch wohl eine Vorstellung vom Bildungsstand seiner Zielgruppe haben. Daß hier Ignoranten am Werk waren, beweisen auch die beiden hochgestellten Sternchen hinter den Wörtern Neurodermitis* und Erkrankungen* in der ersten Textzeile. In der Anzeige gibt es weder Fußnoten noch Anmerkungen, auf die sie hinweisen könnten. Sie stehen (hängen) da einfach so rum. Daß ein Setzer das alles ohne Protest so gesetzt und zur Druckvorlage bearbeitet hat, ist kaum zu glauben. Doch die Anzeige beweist, daß auch dies bittere Wahrheit ist.

Nach der Duden-Regel 23 steht der Apostroph zur Kennzeichnung des Genitivs (Wesfalls) von Namen, die auf Zischlaut enden, also auf s, ss, ß, tz, z oder x: *Herrn Dietz' Aufgabe, Grass' Blechtrommel, Girodoux' Werke.* Sonst steht bei Namen kein Apostroph. Doch da erleben wir tagtäglich und auf Schritt und Tritt unser blaues Wunder. Irgendwann Anfang der achtziger Jahre brach wie eine mittelalterliche Seuche diese Apostrophitis aus und alle Bemühungen sprachbewußter Mitmenschen, sie wenigstens einzudämmen, blieben ergebnislos. Längst haben uns die Werber an *Iglo's Bistro* gewöhnt, und schon die Kid's, pardon: die Kleinsten wachsen mit *Dr. Koch's Trink 10* und *Onkel Dittmeyer's Valensina* auf. Den Vogel schoß schon vor Jahren die Bayreuther Brauerei *Maisel* ab. In einer Anzeige wurde Maisels gleich zehnmal mit Apostroph geschrieben, und zwar im Genitiv *(Maisel's Dampfbier)* ebenso wie, in der Überschrift, im Nominativ Plural *(die Maisel's).*

Werbetexter und Firmenchefs berufen sich bei solchen Regelverletzungen darauf, daß der Apostroph hier eine sinnvolle Funktion habe, lasse er doch klar erkennen, wie die Firma heißt: nicht *Iglos*

Bild 50

Bild 51

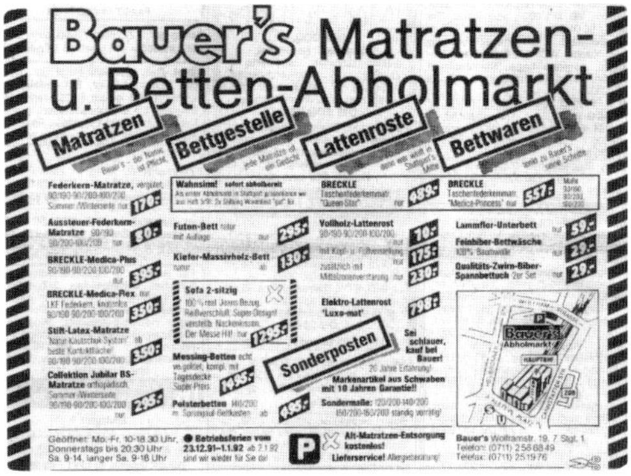

Bild 52

Bild 53

Bild 54

und nicht *Maisels*, sondern *Iglo* oder *Maisel*. Natürlich spielt auch englischer Einfluß mit; im Englischen wird der Genitiv vor allem bei Namen mit Apostroph gekennzeichnet. Deshalb muß man wohl manches Mal beide Augen zudrücken. *Levi's* beispielsweise ist ein geschütztes Warenzeichen; es muß, wo immer der Hersteller von *Levi's Jeans* seine Rechte gegenüber Nachnahmern wahren will – und das will er überall in der Welt –, so verwendet werden, wie es registriert ist – also mit Apostroph. Hier, beim Apostroph vor dem Genitiv-s, werden wir uns wohl eines baldigen Tages dem Englischen angleichen.

In einem Punkt treiben wir es mit dem Apostrophieren heute schon ärger als die Engländer und Amerikaner: bei Abkürzungen und Buchstabenwörtern. Selbst unsere technische Fachpresse ignoriert vielfach weitgehend die Duden-Regel 25: »Kein Apostroph steht bei Abkürzungen in der Genitiv- oder Pluralform auf -s: des LKWs, die MGs, die GmbHs.« Sie schreibt PC's, LED's, RAM's, PROM's. Und die Werber ziehen unbekümmert nach.

Natürlich geht die Welt nicht unter, wenn aus allen Werbetexten die Häkchen blühn wie Salpeter aus altem Gemäuer. Auch die Verhaltensforscher und Kommunikationswissenschaftler haben zum extensiven Gebrauch des Apostroph offenbar keine Erkenntnisse. Was soll's also?

Ganz einfach: Ich frage mich, warum ausgerechnet Leute, die ihre Brötchen mit dem Gebrauch der deutschen Sprache verdienen, in aller Öffentlichkeit beweisen müssen, daß sie ihr Handwerk nicht beherrschen. Man kann's auch, wie Paul Gredinger, einer der Namensgeber der berühmten Werbeagentur GGK, mit dem Holzhammer sagen: »Das Produkt, das man weltweit Werbung nennt, strotzt vor Dummheit.« Und ist es nicht wirklich dumm, mit Kleinigkeiten wie ignorierten Rechtschreibregeln, die jedermann, also auch der Auftraggeber, nachschlagen kann, stümperhaften Umgang mit der Sprache – einer der wesentlichen Säulen der Werbung –, millionenfach öffentlich zu dokumentieren?

Eine winzige Anzeige mit der ungewöhnlichsten Verwendung des Apostroph, die mir je zu Gesicht gekommen ist, bringt uns zugleich zu einer weiteren Unsitte: der Wortkopplung ohne Satzzeichen. Doch schauen Sie sich erst noch einmal die folgende Abbildung an, sonst glauben Sie vielleicht nicht, daß eine Stuttgarter Lachsräucherei Weihnachten 1991 *RäukFisk-Lachs-4'erlei* anbot. Die Koppelung der (ich nehme an schwedischen) Wörter Räuk und Fisk hat viele Vorläufer. Schon 1985 schrieb Dr. Eckart Klaus Roloff in »texten+schreiben« unter dem Titel *Schreibfehler als TextTick* über die *seltsame Methode, auf sich aufmerksam zu machen: Schreibfehler mit Absicht*

Bild 55

zu inszenieren und zitierte aus einem Prospekt für einen Mediendienst die Wortschöpfungen *MedienScene, ChefEtagen, MeinungsBeiträge.*

Ich überlegte damals (1986) in »texten+schreiben«, daß die Deutsche Bundespost der Urheber dieses Unfugs sein müsse, ärgerte ich mich doch immer wieder darüber, daß im Telefonbuch seit Jahren hinter meinem Namen die seltsame Berufsbezeichnung *WerbeBerat.* stand. Genau so bekamen andere Leute die Berufsbezeichnungen *SteuerBerat., RentenBerat.* oder *UnternehmensBerat.* Von einer Dame beim Fernmeldeamt mußte ich mich beschimpfen lassen, als ich das blödsinnig nannte, wo es doch andererseits hieß Wirtschaftsprüfungsgesellschaft, Werbeatelier, Klavierlehrer, Schaufenstergestalter und, tatsächlich, Steuerberaterin. Das sei eben Vorschrift, meinte die Dame. Eine Vorschrift, die auch mit äußerster Akribie unterscheidet zwischen einem *KfzMech.*, einem *OStud.Dir.* und einem *Techn.FHaupt.Sekr.*

Mein Heidelberger Kollege Wolfgang A. Noll schrieb im selben Heft, er habe schon 1980 in der Werbung für *Signal*-Zahncreme die Wortschöpfung *VorsorgeKraft* entdeckt und gerügt. »Die Antwort war«, schrieb Noll, »wie nicht anders zu erwarten, daß man einen ›optischen Stopper‹ kreiert zu haben glaubte. Und dann, so lange ist das schon her, tauchten im selben Heft die Neuschöpfungen *PraktikerInnen* und *AutorinnenTeam* auf, zwar etwas anders geartet (und begründet), dafür aber mit derselben Durchsetzungskraft.

Der SchreibTick ist inzwischen fast die Norm. Auch ich schreibe in diesem Buch von *seinen LeserInnen*, weil es bequemer ist als alle anderen Reaktionen auf die Drohgebärden militanter Feministinnen. Und: das Mineralwasser, das seit Ewigkeiten Bad Vilbeler Urquelle hieß, heißt auf einmal Bad Vilbeler *UrQuelle*, in Köln gibt es plötzlich die *KölnMesse* und in Frankfurt den *MesseTurm.* Das *PerinatalMagazin* allerdings setzt nur die alte Tradition von *TransAtlantik* fort, und daß sich die *Daimler-Benz AG* (mit Bindestrich, bitte) im Zuge der Neuorganisation das Signet DaimlerBenz zulegte (dem Autohersteller Mercedes-Benz aber den Bindestrich ließ), adelt zwar die seltsame Praxis, hat im Uralt-Signet MotoMeter der Moto

Meter AG und vielen anderen aber geradezu klassische Vorbilder.

Natürlich wissen wir, daß es die Grafiker, pardon: die Graphic Designer sind, die ihre Abneigung gegen den Bindestrich auf diese Weise dokumentiert sehen wollen. Genau genommen kann man auch nur wenig oder gar nichts dagegen einwenden, vor allem, wenn derartige Markenzeichen mit »Kapitälchen« (das sind die kleineren Großbuchstaben in DaimlerBenz) geschrieben werden. Denn tatsächlich sehen in Groß- und Kleinbuchstaben geschriebene Kunstwörter wie *TransAtlantik*, wenn man sie schon nicht zusammenschreiben will, ohne Bindestrich besser aus als mit.

Doch dabei handelt es sich um Firmennamen und Zeitschriftentitel, um Einzelwörter also, nicht um Bestandteile werbender Texte. Einen solchen spießte ich im Oktober 1989 auf. Da brachte die *Unilever*-Tochter Elida Gibbs eine Zahnpasta namens *Mynta* auf den Markt. In der monatelang geschalteten Anzeige, in der sich Werbeleute wie Auftraggeber mit dem Claim *Wirksam und Gesund* öffentlich als Klippschüler blamierten, war ebenso wie auf der Packung von einer *Zahnpflege aus NaturRohstoffen* die Rede. Dafür verpaßten sie dem Wort *Naturkreide* (gibt es auch Kunstkreide?) einen überflüssigen Bindestrich: *Natur-Kreide.*

Die Zahncreme ist hervorragend, doch Drogerien und Drogeriemärkte scheinen sie nicht zu mögen. Immer wieder einmal kommt meine Frau vom Einkauf zurück mit dem Bescheid: »*Mynta* gab es mal wieder nicht!« Elidas Umsatz mit der *Mynta* wird diesem Zustand entsprechen. Dagegen haben Markenartikler viele Patentrezepte. Eins davon heißt: Packung ändern! Also änderte man, drei Jahre nach der Einführung, die Packung. Auf der ist jetzt richtig von *Naturrohstoffen* die Rede. Der Claim blieb, wie er war: verkorkst. Weil der Branche die Bezeichnungen »Zahnpasta« und »Zahncreme« nicht modern genug sind, bleibt nur das neutrale »Zahnpflegemittel«. Weil das aber zu lang ist, machte man daraus »Zahnpflege«. Dieses Wort meint zwar eine Tätigkeit, doch weil »Pflege« up to date ist, enthält die Tube eben *Zahnpflege aus Naturrohstoffen.* Die Semantik bleibt auf der Strecke.

Von den NaturRohstoffen zum *NaturSchauspiel* ist es nur ein kleiner Schritt. Manchen Werbern ist das zu wenig. Sie tun einen mehr. So zum Beispiel die ungenannt bleiben wollenden, die für die Vorauswerbung zur »V. Internationalen Gartenbauausstellung der Bundesrepublik Deutschland«, die im Logo ganz anders heißt, nämlich IGA STUTTGART EXPO 93, die Reklametrommel rühren. Die griffen tief in die Witzkiste und feuerten per Anzeige (Bild 56, rechts) ihre Mitmenschen an: *Werden Sie DauerGartenBesitzer!* Das Wort Vorverkaufspreis in der Zeile darunter ließen sie unangetastet. Doch in der zweiten Textzeile schlugen sie noch einmal zu und erfanden das *NaturSchauSpiel.*

Die Anzeige erschien nur kurze Zeit. Wahrscheinlich war zu vielen Leuten aufgefallen, was alles – außer der Wortschöpfung in der Headline – daran zweifelhaft war. Der Hinweis etwa auf »prima Essen und Trinken« und »Tausende … Veranstaltungen« – »Und das Ganze zu Preisen zwischen 55 und 95 Mark für Einzelpersonen und zu 155 Mark für Familien.«

Bild 56

Gesellschaftsspiele mit den Lesern

Von David Ogilvy war schon an anderer Stelle die Rede (»Von der Verrücktheit der Werber«, Seite 12). Als ich dies schrieb, hatte er seinen 80. Geburtstag hinter sich, saß wahrscheinlich auf seinem Château Touffou an der Loire und war der Welt böse. Die Aktien der Werbeagentur Ogilvy & Mather, die der gebürtige Schotte 1949 in New York gegründet und zur viertgrößten Agenturgruppe der Welt mit mehr als 7000 Angestellten gemacht hatte, wurden 1989 für 850 Millionen Dollar vom englischen Werbemulti WPP aufgekauft. Eine Weile schien es, als gehe es mit WPP stürmisch aufwärts, doch nun muß sich Ogilvy Sorgen machen. Klagte er 1989, man habe ihm sein Baby weggenommen, muß er heute zusehen, wie seinem Kind die Luft wegbleibt.

1963 schrieb David Ogilvy sein erstes, 1983 sein zweites Buch über die Werbung. Das erste, »Geständnisse eines Werbemannes«, wurde von ECON 1991 neu aufgelegt. Obwohl fast drei Jahrzehnte alt, ist es noch immer ein wichtiges Buch. Wer es um spezielle Amerikanismen bereinigt und mit der deutschen Wirklichkeit zu verbinden versteht, hat ein großartiges Lehrbuch der Werbung in der Hand – soweit ich sehe, das einzige, das auf jahrzehntelanger praktischer Erfahrung basiert. Da ich nach dem Abstecher zur Interpunktion nun zum Text selbst komme, möchte ich Ihnen zeigen, was Ogilvy zu diesem Thema sagt. Und – wie er es sagt. Er überschreibt sein Kapitel VI »Wie schreibt man wirkungsvolle Texte?« und beginnt mit »I. Schlagzeilen.« Dann schreibt er:

> Die Überschrift ist der wichtigste Teil der Anzeige. Sie ist das Telegramm, das den Leser dazu bringt, den Text überhaupt zu lesen. Von fünf Personen lesen durchschnittlich vier nur die Überschrift, während nur einer den gesamten Text liest. Wenn Sie Ihre Schlagzeile geschrieben haben, so sind 80 Cents von Ihrem Dollar bereits ausgegeben.
>
> Wenn Sie mit Ihrer Schlagzeile nicht bereits etwas verkauft haben, so haben Sie 80 Prozent des Geldes, das Ihrem Kunden gehört, verschwendet. Die schändlichste aller Sünden ist eine Anzeige ohne Überschrift. Solche kopflosen Ungetüme gibt es noch immer. Der Texter allerdings, der es wagen würde, mir so etwas vorzulegen, wäre nicht zu beneiden. Ein Austauschen der Schlagzeile kann eine Veränderung der Verkäufe im Verhältnis 10 : 1 zur Folge haben. Ich schreibe nie weniger als 16 verschiedene Schlagzeilen für eine Anzeige und halte mich dabei an bestimmte Richtlinien.

Sie sehen: David Ogilvy schreibt Klartext – schnörkellos, verständlich und ganz so, als wende er sich an Schulanfänger. Man sollte also meinen, daß in den letzten dreißig Jahren all die vielen jungen Leute, die es in die Werbung drängte, dieses Buch verschlungen haben, als heiße der Autor Karl May, und seither die zahllosen in dieser simplen Sprache gegebenen Ratschläge freudig befolgten. Ogilvy selbst stellte in dem Interview, aus dem ich weiter vorn schon zitierte, bitter fest, er könne nicht erkennen, daß seine Arbeit überhaupt einen Einfluß gehabt habe – außer in den Ländern der Dritten Welt. Dort, z.B. in Indien, habe man sich durch seine Bücher anregen lassen.

Bild 57

Es ist sicher nicht ganz so schlimm. Auch bei uns findet man hin und wieder Anzeigen, die Ogilvys Einfluß verraten. Sehen Sie sich nur die Abbildung 6, Seite 26, noch einmal an. Die Überschrift unter dem Bild – das ist Ogilvys Rat. Die Nennung dessen, worum es geht, in der Headline – Ogilvy empfiehlt es: »Wenn Sie ein Mittel gegen Blasenschwäche verkaufen, so schreiben Sie das Wort ›Blasenschwäche‹ in Ihre Überschrift, und jeder, der darunter leidet, wird durch die Überschrift angesprochen werden.« Und nun überprüfen Sie bitte einmal, in wie vielen der bisher abgebildeten Anzeigen allein diese zwei Ratschläge in den Wind geschlagen wurden!

Andererseits: Unter eben diesen Anzeigen, die ja alle für irgendwelche Werber-Sünden stehen, ist (ungewollt, natürlich!) keine aus der deutschen Ogilvy & Mather-Dependance. Ist das nichts, Sir? Doch unter uns gesagt: Natürlich gibt es in meinem Archiv auch aus dieser Agentur Anzeigen, die Ogilvy auf die Palme bringen würden. Die Anzeige aus einer Kampagne für die *Deutschen Versicherungen* zum Beispiel (Bild 57, Seite 87). Da steht zwar die Headline unter dem Bild und ist in Groß- und Kleinbuchstaben geschrieben. Auch worum es geht, ist angedeutet. Doch warum der Text rechts oben steht, weiß nur der Art-Direktor. Die haßt Ogilvy sowieso, doch hier würde er auch den Texter zusammenstauchen. Lesen Sie doch mal:

> Einerseits das gute Gefühl, alles um sich vergessen zu können. Andererseits der große Wunsch, alles festhalten zu wollen.
> Zum Glück gibt's die Versicherungen. Von der Sorge um die Vorsorge, die sie nehmen, bis zum alltäglichen Schutz, den sie geben. Wollen Sie auch in dieser Beziehung nichts dem Zufall überlassen? Sprechen Sie mit Ihrem Versicherungsfachmann.

Das klingt einfühlsam und ist doch nichts als ein verbales Spielchen mit Emotionen. Das Hintertürchen, durch das der Texter sich zum Thema Versicherungen stehlen will, gibt es nur in seiner Phantasie. Die als Zielgruppe ausersehenen jungen Leute beschäftigen die ihre mit naheliegenderen Themen. Ogilvy, ein Freund langer Texte, würde das Bild nach oben rücken und den so gewonnenen Platz zwischen Überschrift und Logo für eine lange Liebesgeschichte nutzen, in der auf wundersame Weise alle Argumente für den Abschluß aller nur denkbaren Versicherungen enthalten wären.

Doch Vorsicht! Oft liegt der alte Fuchs nach heutigem Kenntnisstand unglaublich daneben. So schreibt er zum Beispiel:

> Jede Anzeige sollte ein komplettes Angebot Ihres Produktes sein. Es ist unrealistisch anzunehmen, daß die Verbraucher eine Serie von Anzeigen für dasselbe Produkt lesen werden. Sie sollten in Ihrer Anzeige Ihr ganzes Geschütz auffahren – in der Annahme, daß es die

> einzige Chance ist, die Sie je haben werden, dem Leser Ihr Produkt zu verkaufen – jetzt oder nie!

Das war vor dreißig Jahren schon fragwürdig; heute, im Zeichen der maßlosen Überflutung mit Werbeappellen fordert dieser Rat geradezu zur Geldvernichtung auf. Doch darüber lasen Sie schon einiges im Kapitel »Von der Verrücktheit der Werber«. Sehen wir uns also noch einige Überschriften an, die ihren Schöpfern wenig Ehre bringen.

Meinem einstigen Arbeitgeber in der Berliner Forckenbeckstraße beispielsweise. Die Anzeige (Bild 58, Seite 90) für *CarTel*, das *Mobiltelefon-Programm* – nobel, zurückhaltend, trotzdem aufmerksamkeitsstark – kann sich auf den ersten Blick durchaus sehen lassen. Balsam für die Kritikerseele: keine Punkte, wo keine Punkte sein sollen. Schon schlechter: *CarTel.* Doch wirklich schlecht, obwohl nach Ogilvy an der richtigen Stelle: die Headline. Sie sagt nichts und bewirkt nichts. Sie ist einfach schwach und unprofessionell.

Ein anderes Motiv aus der gleichen Kampagne (Bild 59, Seite 90) weckt Interesse durch die Kombination des Fotos mit der Headline *Freispruch per Telefon.* Doch da hätten schon die Warnlampen angehen sollen. Werbung muß wahrhaftig und glaubwürdig sein, lernten wir früher, und in den zu meiner Zeit verbindlichen Werbe-Grundsätzen für die *Bosch-Gruppe* war das ebenso fixiert wie die Forderung, Bild und Text sollen »sachlich und verläßlich informieren« und »klar und eindeutig sein, ohne übertreibende Effekte, ohne Verfremdung, ohne Symbolismus«.

Wer, bitteschön, hat schon einmal einen Richter oder Anwalt in Robe am Steuer gesehen? Das kommt noch nicht einmal im »Tatort« oder in »Ein Fall für zwei« vor. Und in »Liebling Kreuzberg« schon gar nicht. Will man dahinterkommen, was das, in Verbindung mit der Headline, soll, liest man den Text an. Richtig, so soll es ja sein. Doch dann merkt man, wie man verschaukelt wird. Denn da steht geschrieben:

> Mit dem neuen Mobiltelefon CarTel C 10 sprechen wir Ihre Hände frei: Durch die serienmäßige Freisprecheinrichtung müssen Sie den Hörer zum Telefonieren nicht mehr abnehmen – auch wenn seine Form dazu verlockt.

Ätsch, hört man da den superschlauen Texter feixen, den habe ich aber reingelegt! Das ist nicht nur ein Verstoß gegen die alten *Bosch*-Regeln, die es wahrscheinlich gar nicht mehr gibt, das mag auch der alte Ogilvy nicht:

> Versuchen Sie keine Gesellschaftsspiele mit Ihren Lesern. 1960 griff die literarische Beilage der Times die schrullige Tradition in der briti-

Bild 58

Bild 59

schen Werbung an und nannte sie »selbstgefällig«, eine Art von privatem Scherz der Mittelklasse, offensichtlich dazu angetan, die Werbeleute und ihre Kunden zu unterhalten. Amen.

Und Thomas Rempen, einer der geschäftsführenden Gesellschafter der renommierten Düsseldorfer Werbeagentur Hildmann, Simon, Rempen & Schmitz/SMS lobte und forderte 1984 in einem engagierten Beitrag in »w&v« Anzeigen, denen man ansehe, daß sie die Menschen, für die sie gemacht sind, nicht unterschätzen. Denn, so nagelte er seine Kollegen fest,

> Niemand läßt sich gern veralbern.
> Niemand will wie ein Trottel behandelt werden.
> Niemand will sich langweilen.
> Niemand läßt sich ungestraft für dumm verkaufen.
> Schon gar nicht durch Werbung.

Dazu sage nun auch ich: Amen.

Überschrift aus zweiter Hand

Ein Zitat, ich sage Ihnen da nichts Neues, ist eine »wörtlich angeführte Stelle aus dem Werk eines Schriftstellers oder eines Dichters, im Druck meist durch Anführungszeichen und durch Namensnennung des Verfassers gekennzeichnet. Als Zitat bezeichnet man auch sprichwörtlich häufig angewandte Aussprüche (in Vers und Prosa) literarischen Ursprungs oder von historischen Urhebern.« Doch können wir diese Definition aus dem Brockhaus getrost erweitern: Heutzutage muß ein Zitat weder literarischen Ursprungs sein, noch muß der Urheber das Zeitliche bereits gesegnet haben. Mit anderen Worten: Heute zitiert man nicht nur Horaz und Kraus, Heine und Kant, sondern durchaus auch Hinz und Kunz.

Der Texter, der, statt eigene (oder seines Auftraggebers) Gedanken in griffige, einprägsame, aufmerken lassende Sätze zu fassen, ein Zitat zur Headline macht, greift meistens gleich zu den Sternen, wußte doch schon Goethe: »Wer kann was Dummes, wer was Kluges denken, das nicht die Vorwelt schon bedacht?« So lesen wir denn über dem Text, mit dem uns die *Daimler-Benz AG* den Nutzen der »Zusammenführung der Unternehmen Mercedes-Benz, AEG und Deutsche Aerospace« schmackhaft machen will (Bild 60, unten), ein

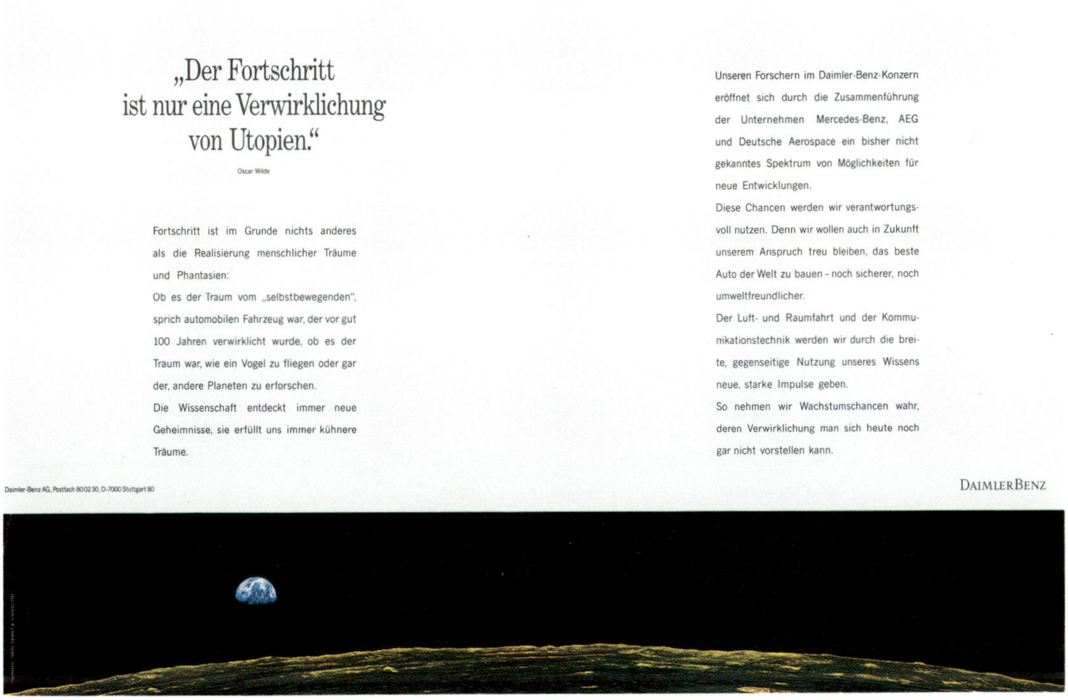

Bild 60

Zitat aus Oscar Wildes 1894 geschriebenem Traktat *Lehren und Sätze für den Gebrauch der Jugend:*

> Der Fortschritt ist nur die Verwirklichung von Utopien.
> Oscar Wilde

Die Anzeige, seien wir ehrlich, ist gut, schön und nichtssagend – wie so viele Image-Anzeigen. Wildes dürftiger Gedanke, für den der Begriff Aphorismus zu hoch gegriffen wäre, macht sie keineswegs besser. Im Gegenteil: Beim gegenwärtigen Zustand der Welt nach dem Scheitern einer großen Utopie scheint mir die Verwendung des Wilde-Zitats als »Sinnspruch« für den Großkonzern ein Mißgriff zu sein, der nicht gerade Sensibilität verrät.

Besser als das nächste Beispiel (Bild 61 und 62, rechts) erscheint mir die Daimler-Benz-Anzeige jedoch allemal.

> Phantasie ist wichtiger als Wissen, sagt Albert Einstein.

Irgendwo habe ich das schon mal gelesen. Doch selbst »Das große Krüger Zitatenbuch«, das Albert Einstein immerhin siebzehnmal zitiert, kennt diesen Ausspruch nicht. Doch wie auch immer: Paßt, was Einstein angeblich sagte, als Headline zur Anzeige der *Müller International Immobilien GmbH?*

Wenn man sich die Zeichnungen genauer ansieht, scheint es so. Da fliegt ein Wolkenkratzer als Rakete um die Erde, auf einer zweiten Anzeige schwebt ein Hochhaus an einem historischen Luftschiff. Man muß nur Phantasie haben, dann wird Unmögliches möglich, meint der Zeichner. Doch im Text, der bei allen Anzeigen wörtlich gleich ist, entpuppt sich das Gedankengebäude schnell als potemkinsches Dorf. Da heißt es:

> Es mag ungewöhnlich erscheinen, daß wir als internationales Immobilien-Unternehmen gerade dieses Zitat als Überschrift wählen. Aber wir sind überzeugt, daß ohne Phantasie nichts geht. Wissen haben wir genug.

Dann folgt die übliche Firmenpräsentation, die durchaus gut klingt, und schließlich behauptet man:

> Wir haben aber auch genug Phantasie, uns Ihre Geschäfts-Ideen vorzustellen.

Das, meine ich, ging wohl ins Auge. Wer Unternehmen der hier angesprochenen Größenordnung ein kongenialer Partner sein will, bedarf in jeder Hinsicht beinharten Wissens. Gerade im Bemühen, unternehmerische Intentionen eines Kunden in die eigenen Überlegungen einzubeziehen, ist mit Phantasie wohl kaum ein Blumentopf zu gewinnen. Albert Einstein war nicht Immobilienmakler, sondern Wissenschaftler und ein schlechter Geschäftsmann dazu. Für ihn gilt, was schon Hebbel wußte: »Phantasie ist nur in der Gesellschaft des Geistes erträglich.« Ein Immobilienmakler, der sich seiner Phantasie rühmt? Also, mir wäre er suspekt.

Von Georg Christoph Lichtenberg (1742–1799), immerhin einem der Großmeister des deutschen Aphorismus, stammt das nächste

Bild 61

Bild 62

Über ALTOS, UNIX und Mehrplatzsysteme:

Die Bescheidenheit müßte die Tugend derer sein, denen die anderen fehlen.

Lichtenberg

Zwischen der Mehrplatzfähigkeit von Anfang an und einem aufgesetzten Unterfangen, liegt der Unterschied zwischen *UNIX* und vernetzten Personal Computern. Für die meisten betriebswirtschaflichen Anwendungen spielt deshalb die universelle Sicherheit einer wirtschaftlichen Mehrplatzlösung von *ALTOS* die entscheidende Rolle.

Mit über 50.000 europaweiten Installationen, praxisbezogenen Lösungen und einer vorbildlich innovativen Technik kann *ALTOS* ganz bescheiden einen führenden Platz für sich beanspruchen.

ALTOS ist UNIXversell

Mehr über ALTOS in 14 Tagen oder direkt bei:
ALTOS Computer Systems GmbH,
Würmstraße 55, 8032 Gräfelfing,
Telefon 089/85484-0

175

Bild 63

Über ALTOS, UNIX und die neuesten Technologien:

Das Ideal ist kein Leckerbissen, sondern tägliches Brot.

Lagarde

Die Computer von *ALTOS* haben in vieler Hinsicht Geschichte geschrieben: Vom ersten 8-Bit Mehrplatz-Microcomputer 1977, über das erste 80386 *UNIX* Mehrplatzsystem 1987 bis zum ersten integrierten 80486 Mehrplatzsystem unter *UNIX* in diesem Jahr. Technologischer Vorsprung hat seinen Preis und demnach ist der Aufwand für Forschung und Entwicklung im Vergleich bei *ALTOS* auch hoch.

Ebenso hoch stecken wir als absatzorientierte Engineering Company unsere Ideale: Wir bauen hochleistungsfähige Mehrplatzsysteme auf Basis der Prozessoren des Industriestandards für betriebswirtschaftliche Lösungen unter *UNIX*. Unser tägliches Brot hat die Computer von *ALTOS* zu dem werden lassen, was sie heute weltweit sind: *UNIX*versell.

ALTOS ist UNIXversell

Mehr über ALTOS in 14 Tagen oder direkt bei:
ALTOS Computer Systems GmbH,
Würmstraße 55, 8032 Gräfelfing,
Telefon 089/85484-0

55

Bild 64

Zitat. Er schrieb in einem *Patriotischen Beitrag zur Mythologie der Deutschen* maliziös:

> Die Bescheidenheit müßte die Tugend derer sein, denen die anderen fehlen.

Die Werber der *ALTOS Computer Systems GmbH* meinen (Bild 63 und 64), wer das liest, wird auch die Copy lesen. Nun gut, wir tun ihnen den Gefallen, ausnahmsweise:

> Zwischen der Mehrplatzfähigkeit von Anfang an und einem aufgesetzten Unterfangen, liegt der Unterschied zwischen UNIX und vernetzten Personal Computern.

Ach, lassen wir's lieber. Sie sehen ja, den *ALTOS*-Leuten fehlt eine Tugend völlig: die des sorgfältigen Umgangs mit der deutschen Sprache. Trotzdem versuchen sie am Schluß der Copy den Salto rückwärts zum Zitat:

> ... kann ALTOS ganz bescheiden einen führenden Platz für sich beanspruchen.

Geglückt? Urteilen Sie selbst. Auch mit dem Zitat

> Das Ideal ist kein Leckerbissen, sondern tägliches Brot.
> Lagarde

taten die *ALTOS*-Werber keinen guten Griff. Paul Anton de Lagarde (1827–1891), der (wie Ringelnatz!) ursprünglich Bötticher hieß und, nach dem Tod seiner Mutter von einer Großtante adoptiert, deren Namen annahm, war in Göttingen Professor für Orientalistik, Schüler Friedrich Rückerts und Jakob Grimms und stramm deutschnational.

Das Zitat stammt aus einem Traktat mit dem schönen Titel *Über die Klage, daß der deutschen Jugend der Idealismus fehle,* das er in seinen »Deutschen Schriften« veröffentlichte. Golo Mann schrieb in seinen Erinnerungen und Gedanken: »Da blühte zu Liliencrons Zeiten zum Beispiel ein Dichter, der sich Lagarde nannte, in Wirklichkeit hieß er anders; ein abscheulicher Antisemit, ein Mensch mit höchst fatalen, auf die Dauer verhängnisvollen politischen Ansichten oder Träumen.« Andere werden deutlicher und sehen in Lagarde einen der vielen Wegbereiter des Nationalsozialismus.

Frage: Darf man Lagarde zitieren, wenn man offenbar keine Ahnung hat, wer der Mann war? Ich meine, man sollte es besser lassen, und selbst der Blick in ein Lexikon genügt, wie sich in diesem Fall beweisen läßt, nicht immer ...

Da hatte es der Texter leicht, der für den *Deutschen Kommunikationsverband BDW eV* den Kommunikationsforscher Paul Watzlawick zitierte. Der lebt noch, und seine Bücher zur Kommunikationsforschung hat sicher jeder Texter zur Hand.

Keiner kann nicht kommunizieren.

heißt das Watzlawick-Zitat, mit dem der *BDW* um Mitglieder wirbt (Bild 65, rechts). Der Laie mag stutzen, wenn er dies zum ersten Mal liest. Der Fachmann weiß die doppelte Verneinung richtig zu deuten: Jeder kommuniziert fast jederzeit; fast alles in unserer Welt ist Kommunikation. Die Zielgruppe der Anzeige im Auge, kann unser Urteil nur lauten: perfekt.

Und was ist mit der Anzeige (Bild 66, Seite 98) der Maschinenfabrik *Deckel AG?* Auch hier zitiert der Texter der Münchner Agentur Schwenkert, Kastenhuber und Partner.

Alle Teile sind gleich

lautet die Headline, regelgerecht ohne Punkt geschrieben. Kennen Sie das Originalzitat? Alle Tiere sind gleich, aber einige Tiere sind gleicher als andere, schrieb George Orwell in seiner Satire »Animal Farm«, die in Deutschland so gut wie unbekannt ist. Also wird kaum jemand auf die Idee kommen, in dieser Headline ein Zitat zu vermuten. Vielleicht wußte es nicht einmal der Texter; ihm kam es auf den Überraschungseffekt an, den die vier Wörter im Zusammenklang mit den so unterschiedlich aussehenden Werkstücken beim Betrachter auslösen – und ihn zum Lesen des Textes animieren. Eine gute Anzeige also, in der mich nicht einmal der Punkt hinter dem exzellenten Claim *Und Ihre Ideen nehmen Formen an* unter dem Schriftzug DECKEL stört.

Auch der Texter der Anzeige für *American Airlines* (Bild 67, Seite 99) bediente sich einer Überschrift aus zweiter Hand:

Über den Wolken muß die Bequemlichkeit grenzenlos sein.
American Airlines präsentiert: Die neue Business Class.

Kommt Ihnen bekannt vor? Klar. Reinhard Mey singt es seit Jahren: Über den Wolken muß die Freiheit wohl grenzenlos sein.

Dürfen die denn das? Weil wir einmal am Singen sind: Bob Dylan sang schon vor Jahren davon, daß die Zeiten sich ändern. Auch die Bedeutung des Wortes »Zitat« hat sich geändert. Schriftsteller zitieren aus Werken anderer Schriftsteller, ohne ihre Quelle zu nennen (wofür sie manchmal was auf die Finger kriegen), Filmemacher zitieren ihre Vorbilder (worüber Cineasten dann jubeln) – warum sollen Texter nicht auch zitieren, so oder so? Ich finde beide Beispiele gut und witzig.

Ob allerdings das klassische Zitat als Überschrift, wie es unsere Beispiele zeigten, rechtlich unbedenklich ist – das ist gar nicht so

Keiner kann nicht kommunizieren.

(Paul Watzlawick)

Darin liegt eine einmalige Chance für die Kommunikationsfachleute. Vorausgesetzt, es gelingt, den Unternehmen und Institutionen die kommunikative Dimension ihres Tuns und Unterlassens klarzumachen. Diese Chance braucht aber auch Fachleute, die das Ganze sehen, auch wenn sie als Spezialisten arbeiten.

Mitgliedschaft im zuständigen Berufsverband ist Ausweis der Professionalität. Die Vorteile sind breite Information und persönliche Weiterbildung, fachlicher Kontakt, Erfahrungsaustausch und der Service einer Berufsvereinigung von mehr als 3.500 Mitgliedern. Das gemeinsame Arbeitsprogramm „Der neue Dialog" zeigt unseren Weg.

Deutscher Kommunikationsverband BDW eV
Königswinterer Straße 552
5300 Bonn 3 (Oberkassel)
Telefon 02 28/44 45 60+61
Telefax 02 28/44 45 03

DEUTSCHER KOMMUNIKATIONSVERBAND BDW eV

Bild 65

sicher. Zwar ist beispielsweise in »Urheberrechtsprobleme in der Werbung« von Stephan Schmidt (Nickl-Verlag München 1982) nachzulesen, daß es nach § 51 UrhG eine, wenn auch eng auszulegende, »Zitierfreiheit« gibt, doch lesen wir im selben Buch auch:

> So ist z. B. die Verwendung eines Zitats in einem Werbetext, dem kein Urheberrechtsschutz zukommen kann, immer unzulässig.

Juristische Absicherung ist also jedem anzuraten, der gedenkt, sich an diese Masche anzuhängen. Zumal nicht nur der Urheber, sondern auch seine Übersetzer und Verlage vom Gesetz geschützt werden. Im »Großen Krüger« gibt es beispielsweise mehr als zehn engbedruckte Seiten mit einem »Quellenverzeichnis für die urheberrechtlich geschützten Autoren und Übersetzer«. Es reicht von Konrad Adenauer bis Stefan Zweig und endet mit russischen und jüdischen Sprichwörtern, für die der Deutsche Taschenbuchverlag die Rechte der Herausgeber und Übersetzer beansprucht.

In dieser Liste ist übrigens auch Walter Rathenau aufgeführt, dessen Nachlaß vier Verlage verwalten. Von ihm stammt der Aphorismus

> Eleganz ist die gemeisterte Verschwendung,

der die 130. Anzeige der gegenwärtigen *Henkell Trocken*-Kampagne *Die Kunst des Lebens* zierte. Seit Jahren belegt die Sektkellerei *Hen-*

Bild 66

kell ein Drittel der letzten Seite im »Spiegel«, derzeit mit einem Dreiklang aus Zeichnung, Zitat und werbender Anmerkung (in diesem Fall: »Kenner wissen deshalb auch die Eleganz eines meisterhaften Sekts zu schätzen«).

Ich finde zwar, daß die vorausgegangene Kampagne, eine Folge von Texten zu unterschiedlichsten lukullischen Themen, besser war, doch erscheint mir die neue Serie wegen der Fülle oft völlig unbekannter Zitate durchaus bemerkenswert. Daß ihr Aufmerksamkeitswert den der einstigen Serie erreicht, wage ich zu bezweifeln. Ich jedenfalls habe jeden der brillant geschriebenen Texte über Spargel, Foie gras oder Trinkgeldsitten mit Freude gelesen; die Marginalien zu den Zitaten lassen mich dagegen eiskalt.

Das erscheint mir überhaupt die Frage: Kann man mit einem Zitat als Überschrift den berühmten Hund hinter dem Ofen hervorlokken? Es spricht vieles gegen ein lockeres Ja. Zum einen wissen heute ganze Völkerstämme nichts oder nur wenig mit Goethe und Schiller anzufangen, geschweige denn mit Seneca und Ovid.

Zum anderen – und das wird von den Werbern leider in den meisten Fällen ignoriert – kann selbst das passendste Zitat der nach allen Regeln der Werbe-Kunst maßgeschneiderten Headline schon deshalb nicht das Wasser reichen, weil es wohl kaum den Namen des

Bild 67

Produkts oder den Produktnutzen nennt, geschweige denn andere Essentials einer guten Headline erfüllt.

Wenn Sie mich fragen: Schluß mit dem Zitatenschatz! Laßt uns wieder Headlines sehen! Doch wie schrieb schon Wilhelm Busch? »Vergebens predigt Salomo. Die Leute machen's doch nicht so.« Recht hat er.

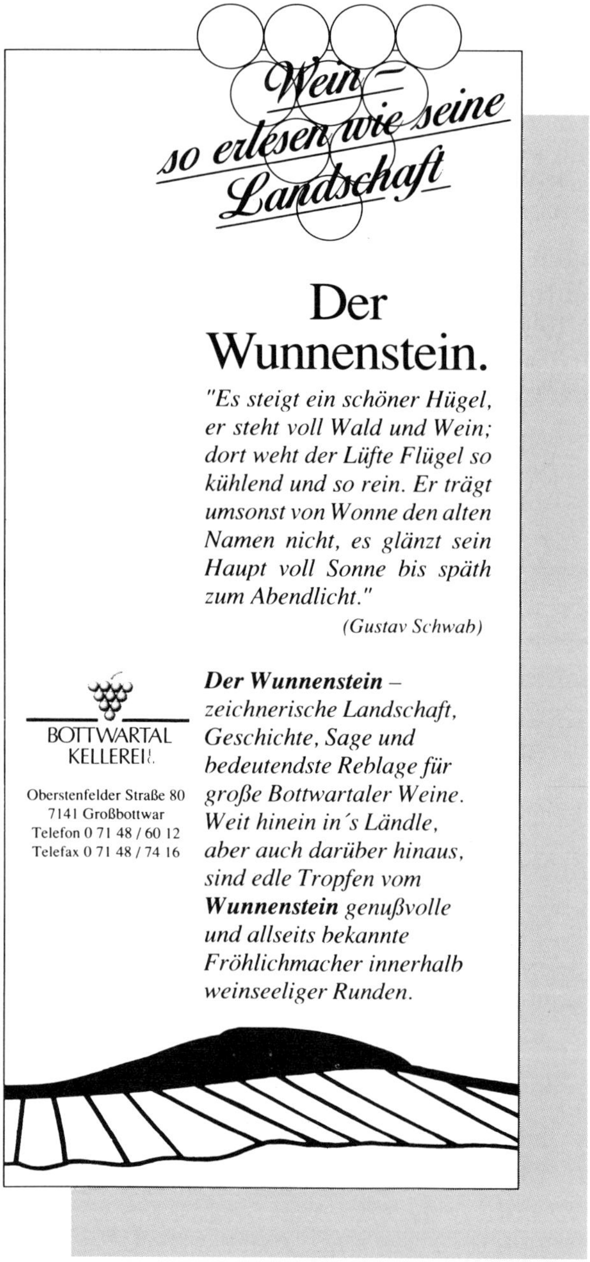

Bild 68

Eine Eins in Deutsch – zuviel verlangt?

Ein schönes Stück Werbung (Bild 68, links): großzügig gestaltet, aufmerksamkeitsweckend durch die zunächst geheimnisvoll wirkende Zeichnung am Fuß und den grau unterlegten Schatten, zum Lesen reizend dank der schmal gesetzten Zeilen, der Text mit einem Gedicht von Gustav Schwab beginnend – was braucht ein Leser der »Stuttgarter Zeitung« mehr, um von einer Anzeige gefesselt zu sein?

Warum ich eine so hübsche Anzeige unter die Sünden der Werber einreihe? Gut, da ist ein Apostroph, wo keiner hingehört, doch das hatten wir schon. Hier geht es aber um das vorletzte Wort des Textes: *seelig*.

Selig schreibt sich nur mit einem e, auch in Zusammensetzungen zur Bildung von Adjektiven: bierselig, vertrauensselig, armselig, trübselig, redselig, feindselig, rührselig, leutselig. Und eben auch weinselig. Es hat nämlich nichts mit der Seele zu tun, von der nur das Adjektiv seelisch stammt. *Seelig* gibt es nicht in den deutschen Wörterbüchern.

Wußten Sie das nicht? Nun ja, wenn Sie nicht gerade Werbetexter sind und mit dem Gebrauch der deutschen Sprache Ihr Brot zum Wein verdienen, muß Sie das nicht kratzen. Jetzt wissen Sie's ja. Doch als Werbetexter müssen Sie derartige Feinheiten unserer Sprache kennen. Da beißt die Maus keinen Faden ab.

Wer sich von dieser Anzeige angesprochen fühlt und einen guten Bottwartaler probieren möchte, wird sich an dem doppelten e sicher kaum stören. Doch hier geht es ums Prinzip. Wer werben läßt, hat Anspruch auf fehlerfreie Ware wie jeder Kunde in jedem beliebigen Laden auch. Und fehlerfrei ist in der Werbung wörtlich zu nehmen. Deshalb kann es nicht zuviel verlangt sein, daß ein Werbetexter für sein Deutsch eine glatte Eins verdient. In jeder Beziehung.

Und wie sieht es wirklich aus? Also, da muß ich an meinen Freund Christian und seine Eßgewohnheiten denken. Egal, was ihm vorgesetzt wird – fragt man ihn, wie es denn schmecke, antwortet er zerstreut: »Ganz gut«. Ihm ist nur wichtig, daß er satt wird. Selbst beim Bezahlen stutzt er nur manchmal, doch da er Wichtigeres im Kopf und genügend Geld hat, geht er selbst über schlimme Mißverhältnisse zwischen Qualität und Preis mit einem Achselzucken hinweg. Doch uns geht's ja nicht ums Essen, sondern um Werbung.

Stellen wir also fest: Was die Rechtschreibung betrifft, geben deutsche Anzeigentexte relativ selten Anlaß zu Beanstandungen – sofern man die schon erwähnten Verstöße gegen die Zeichensetzung außer acht läßt. Ist man auch hier hart und streicht den Textern jeden regelwidrig gesetzten Punkt hinter Überschriften, Zwischentiteln und sonstigen »deutlich herausgehobenen Zeilen« ebenso an wie jeden Apostroph an Stellen, wo keiner hingehört, dann allerdings ...

Dann fällt auf die schöne Wunnenstein-Anzeige ein weiterer Schatten. Denn Gustav Schwab hat seinen Gedichttitel sicher nicht mit einem Punkt verhunzt.

Bild 69

Und nimmt man gar noch einen zweiten Maßstab her, mit dem sprachliches Können sich messen läßt, den Stil, wird es oft so grauslig wie am Ende unseres so schönen Beispiels:

> ... sind edle Tropfen vom Wunnenstein genußvolle und allseits bekannte Fröhlichmacher innerhalb weinseeliger Runden.

Wenn der Wein, der hier beworben wird, so fad, so wenig profiliert und so kunstlos ausgebaut wäre wie diese fünf Anzeigenzeilen: die Winzer müßten ihn selber trinken. Die Wendung *allseits bekannt* mögen Politiker, Juristen, Polizisten und Kommunalbeamte verwenden. Werbetextern ist sie verboten. Und die Präposition *innerhalb*, zwar korrekt mit dem Genitiv verbunden, anstelle des simplen *in* gesetzt: wirkungsvoller kann man den Versuch, Stimmung und Emotion zum Leser zu transportieren, nicht abwürgen.

Nun ist »Stil« als Maß der Dinge im Zusammenhang mit Werbetexten vielleicht ohnehin zu hoch gestapelt, bemühen sich doch Werbetexter und ihre Brötchengeber, die Agenturen, geradezu darum, keinen eigenen Stil zu zeigen, und dort, wo sie es doch hin und wieder tun, geht es nur zu oft ins Auge. Gehen wir also eine Stufe tiefer. Dort treffen wir auf einen anderen Begriff, der nun aber wirklich ein verbindlicher Maßstab für das Können des Werbetexters ist. Ich meine die *Syntax*, die Lehre vom Aufbau des Satzes und seinen Bestandteilen. An ihr scheiden sich die Könner von den Stümpern, die Profis von den Möchtegernen.

Ein klassisches Beispiel dafür, worum es geht, ist eine Anzeige (Bild 69, links), mit der die Stuttgarter Werbeagentur Die Crew den deutschen Start der niederländischen Versicherungsgesellschaft *OHRA* begleitete. An dieser Kampagne wäre manches auszusetzen. Ich will hier nur einen einzigen Satz herausgreifen. Er lautet so:

> Und als erste Versicherung haben Sie bei uns nach vorheriger Prüfung und Zusage bedingungsgemäß einen Anspruch auf Kostenübernahme für Naturheilkunde, Erfahrungsmedizin, Akupunktur ...

Natürlich wollte der Texter sagen, die *OHRA* sei die erste Versicherung, bei der ich einen Anspruch auf dies und das habe. Tatsächlich aber ernannte er mich, den Leser seines Textes, zur ersten Versicherung, die bei der *OHRA* einen Anspruch auf irgendetwas hat. Syntax-Fehler dieser Art sind im Schriftverkehr selbst renommierter Unternehmen auch heute noch an der Tagesordnung – allen Korrespondenz-Seminaren zum Trotz. In Werbetexten sind sie, zugegeben, selten, dafür aber für alle Beteiligten um so peinlicher.

Vergessen wir nicht: Werbetexte sollen nicht einfach irgendwelche Sachverhalte in Worte fassen. Werbetexte sollen informieren.

Bild 70

Informieren aber heißt: etwas so mitzuteilen, daß es verstanden wird. Wenn ein Text über einen mehr oder weniger komplizierten Sachverhalt verstanden werden soll, muß **einer** sich plagen – der Schreiber oder der Leser. Der Journalist und Sprachkritiker Wolf Schneider (»Wörter machen Leute«, »Deutsch für Kenner«) meint: »Berufsschreiber sind Leute, denen man zumuten sollte, die Plage selbst zu tragen. Sie brauchen *Service-Gesinnung*.« Und er plädiert dafür, »gegen das Mißverhältnis anzugehen, das zwischen der Flut der auf uns eindreschenden Informationen und dem beschämenden handwerklichen Standard ihrer Darbietung besteht«.

Die Firma *Borland* erhebt den Anspruch, das drittgrößte Software-Unternehmen der Welt zu sein. Man sollte annehmen, daß der handwerkliche Standard ihrer deutschen Werbung ein entsprechend hohes Niveau hat. Irrtum! Eine ihrer 1992 erschienenen Anzeigen (Bild 70, links) verkündet mittels einer per Diskette entstellten Lady: *auge um auge!* und läßt uns im Text dieses wissen:

> Umsicht oder späte Einsicht? Wem nicht erst morgen in punkto Software die Augen aufgehen wollen, sollte schon heute die richtigen Programme ins Auge fassen. Echte Klassiker, die der Konkurrenz die Tränen in die Augen treiben. Statt Augenwischerei objektorientierte Programmierung. Die trotz hochentwickelter Technologie Anwenderfreundlichkeit und Bedienerkomfort nie aus dem Auge verlieren. Die mehr als einen Blick wert sind. Programme von Borland.

Hier hat der – nein, da darf man das Wort Texter einfach nicht gebrauchen! – also: der dafür Verantwortliche bei der Kölner Werbeagentur Barten & Barten keine Möglichkeit ausgelassen, seine Unfähigkeit zum Umgang mit der deutschen Sprache zu beweisen. Schon was der erste Satz aussagen soll, wird sich wohl kaum einem Leser erschließen; er ist einfach sinnlos. Der zweite Satz aber ist eine sprachliche Bankrotterklärung. Das *Wem* am Anfang verlangt nach dem Komma ein hier unterschlagenes *dem*, während das folgende *sollte* an dieser Stelle ein *der* fordert. Soll der Satz einen Sinn haben, könnte er allenfalls lauten:

> Wem nicht erst morgen in punkto Software die Augen aufgehen sollen, dem raten wir, schon heute die richtigen Programme ins Auge zu fassen.

Nun wird allerdings erst so richtig deutlich, wie blöde der Satz mit seinen zwei aufs Auge bezogenen Redewendungen ist. Doch dem Agenturchef Barten macht das offenbar keine Sorge. Er erklärte der Fachzeitschrift »w&v«, der Text habe bewußt keinen hohen Informationscharakter, weil er ausschließlich auf das Unternehmen *Borland* aufmerksam machen soll.

Es gibt nämlich neben diesen »Image-Anzeigen« auch eine Produktkampagne mit anders gestalteten Anzeigen, deren Text zwar pures Computerwelsch, potentiellen *Usern* aber wahrscheinlich mühelos verständlich ist. Doch immerhin: Ein Teil der 3,5 Millionen Mark des Schaltetats fließt in diese seltsamen Image-Anzeigen, und um den sollte es dem Auftraggeber jammerschade sein. Doch dessen Entscheidungsträger hatten in der Schule offenbar Deutsch genau so abgewählt wie der Agenturtexter – wahrscheinlich der Chef persönlich ...

Da ist das nächste Beispiel (Bild 71, rechts) natürlich von anderem Niveau. Das zeigt schon die Headline, in Versalien gemeißelt wie ein römischer Grabstein: *Schweben in null Millimeter Höhe. Der Jaguar mit 4-Liter-Motor.* Und die Gestaltung, eine hinreißende Vereinigung von Bild und Text, hebt die Anzeige himmelweit über allen Alltagswerbeschrott hinaus und lädt uns ein, die verschwenderische Menge an Text genüßlich zu rezipieren – vom ersten Satz *Das Glück, einen Jaguar zu fahren.* bis zum letzten, dem Slogan »in feinstem Oxford English«: *Grace, pace and value for money,* den jede Übersetzung ins Deutsche entweder zerstört oder entlarvt.

Tja, und dieser Text geht dem Noch-immer-Autofan runter wie Hochleistungsöl-Supermix mit raffiniert ausgewogenen Zusätzen von technischen und emotionalen Gleitmitteln. Kostprobe gefällig? Bitte:

> Im wirklichen Leben beeindruckt er durch die spielerische Mühelosigkeit, mit der er seine enormen Antriebskräfte entwickelt. Seine seidenweiche Beschleunigung aus niedrigen Drehzahlen heraus. Die Leichtfüßigkeit, mit der er steile Steigungen nimmt und die spontane Bereitschaft, mit der er jeden Befehl des Gaspedals ohne Zögern folgt.

Ach, es ist schrecklich! Sprachschrott, wo man hinsieht. Natürlich muß es entweder heißen » ... mit der er jeden Befehl des Gaspedals *befolgt*« oder » ... mit der er jedem Befehl des Gaspedals *folgt*«. Und auch in der nächsten Spalte findet sich so ein sprachlicher Otto, der nicht dem feinsten Oxford Englisch entspricht: »Diese Qualitäten sind es, die ... dafür sorgen, daß sich ein Jaguar so fährt, als würde er schweben.« In gepflegtem Jaguar-Fahrer-Deutsch müßte es heißen » ... als schwebte er« (Konjunktiv II; »zur Kennzeichnung des nur Vorgestellten, der Irrealität gebraucht« – Duden, Band 9, Seite 431).

Ob die für diese Anzeige verantwortliche Werbeagentur Duvendack, Günter, Kersten in Frankfurt/Main den *Jaguar*-Etat der Text-»Qualität« wegen abgeben mußte, wurde nicht bekannt. Nachprüfbar ist aber, daß die Texte der seit 1992 den Etat haltenden Frankfurter Agentur DMB&B um Klassen besser sind.

Mit Beispielen dieser Art wäre jedenfalls ein ganzes Buch zu füllen, das natürlich keiner der dafür verantwortlichen Werber lesen würde. Helmut Schmitz, dessen Name nach wie vor in dem einer der renommierten deutschen Werbeagenturen zu lesen ist – Hildmann, Simon, Rempen & Schmitz/SMS – sagte »w&v« Mitte 1989 anläßlich seines Ausstiegs aus dem aktiven Berufsleben: »Nach wie vor

Bild 71

wird mit Sprache schludrig umgegangen. Nirgendwo wird Sprache für so viel Geld so schlecht gebraucht wie in der Werbung«. Und Thomas Rempen, das R in HSR&S/SMS, den ich eben schon einmal zitierte, meint zum Thema Sprache: »Ich kenne nicht eine einzige gute Anzeige, die nicht auch gut geschrieben wäre. Und: Kennen Sie eine schlechte Anzeige, die gut geschrieben ist?«

Doch Schmitz, Rempen und viele andere Werber, die unter der Unfähigkeit ihrer »Kollegen« leiden, meinen ja noch nicht einmal die absoluten Stümper, denen jegliches Sprachgefühl fehlt, vom Wissen um den richtigen Gebrauch des Deutschen ganz zu schweigen. Sie sprechen in erster Linie von jener abartigen Abart unserer Sprache, die mit dem Begriff *Werbedeutsch* zu bezeichnen einer der heute leider üblichen Sprach-Euphemismen ist.

Dieses Gestammel klingt dann beispielsweise so (Bild 72, Seite 108):

> **Ein Verliebter ißt selten allein. Kochen mit Blomberg.**
> Verführung à la haute cuisine. Kochen, braten, backen von ungeziert bis raffiniert. Das Rezept gegen Langeweile, wenn Liebe durch den Magen geht. Die Technik von Blomberg. Damit ist Kochkunst kein Kunststück. Dazu charmant in Form und Funktion. Preisgekröntes

Design. Übersichtlich und unkompliziert die Bedienung. Ein Herd mit Herz für Feinschmecker und Frischverliebte. – Blomberg-Elektroherde. Wir sind der Trend.

Da ist kein »Satz«, zu dem kein böses Wort zu finden wäre. Das beginnt mit dem ersten Teil der Headline, der um eines müden Kalauers willen eine unbeweisbare Behauptung aufstellt, der selbst verliebteste Verliebte leidvolle eigene Erfahrungen entgegenstellen können. Und das endet mit der frechen und sinnlosen Adaption der

Bild 72

Wende-Parole *Wir sind das Volk.* Dazwischen kein Stummelsatz, der eine Beziehung zum vorhergegangenen und zum nachfolgenden hat; kaum ein Satz, dessen Syntax nicht hinkend, löcherig und so lächerlich falsch ist wie fast jede der damit angedeuteten Behauptungen.

In den 60er Jahren, als die deutsche Printwerbung das aufrechte Gehen lernte, kam der seltsam kurzatmige Schreibstil auf, den seine Kritiker *Hackbrettstil* nannten. Doch im Unterschied zu den oben zitierten Sätzen waren Texte dieser Art fast immer das Ergebnis eigenwilliger, ungewohnter, aber letztlich durchaus zulässiger Interpunktion. Die Syntax blieb meist unbeschadet, wurde allenfalls zu einem höheren Aufmerksamkeitsgrad, zu größerer Prägnanz hin verändert, indem aus den Gliedern eines kunstvollen Schachtelsatzes drei, vier mehr oder weniger vollständige Einzelsätze gehauen wurden. Was, nebenbei bemerkt, auch die Geburtsstunde des exzessiven Punkt-Gebrauchs war.

Diese Art Werbedeutsch findet sich immer mal wieder, beispielsweise in der schon behandelten NOKIA-Anzeige (Bild 29, Seite 56). Da geht es nach zwei längeren Sätzen so weiter:

> Eine Kombination aus feinster Technik und praktischem finnischen Denken. Mit einer Fülle von Eigenschaften, die Ihnen helfen, Zeit und Geld zu sparen und Ihren Erfolg zu sichern: Ihr Fuhrpark ist ausgelastet. Unnötiges Fahren und Warten entfallen. Für jeden Kilometer und jede Minute erzielen Sie den bestmöglichen Preis. Sie brauchen keine Reservefahrzeuge. Der Kundendienst wird effektiver. Sie arbeiten genau nach Plan. Die Ware bewegt sich pünktlich. Eine Umorganisation ist kurzfristig machbar. Ihre Kunden sind vollends zufrieden. Ein Traum? Nein. Intelligente Wirklichkeit. Wir informieren Sie gern. Rufen Sie an. Oder schreiben Sie an ...

Zwar hätte ich statt *Unnötiges Fahren und Warten entfallen* geschrieben *Unnötiges Fahren und Warten? Vergessen Sie's!* und statt *Eine Umorganisation ist kurzfristig machbar* vielleicht *Auch schnelles Umdisponieren ist kein Problem mehr.* Trotzdem, der Text ist das Beste an dieser Anzeige; er ist dem Blomberg-Text hoch überlegen.

Doch muß man, wie das nächste Beispiel (Bild 73, Seite 110) zeigt, als Werbetexter der Sprache nicht einmal Gewalt antun. Es genügt schon, wenn man nicht klar denken kann und die so entstehende Sprachschmiere nicht in den Griff bekommt. Sind schon die beiden Überschriften eine Zumutung für den denkenden Leser, so setzt der Fließtext noch einiges drauf:

> FinnComfort Schuhe sind anders als andere Schuhe. Sie passen sich Ihrem Fuß an, nicht umgekehrt.

ICH LAUFE SUPERBEQUEM.
ICH LAUFE FINNCOMFORT*.
FinnComfort Schuhe sind anders als andere Schuhe. Sie passen sich Ihrem Fuß an, nicht umgekehrt. Abroll- und auftrittsgedämpft laufen Sie auch wie ein anderer. Das Tollste: zwei auswechselbare Einlagen, das Super-bequem-Bett und das vitalisierende Reflexzonen-Bett, zum zwischendurch Fitness-Training.
Finn Comfort
Made in Germany
Der Schuh mit dem phantastischen Feeling.
*Ein Produkt der Waldi-Schuhfabrik, 8728 Haßfurt/Main.

Bild 73

Wenn sich diese Behauptung beweisen läßt: so weit, so schlecht. Doch dann geht es weiter:

> Abroll- und auftrittsgedämpft laufen Sie auch wie ein anderer.

Wie die berühmte Person der Weltgeschichte etwa, an deren Fähigkeit, trockenen Fußes auf dem See zu gehen, das Bild uns erinnern zu müssen glaubt? O heilige Einfalt!

> Das Tollste: zwei auswechselbare Einlagen, das Super-bequem-Bett und das vitalisierende Reflexzonen-Bett, zum zwischendurch Fitness-Training.

Alles klar? Dann ist ja alles supergut. Bis auf die kleinen Unklarheiten natürlich. Aber die treten sich, wie jeder Quark, ganz lässig breit. Mit FinnComfort Schuhen natürlich.

Nun ja, könnte man dazu (wieder einmal) sagen, da sind die *Waldi-Schuhfabrik* in Haßfurt/Main und die kleine Werbeagentur N&P in Würzburg – die backen ihre kleinen Brötchen, so gut sie eben können. Das mag schon so sein. Nur: Wäre ihre Werbung professioneller, könnten sie sich alle miteinander ein paar schöne Bocksbeutel mehr leisten ...

Doch selbst die Profis haben es nicht leicht mit der deutschen Sprache. Beim ersten Blick auf die Anzeige für die »Peeling-Creme« *Doux Gommage Polissant* aus dem Haus *Clarins*, Paris (Bild 74, Seite 112), empfand ich das große F des Wortes Fahren schlicht als falsch. Die Redewendung *Es ist, um aus der Haut zu fahren* ist bei mir mit kleinem f gespeichert. Dann las ich die ganze Überschrift nochmal: *Zum aus der Haut Fahren* steht da, natürlich mit Punkt dahinter. Doch das *Zum* weist auf den hauptwörtlichen Gebrauch der Grundform *fahren* hin, also ist das große F richtig. Tatsächlich? Es ist wie bei Radio Eriwan: im Prinzip ja; doch der »Duden« meint in seiner Regel 42: »Besteht die Bestimmung zu einem substantivierten Infinitiv ... aus mehreren Wörtern, dann werden alle Wörter durch Bindestriche verbunden.« Eins der Beispiele: *zum Aus-der-Haut-Fahren.*

Daß das als Headline unmöglich aussähe, muß man einsehen. Läßt man also, wie hier geschehen, die Bindestriche einfach weg? An anderer Stelle schrieb ich großzügig, daß ein erfahrener Texter den Duden auch einmal ignorieren dürfe. Ob dies ein solcher Fall ist? Ich möchte mich da nicht festlegen. Mir tut das nur mit Vorbehalt zu Recht großgeschriebene F dieser Headline weh. Ich hätte dem Kunden vorgeschlagen: *Die sanfte Art, aus der Haut zu fahren* – natürlich ohne Punkt dahinter.

Letztlich, das gebe ich zu, ist diese orthographische Feinheit belanglos gegen die leserfeindliche Gestaltung durch die Agentur

Eiler & Riemel. Wie schon bei der auf Seite 56 gezeigten Anzeige (Bild 30) schluckt ein undefinierbarer Hintergrund den zu allem Übel beiderseits flatternden Satz. Von müheloser Lesbarkeit kann keine Rede sein. Der weiter vorn zitierte Wolf Schneider meinte zwar speziell die Texter, doch was er diesen ins Stammbuch schrieb, gilt auch für die Gestalter: *Service-Gesinnung ist gefragt.* Mit anderen Worten: Man muß der Leserin, dem Leser einer Anzeige das Lesen der Werbebotschaft zum Vergnügen machen, nicht zur mühevollen Arbeit. Doch davon kann bei diesen »schönen« Anzeigen leider nicht die Rede sein.

Bild 74

Was tut es meinen, please?

»Gleich geht es los«, wollte, wenn ich mich recht erinnere, der Herr Bundespräsident die Frau Königin aufmuntern. »Equal it goes lose« soll er gesagt haben. Daran muß ich immer denken, wenn ich in deutschen Zeitschriften Anzeigen sehe, deren Überschriften, Slogans oder »Produktversprechen« sich in perfektem Englisch geben. Nicht daß Heinrich Lübkes Englisch perfekt gewesen sei. Aber er

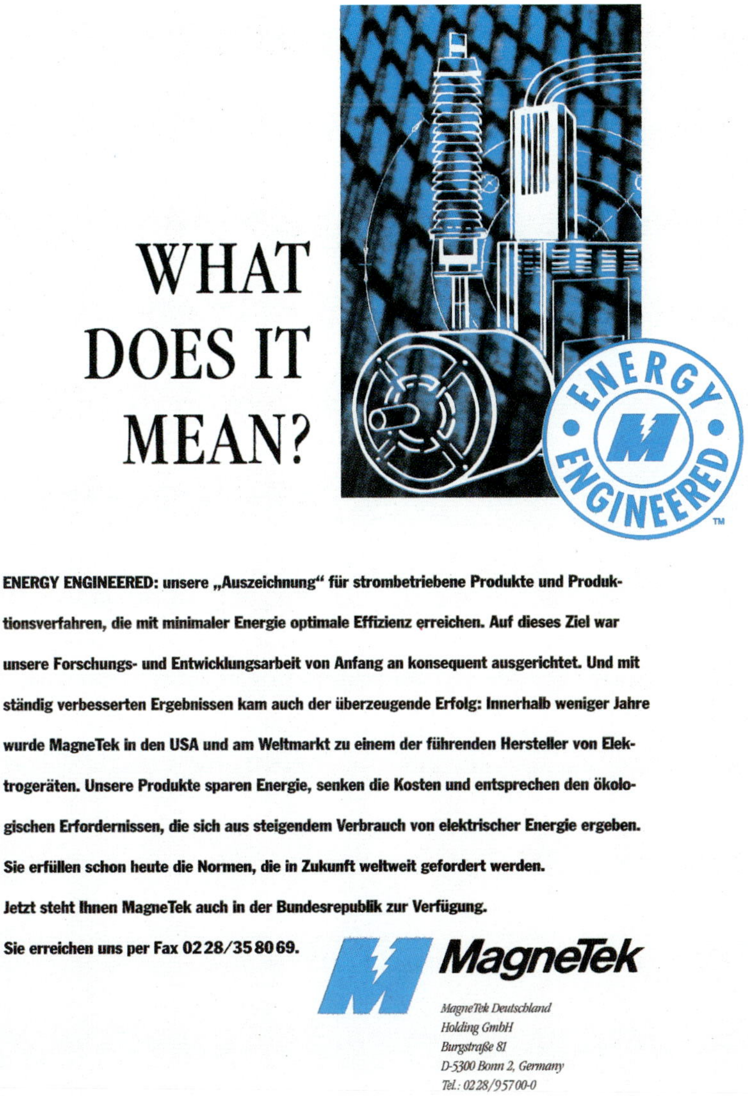

Pfeffer und Partner

Bild 75

hielt für verständlich, was anderen sinnlos erschien. Einem Politiker muß man das wohl nachsehen. Werbern auch?

Für die Leser und Leserinnen der Zeitschrift »Top Business« ist die Überschrift *What does it mean?*, die die Werber in der Anzeige für die *MagneTek Deutschland Holding GmbH* (Bild 75, Seite 113) englisch beließen, sprachlich sicher kein Problem. Doch daß ich in dem Satz, den Sie eben lasen, außer den vier Wörtern der »Headline« und dem Wort *Holding* auch für den Titel der Zeitschrift zwei weitere englische Wörter verwenden mußte, stört mich sehr. Ist unsere Sprache wirklich so arm, daß ein Verlag, dem der alte Titel »Industriemagazin« nicht passend erscheint, für einen neuen ins Englische ausweichen muß? Die Werber, die uns Deutschen ihren amerikanischen Kunden vorzustellen hatten, machten sich ihre Aufgabe leicht. Sie übersetzten die Originalanzeige ins Deutsche und ließen die Headline englisch. Deren Frage *Was heißt das?* bezieht sich auf den in den USA als Handelsmarke geschützten »Stempel« mit der Umschrift ENERGY ENGINEERED. Das sei, schreiben sie im Text,

> unsere »Auszeichnung« für strombetriebene Produkte und Produktionsverfahren, die mit minimaler Energie optimale Effizienz erreichen.

Die Anführungszeichen beweisen das Unbehagen, das die Werber befiel, als sie beim weiteren Übersetzen erkannten, daß natürlich

Bild 76

nur *MagneTek*-Erzeugnisse *energy engineered* sind, denn weiter geht's im Text:

> Auf dieses Ziel war unsere Forschungs- und Entwicklungsarbeit von Anfang an konsequent ausgerichtet. Und mit ständig verbesserten Ergebnissen kam auch der überzeugende Erfolg: Innerhalb weniger Jahre wurde MagneTek in den USA und am Weltmarkt zu einem führenden Hersteller von Elektrogeräten. Unsere Produkte sparen Energie, senken die Kosten und entsprechen den ökologischen Erfordernissen, die sich aus steigendem Verbrauch von elektrischer Energie ergeben. Sie erfüllen schon heute die Normen, die in Zukunft weltweit gefordert werden. Jetzt steht Ihnen MagneTek auch in der Bundesrepublik zur Verfügung.

Aus dem angeberischen Blabla geht noch nicht einmal hervor, welcher Art die Elektrogeräte sind, die uns armen Deutschen nun endlich auch zur Verfügung stehen; der blickfangenden Zeichnung nach dürfte es sich um großindustrielle Anlagen handeln. Dreimal dürfen wir raten. Oder es gleich lassen und die Headline mit Herbert Grönemeyer übersetzen: Was soll das?

Das fragte ich mich auch, als mich – weiß auf schwarz in riesigen Großbuchstaben – der Turnschuhschweißer PUMA anbrüllte: STAND UP AND FIGHT (Bild 76, links) Es war ziemlich spät am Abend und ich saß gemütlich am Schreibtisch, zog mir den »Stern« rein und trank Malventee. Wozu sollte ich aufstehen und kämpfen? Und gegen wen? Niemand, schon gar nicht die PUMA-Werber, konnte wissen, daß ich meinen beschwingten Gang der Konkurrenz *Reebok* verdanke. Wieder einmal war es der »Spiegel«, der mich am Montag darüber aufklärte, daß sich der um seinen Absatz kämpfende Puma selbst anfeuerte. Und daß sich der Schrei TURN IT ON. (mit Punkt statt Ausrufezeichen!) am Fuß der Doppelseite auf die *disc* bezog, von der weiter oben inmitten eines Dutzends kleingedruckter und ganz unverhohlen deutscher Wörter die Rede war.

Doch wie komme ich dazu, unverständliche in einleuchtende, umsatzbringende Werbung zu übersetzen? Zumal, wenn Sie dies lesen, PUMA längst die Katze aus dem Sack gelassen hat. Aber sagen Sie selbst: Ist es nicht schrecklich, daß man neuerdings den »Spiegel« lesen muß, um die Werbung im »Stern« zu verstehen?

Hilfreich ist natürlich auch ein englisch-deutsches Wörterbuch. Doch da stocke ich. Vielleicht hätte ich besser geschrieben: Hilfreich wäre ... Denn ob ein solches Nachschlagwerk überall vorhanden ist, wo jemand über die *efasit*-Anzeige (Bild 77, Seite 117) stolpert, die ich in der Frauenzeitschrift »bella« fand, wage ich zu bezweifeln.

Da wird die auf den ersten Blick glasklare Feststellung *Mit gesunden Füßen sehen Sie besser aus* mit einem kleingedruckten Satz verdeutlicht – doch nur, wer des Englischen mächtig ist, wird der Erleuchtung teilhaftig. *Aching feet put lines in your face* steht da, und frau fragt sich prompt *What does it mean?* Oder fragt es sich nicht, weil sie der Meinung ist, Werbung müsse auf den ersten Blick verständlich sein.

Natürlich versäumt, wer so denkt, das Aha-Erlebnis, daß schmerzende Füße Falten ins Gesicht graben, und den Griff zu *Efasit,* das auf dem Umweg über die Füße Balsam fürs Gesicht wäre. Doch was Sie und ich wissen – daß nämlich Werbung, soll sie wirksam sein, zunächst einmal gelesen und verstanden werden muß, und zwar vom größten denkbaren Leserkreis innerhalb der angepeilten Zielgruppe – bleibt Werbern der hiermit vorgestellten Art wohl auf ewig verborgen.

Denn ach, wo wir auch blättern, überall stolpern wir über Werbung, deren Macher alles andere im Kopf haben als diese grundlegende und dabei so simple Erkenntnis. Vor allem dort, wo Teures an die Frau und den Mann gebracht werden soll, gehen sie offensichtlich davon aus, daß potentielle Kunden zweisprachige Kunden zu sein haben. Mindestens.

Da sehen wir dann (Bild 78, rechts) ein schickes Pepita-Jackett, vorgeführt von einem kernigen (na klar, was denn sonst) *Dressman,* und lesen PERFECT FEELING am Kopf der Anzeige und unten ROY ROBSON / SUITS, JACKETS, TROUSERS, DRESSWEAR. Zwei deutsche Wörter gibt es auch: Postfach und Lüneburg. Ausgerechnet! Ach ja: Unter dem »Wollsiegel« steht REINE SCHURWOLLE. Wo es doch das Siegel auch mit PURE LAMBSWOOL gibt.

Schwarzeneggers kleinen Bruder zeigt uns (Bild 79, rechts) Etienne Aigner, darüber sein Eigenheim. Und dazwischen quetschen die Leute der sonst so guten Münchener Agentur RG Wiesmeier in negativen Versalien: A WORLD OF TASTE. ETIENNE AIGNER. Alles klar? Oder hier (Bild 80, rechts): TIME FOR EMOTION ist in den dräuenden Himmel eines reichlich unbedarften (Agentur-)Fotos eingezogen, zwei Uhren dazu und: CERTINA / A SWISS TRADITION. Leuchtet doch ein, oder?

Richtig professionell dagegen: Neben dem (diesmal gekonnten) Foto (Bild 81, Seite 118) eines lust- und kunstvoll bewässerten Paares lesen wir BATH, BODY *and* HAIR über elegant gestylten Behältnissen mit SHAMPOOING BAUME, VELOURS DU CORPS und DOUCHE CHRISTAL – so richtig aus dem Werbespot(t) *Lernt Englisch in Paris!* Wie man stilecht den doppelt gemoppelten Namen des Herrn mit dem Ausrufezeichen auszusprechen hat? Also, ich würde ihn halb jodeln, halb rülpsen, mit einem leichten Potsdamer Akzent …

Bild 79 **Original 4farbig**

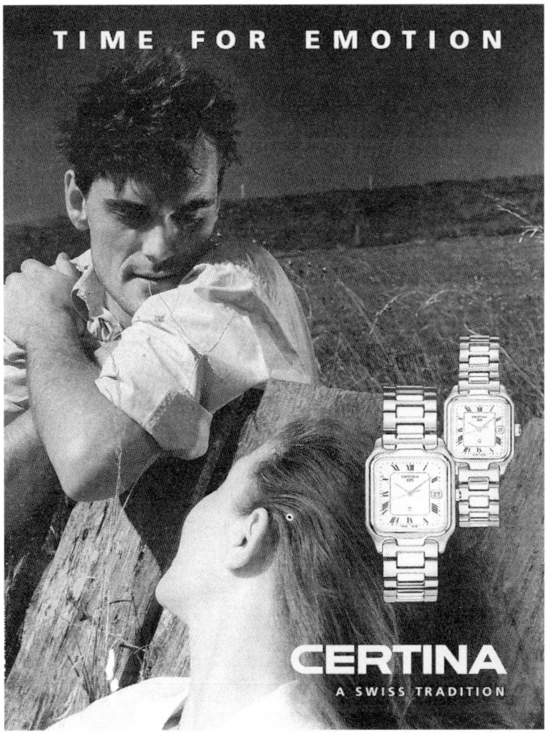

Bild 80

Bild 77

Bild 78

Bild 81

Bild 82

Bild 83

Mit Erlaubnis ihrer Majestät der Königin von Dänemark verkauft ein gewisser Georg Jensen seine Erzeugnisse. Das konnte ich mit einer Lupe, etwas Phantasie und meinen exzellenten englischen Sprachkenntnissen der Beschriftung des Deckels der schwarzen Dose (Bild 82, rechts) entnehmen, aus der Dinge quellen, die ich ihres Hochglanzes wegen für Schmuckstücke halte. Sollten Sie in Munich, Düsseldorf oder Cologne wohnen, ist Ihnen der Herr Jensen vielleicht ein Begriff, denn dort – das ist der Fußzeile mit den Namen von 21 Metropolen von Copenhagen bis Honolulu zu entnehmen – betreibt er Filialen. Und dort, so nehme ich an, liegen sie im Schaufenster, die PIECES OF PASSION, um die es in dieser Anzeige geht, für die eine Werbeagentur Wibroe, Duckert & Partners die Hand hebt und mit einem *Accent grave* über dem ersten E von PIECES dieses Wort zu einem französischen unter lauter englischen Wörtern machen zu müssen glaubt, obwohl die Franzosen mit Akzentzeichen auf Versalbuchstaben eher restriktiv umgehen, wenn Sie verstehen, was ich meine.

Perfekt auswärts talken wir auch bei *Calvin Klein* (Bild 83, oben). Welch eine Wohltat, daß hier wenigstens einmal der Name mit großen und kleinen Buchstaben geschrieben wird. Doch schon das EAU DE TOILETTE darunter wird, wie das FOR MEN oben, in Versalien geschrieben. Und – ist das nicht genial? – das Wort OBSESSION ver-

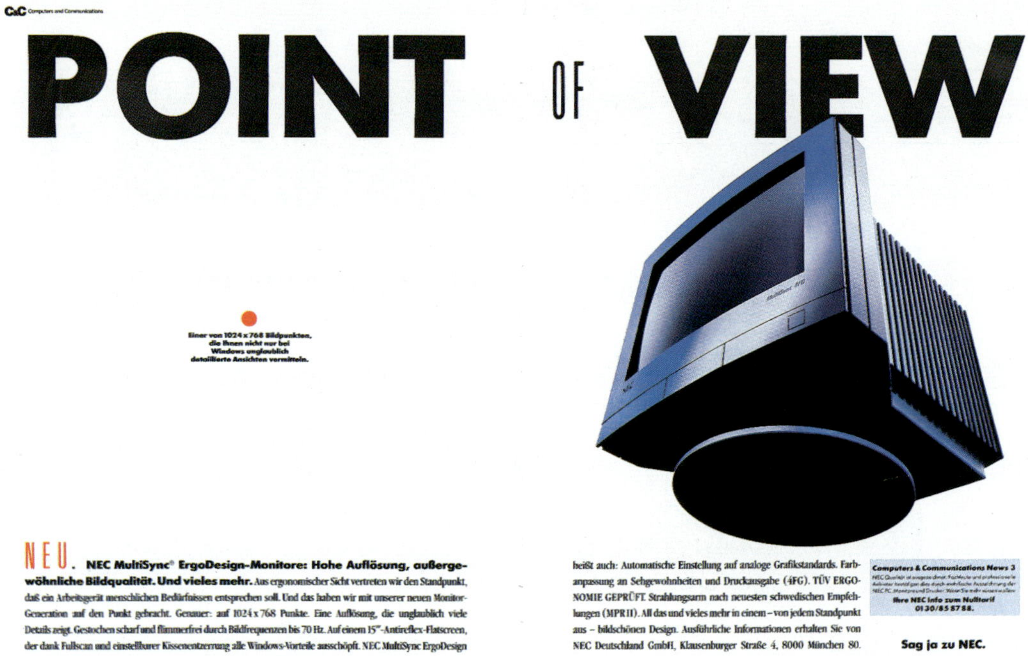

Bild 84

stehen Engländer und Franzosen gleichermaßen als erotische Besessenheit. Nur wir schrecklichen Deutschen kennen das Wort, wenn überhaupt, nur als Synonym für Zwangsvorstellung(en), Fälle für den Psychiater. Trost spendet uns ein scheuer Blick auf die beiden calvinistischen Nackten. Für sie ist ihre Obsession ersichtlich alles andere als lockeres Liebesspiel. Irgendetwas scheint da schiefgelaufen zu sein. Ist die Dame von der Schaukel gefallen, auf der man sie auch schon sah? Sollen wir Mitleid haben? Ist es das, was hier praktiziert wird: *advertising by sympathy?*

Bleiben wir sachlich. Als ich mir gestern neues Rasierwasser kaufte (oder war es *After Shave Lotion?*), fiel mir auch jenes mit der Marke *Obsession* ins Auge. Ich sah mich schon, mit ihm angetan, nackt im Park mit einer fremden Frau über der Schulter, da dachte ich an meine Bandscheiben, zuckte zurück und nahm Diors *Eau Sauvage*... Woran Sie sehen, daß die Werber schreiben können, was sie wollen – es gibt immer etwas, das ihre harte Arbeit vergeblich macht.

Wer mich nun allerdings als Kronzeugen für seine Verstöße gegen das Verständlichkeitsgebot anführen will, spielt leichtfertig mit dem Geld seines Auftraggebers. Mag ja sein, daß die *NEC*-Anzeige (Bild 84, oben) mit dem fetten POINT OF VIEW, dem roten Punkt auf der linken und dem bildschönen Monitor auf der rechten

Bild 85

Seite Aufmerksamkeit und Begehrlichkeit wie mit Donnerschlägen weckt. Der wirklich potentielle, weil professionelle Käufer des Produkts wird sich von den semantischen Spielchen um das Wort Punkt, an denen die Anzeige »aufgehängt« ist, wohl kaum beeindrucken lassen. Immerhin: hier sind die englischen Brocken, die uns vor die Augen geworfen werden – *Windows, Flatscreen, Fullscan* und, meinetwegen, auch das sehr weit hergeholte *Point of View* –, sozusagen *state of the art*. Und der *toughe PC-User* ist sicher härteres gewöhnt.

Für die Kronacher TV-Bauer aber (Bild 85, oben) gelten wohl doch andere Gesichtspunkte. Sie wenden sich an Herrn (jawohl: vorwiegend Herrn!) Jedermann, wenn auch den der gehobenen Gehaltsklasse. Er, zu dessen abiturgestütztem Bildungsniveau genügend Englischkenntnisse gehören mögen, wird die Aufforderung THINK LOEWE. wohl unaufgeregt hinnehmen, sich aber mit einiger Wahrscheinlichkeit außerstande fühlen, einen nachvollziehbaren Sinn darin zu finden.

Das Foto übrigens deutet mein Freund Bernd, ein berühmter Metaphoriker, als bildgewordenen Alptraum des Werbeleiters (links im Bild), dem die Entscheidung, mit welcher der Raketen im Hintergrund er sich auf den Mond schießen lassen soll, sichtlich schwerfällt.

Ein letztes Beispiel noch. Gut anderthalb Dutzend weiterer legen wir aus Platzgründen unkommentiert beiseite. *Weishaupt*, hochrenommierter, bedeutender Hersteller von Brennern und Heizsystemen im schönen oberschwäbischen Schwendi, wirbt mit einer von der Leonberger Werbeagentur Wündrich-Meissen gestalteten Doppelseite (Bild 86, rechts), die ich qualitativ im derzeit üblichen »breiten« Mittelfeld sehe. Nichts, das den ADC mit Medaillen winken läßt, aber auch nichts Verdammenswertes.

Der Text liegt, am Produkt gemessen, leider tiefer als der Gesamteindruck. Er stellt eine Kompakt-Heizzentrale (diese präzise Bezeichnung findet sich nur in der Bildunterschrift) als *richtungsweisende Entwicklung* vor und als *harmonisches Ganzes, entstanden aus dem Zusammenspiel aller Komponenten.* Er spricht von einer *Einheit in Form und Funktion, die höchste Ansprüche an Technik und Design erfüllt* – all dieses Blabla, in das Werbetexter von Kunden getrieben werden, die sich in ihrer Werbung gelobt sehen wollen, statt möglichen Kunden klarzumachen, warum sie ihre Wärme von *Weishaupt* und nicht von *Viessmann* machen lassen sollten. Eine einzige Zeile in diesem Text ist so, wie ein Werbetext zu sein hat: kurz, stark, ehrlich. Sie lautet: *Weishaupt. Wir machen Wärme.* Dieser Satz und dazu *So, wie man Wärme heute machen muß.* – das wär's gewesen, was werblich zu sagen war.

Doch der gröbste Schnitzer ist für mich die Bezeichnung *Thermo Unit* (so im Text) oder *thermo unit* (so als Abbinder rechts unten geschrieben).

Man mag zu fremdsprachlichen Produktbezeichnungen stehen, wie man will, eines sollte jeder Werbungtreibende bedenken: Nichts scheut der berühmte Otto Normalverbraucher mehr als Produktnamen, die ihm das Gefühl geben, er könne sich bei ihrer Aussprache vor einem ihm bildungsmäßig überlegenen Verkäufer blamieren. Diese Scheu ist am geringsten bei jungen Leuten. Von einem gewissen Alter an wird sie bei jenen, die nicht mit Fremdsprachen aufwuchsen, zur oft unüberwindbaren Hemmschwelle, die zwar den Griff zum Selbstbedienungsbord erlaubt, aber nicht die gezielte Frage, das ausführliche Informationsgespräch. So lebensnah sollte man doch gerade in Schwendi sein, daß man die Mentalität seiner »Häuslesbauer« kennt ...

Es war mir leider unmöglich, verläßliche Zahlen darüber zu bekommen, wieviele Deutsche in den verschiedenen Altersgruppen wie gut englisch sprechen. Wahrscheinlich läßt sich das auch gar nicht exakt feststellen. Wer wird zugeben, daß sein Englisch, nimmt man's genau, eher lausig ist als so prächtig, wie er/sie selbst es gerne hätte? Da sollte man sich von den Massen, die bei Pop-Konzerten

Bild 86

hingerissen die Texte von *Joe Cocker* über *Prince* bis *Guns 'n' Roses* mitsingen, so wenig täuschen lassen wie beim Absingen der Nationalhymne auf dem Fußballplatz. Und man sollte vor allem nicht vergessen, daß der deutsche Markt um die Verbraucher der neuen Bundesländer wuchs, denen das Englische noch für eine verdammt lange Zeit spanisch vorkommen wird.

Natürlich wächst die Zahl derer, denen die englischen Brocken, die uns allen auf Schritt und Tritt an den Kopf geworfen werden, keinerlei Schwierigkeiten machen, rapide. Dafür sorgen schon die Milliarden-Märkte Popmusik und Computertechnik, vom gesellschaftlichen Wandel, der Mitmenschen ohne Abitur zu Existenzen mit beschränkter Hoffnung macht, ganz zu schweigen.

Als Kunden aber sind alle willkommen. Als Käufer werden auch die gebraucht, die *Shakespeare* für ein Londoner Warenhaus und *After shave* für eine Hämorrhoidensalbe halten. Daß Werbetexter und ihre Auftraggeber sich nicht zu diesen Underdogs rechnen müssen, ist erfreulich für sie. Für die, die sie ansprechen, leider oft weniger.

Ach ja, bevor ich's vergesse: Wissen Sie, warum all diese schönen fremdsprachlichen Brocken in lesbarkeitsmindernden Großbuchstaben geschrieben werden? Ganz klar: Die KollegInnen kämen mit normaler Schreibweise verdammt ins Schleudern. Schreibt man's englisch *Bath, body and hair* oder amerikanisch *Bath, Body and (And) Hair?* Wetten, daß überhaupt der deutschen Werber unerklärlicher Hang zur exzessiven Verwendung von Versalien meist nichts anderes ist als ein bequemer Schleichweg zur Umgehung aller Schwierigkeiten mit der Groß- und Kleinschreibung?

Wenn Werber witzig werden

Für den, der absolut und definitiv nichts anderes zu tun hat, mag die unten abgebildete Anzeige eine Augenweide sein. Er wirft einen Blick in eine Szene, die – so nehme ich mal an – ein ausgeflippter Art Director mit allem vollstopfte, was ihm ein schlecht gebriefter Requisiteur zur Auswahl anschleppte, um das »Zimmer eines jungen Naturfreundes« auszustatten. Das reicht vom Schülermikroskop

Bild 87

Bild 88

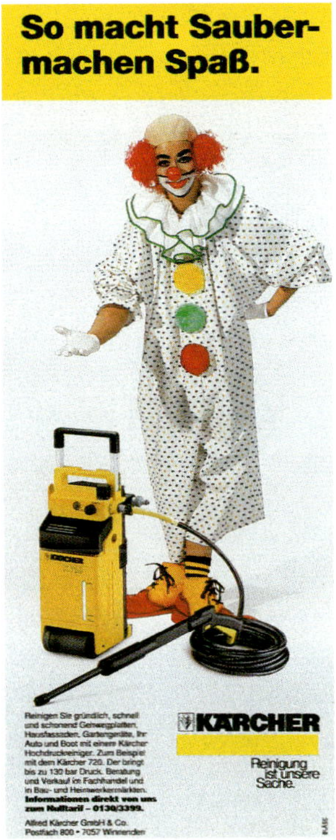

Bild 89

über Muscheln, Korallen, ausgestopfte Vögel und Fischköpfe, präparierte Schmetterlinge, Schautafeln mit Fischen und Wasservögeln, Probiergläser und Porzellantiere bis zum Gablergeweih und einem großen Aquarium. In dem sitzt ein junger Mann in Jeans und Stiefeln und amüsiert sich angestrengt. Das alles und der Claim *get it on*, meint die Werbeagentur CONTOP, wirbt für *West Fashion, Jeans & Sportswear*.

André C.-S. Yuen, Student am Werbefachlichen Zentrum Ruhr, ist anderer Meinung. In einer Kolumne, in der »w&v« zukünftigen Werber-Nachwuchs zu Widerwort kommen läßt, meint der junge Mann, die Anzeige zeige uns »einen einfallslosen Claim. Ob ein ›keep in touch‹ von Swatch oder ein ›turn it on‹ von Puma, für West Fashion ist es ›get it on‹. Bei diesen Claims findet schnell eine semantische Sättigung statt. [...] Der Witz soll wohl sein, daß unser Freak ein sich paarendes Froschpärchen auf der Handfläche sitzen hat – sehr lustig. [...] Die Tonality soll wohl flippig und jugendlich sein, nur baut sie bei mir keine Reaktanz auf.«

Der junge Kritikerkollege und künftige Werber hat nicht nur den Werberslang schon voll drauf, er hat auch recht. Anzeigen dieser Art mögen durchaus auffallen, manchmal sogar gefallen. Verständlich, überzeugend und aktivierend sind sie wohl kaum. Gemeinsam ist ihnen, daß der Rezipient sich allenfalls lustlos die Frage stellt, was das denn soll.

Das muß sich auch die AM-Werbegesellschaft in Stuttgart fragen lassen, die uns ausdauernd und – zugegeben – professionell gemacht (Bild 88, Seite 125) mit einem pappgesichtigen Herrn auf die Bürosessel der *Martin Stoll GmbH* hinzuweisen versucht. Der Pierrot (oder ist es eine Pierette?), mit dem uns die Stuttgarter Werbeagentur Bläse ihren Kunden *Alfred Kärcher GmbH* (Bild 89, Seite 125) und seine Reinigungsgeräte ans Herz legen will, sitzt im selben Boot. Gedacht haben sich die Stuttgarter wohl schon etwas. Nur soll den zeitgeistigen in/out-Listen zufolge die Hoch-Zeit hedonistischer Lebensart, in der alles, aber auch alles vom Büroarbeitsplatz bis zum Hochdruckreiniger Spaß zu machen hat, längst sanft und unbeweint verdämmert sein.

Daß uns der Kärcher-Claim versichert *Reinigung ist unsere Sache*, der Text uns aber auffordert

> Reinigen Sie gründlich, schnell und schonend Gehwegplatten, Hausfassaden, Gartengeräte, Ihr Auto und Boot mit einem Kärcher Hochdruckreiniger.

wäre zudem eines zweiten Nachdenkens wert gewesen. Und weil der Text sprachlich so armselig ist (»Ihr Auto und Boot«), muß ich ein vorletztes Mal jenen verstorbenen Herrn Dietz erwähnen. Es war just diese Agentur, in der er uns Texter vor sprachlichen Irrwegen bewahrte; seine Position, ich sagte es schon, wurde nicht wieder besetzt.

Weil wir uns einmal in Stuttgart festgefahren haben: Der Name *Klett* ist dort so bekannt und geachtet wie der Name Bosch, und außerhalb des Schwabenlandes kennt wenigstens jeder Pädagoge den *Verlag für Wissen und Bildung*. Was mag man sich dort nur gedacht haben, als die Anzeigen (Bild 90–92) für den »Spiegel«, den »Stern« und andere Werbeträger genehmigt wurden?

Englisch Auftanken heißt es in einer der Streifenanzeigen, und im Text *Englisch besser verstehen, mitreden können. Dabei hilft Ihnen Super Plus easy.* In der Abbildung 92 (Seite 128) lautet die Headline *Sprachen Auftanken*, der Text *Englisch, Französisch, Italienisch besser verstehen, mitreden können. Dabei hilft Ihnen Super Plus leicht.* Und in der zweiten Streifenanzeige (Bild 91) weiß man wieder was anderes: *Englisch Nachtanken – Englisch besser verstehen, mitreden können. Dabei helfen Ihnen Super Plus 1 und Super Plus 2.* Im unteren Textblock heißt es dann zweimal *Unterhaltsame Originalaufnahmen jederzeit und überall anhören. Grundkenntnisse ausbauen.* und im dritten

Bild 90

Bild 91

Fall *(...) Englischkenntnisse auffrischen.* In allen drei Fällen aber werden – reichlich mysteriös – *Je drei Cassetten mit Begleitheft, DM 48,- (unverb. Preisempf.)* angeboten.

Nun ja, vielleicht durfte sich damit ein(e) Auszubildende(r) ins schwierige Metier Werbung einarbeiten. Doch daß es in einem Schulbuchverlag keinem Vorgesetzten auffiel, daß *auftanken* und *nachtanken* als Tätigkeitswörter klein zu schreiben waren, ist ebensowenig zu entschuldigen wie die hirnrissige Visualisierung der Werbebotschaft. Cassetten in ein Longdrink-Glas, Wasser drüber (mal mit, mal ohne Kohlensäure!), Trinkhalm rein und – auftanken, nachtanken! Für das Begleitheft reichte die Kreativität nicht mehr aus. Klett, stehen Sie auf! Ihre Arbeit ist ungenügend! Setzen!

Nicht weniger närrisch, wenn auch auf einem höheren Level, gebärdeten sich die Kreativen bei TIGGES Kommunikation, als sie eine Endlos-Kampagne für *Württemberger Hypo – Die Immobilienbank* visualisierten. Da las man beispielsweise unter der Headline *Investoren brauchen Partner mit Erfahrung* den knochentrockenen und absolut einfallslosen Text

> Das gilt besonders bei der Immobilienfinanzierung. Ob Bauträger-, Grundstücksankaufs- oder Zwischenkredit, ob kurzfristiges Voraus-

Bild 92

Bild 93

darlehen oder langfristige Festzinshypothek: Wir stehen Ihnen mit unserer umfassenden Erfahrung zur Verfügung und erarbeiten für die unterschiedlichsten Projekte fallgerechte Finanzierungsvorschläge. Rufen Sie uns an.

Dazwischen ein Foto, auf dem ein Naturbursche mit Kniebundhose, Anorak, Hut und Bergseil dem angeseilten Herrn Investor im Boss-Outfit mit Krawatte, Aktenkoffer und – in derselben Hand – Pickel von Felsblock zu Felsblock über ein Wildwässerchen zu helfen vorgibt – und zwar so fotografiert, wie sich der kleine Max so etwas eben vorstellt.

Der Gipfel der Serie wird mit einer Anzeige (Bild 93, links) erreicht, die den Ideenreichtum der Unternehmer mit einem Foto verbildlicht, auf dem ein Unternehmerdarsteller sich mit der tatsächlich existierenden und in der Presse hinreichend bekanntgemachten Flugmaschine eines armen, verwirrten alten Mannes von der schwäbischen Alb abmüht: *Ideen, die den Erfolg von morgen bestimmen.*

Nun gut, könnte man sagen, das sind so die selbstgestrickten oder von unbedeutenden Werbeagenturen verzapften Billigkampagnen, da heißt es eben ein Auge zudrücken. Doch so ist es nun auch wieder nicht. Da gibt es die Hamburger Agentur Jung v. Matt, der nicht ohne Grund schon am Gründungstag ein Ruf wie Donnerhall vorauseilte. Sie machte z. B. eine Anzeige für die *Vereinte Versicherungen* (Bild 94, Seite 130), an der außer einem auf den ersten Blick belächelnswerten Foto nicht viel dran ist. Geht man von den vielzitierten zwei Sekunden Betrachtungsdauer aus, könnte sie wohl kaum viel bewirken. Doch scheinen, wie das Echo in der Öffentlichkeit zeigt, auffallend viele Leute ein zweites Mal intensiver hingesehen zu haben – was ja durchaus lobenswert wäre, wenn die Reaktionen nicht so negativ wären. Die betreffen vor allem das auf den ersten Blick so herzige Foto, bei dessen Produktion nach Ansicht vieler Betrachter die beträchtlichen Größenunterschiede der drei ›Models‹ rücksichtlos vernachlässigt wurden – ein Fall für den Kinderschutzbund.

Unsereiner, der einen beachtlichen Teil seines Lebens in Fotostudios verbrachte, sieht das nicht so eng. Die Welt ist hinter dem Bettuchhorizont nicht auf die Weise zu Ende, wie das Foto es suggeriert. Irgendjemand wird das Kind mit leidlich frischer Luft versorgt haben. Doch sagen Sie das mal der jungen Frau Müller. Die hält ein solches Foto für das pure Leben und die Leute, die es gemacht haben, für Sadisten. Und »die Leute«, das sind eben die von den Vereinten Versicherungen. Und die schreiben dann noch groß unter

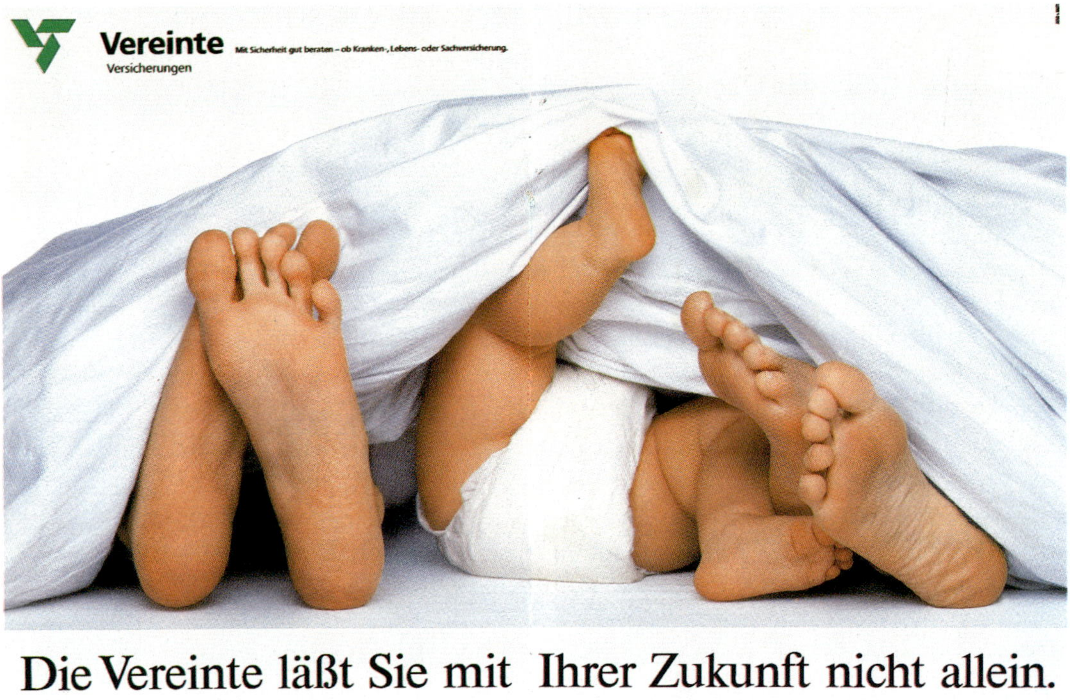

Bild 94

ein solch skandalöses Bild: *Die Vereinte läßt Sie mit Ihrer Zukunft nicht allein!*

Etwa zur selben Zeit kam aus derselben Agentur eine Anzeige für die Zeitschrift *Vital* (Bild 95, rechts) mit zwölf Fotos sorgfältig retuschierter weiblicher Hinterteile, die uns die Herren Jung und v. Matt als zwölf typische *Vital*-Leserinnen aufs jauchzende Auge drücken wollen. Ihre Behauptung begründen Sie im gut geschriebenen, vertrackt gedachten Text so:

> Vital-Leserinnen sind anders. Anders als herkömmliche Frauen. Sie tun mehr für ihren Körper, ernähren sich besser und achten mehr auf ihr Aussehen. Aber sie sind auch da anders, wo man's nicht sieht: im Kopf. Sie wissen, was das moderne Leben ausmacht. Von der Verantwortung für die Umwelt bis zu der für den eigenen Körper. Sie sind zugleich unbeschwerte Genießer und kritische Verbraucher. Vital ist die Zeitschrift, die diese Lebensweise zum redaktionellen Konzept gemacht hat. Mit dem Anspruch, einer immer größer werdenden Zielgruppe ein Angebot zu machen: der Gruppe von Menschen, die sich in der eigenen Haut wohlfühlen wollen. Und in dem Umfeld, in dem sie leben.

Über diesen Text, über diese Anzeige ließe sich ein Essay schreiben, dessen Thema die Philosophie wäre, die sich in allem Geschriebe-

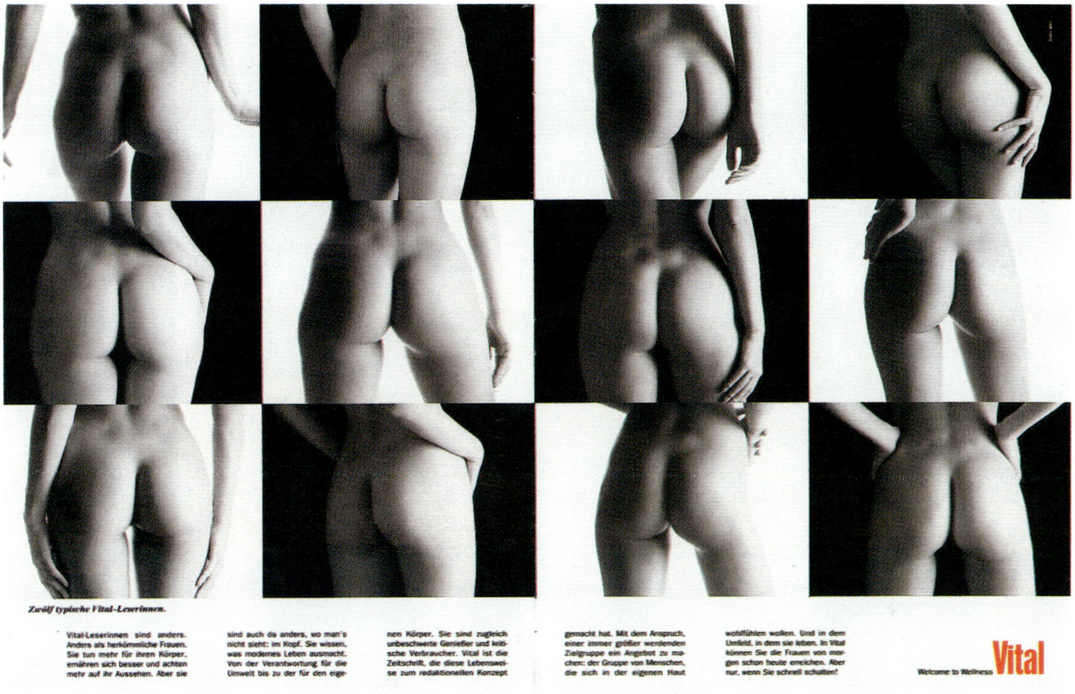

Bild 95

nen, also doch wohl auch in diesem Werbetext manifestiert. Ein Thema etwa für den Professor Umberto Eco, der sich ja mit Semiotik beschäftigt, der Wissenschaft vom Ausdruck, von der Bedeutung der Zeichen, und der übrigens der Meinung ist, man könne und müsse auch die Dinge des täglichen Lebens zum Gegenstand der Kritik machen. Das erspare ich Ihnen und mir in diesem Fall jedoch weitgehend und moniere nur zweierlei. Zum einen stört mich im zweiten Satz der Hinweis auf »herkömmliche« Frauen ganz wahnsinnig. Mit einer solch perfiden Deklassierung *Vital*-Leserinnen in ihrem Anderssein zu bestärken, ist schon ein sprachlich starkes Stück. Zum anderen stört mich die Verwurstung so ziemlich aller Schlagworte (modernes Leben, Verantwortung für die Umwelt, kritische Verbraucher), die sich auf »Frauen von morgen« münzen lassen. Wahrscheinlich standen diese Klischees wörtlich so im Briefing. Und so, wie sie da standen, finden sie sich im Text (und im Bild!) wieder – eine schwache Leistung.

Wichtig erscheint es mir, Ihnen zu vermitteln, warum diese Anzeige letztlich doch eine gute Anzeige ist. Dazu habe ich oben das letzte Stückchen Text unterschlagen. Es lautet:

> In Vital können Sie die Frauen von morgen schon heute erreichen. Aber nur, wenn Sie schnell schalten!

Bild 96

Danach folgen nur noch der schwachsinnige Claim *Welcome to Wellness* und das Logo *Vital*, und das müßte Ihnen eigentlich einigermaßen rätselhaft vorkommen. Es sei denn, Sie sind Mediafachmann und Ihr Geschäft ist die Mediaplanung und Anzeigenschaltung. Denn an diese für die Anzeigenabteilung der Zeitschrift wichtigen Leute richtet sich diese Anzeige, nicht an Frauen, die man zum Lesen von *Vital* animieren möchte. Das geht schon daraus hervor, daß die Anzeige im »Spiegel« erschien, eine der wenigen Zeitschriften, die alle Medialeute auf ihre Anzeigenstrecke von Berufs wegen sorgfältigst durchblättern.

Mitte der achtziger Jahre gab es schon einmal eine doppelseitige Anzeige mit nackten Frauenpos, für einen Bürostuhlhersteller, wenn ich mich recht erinnere. Sie prangte lange an den Pinnwänden der Mediaagenturen und -abteilungen. Die Werber Jung und v. Matt werden sich daran erinnert haben und auf eben diesen Effekt für Ihre *Vital*-Anzeige gesetzt haben. Auf daß der versonnene Blick planender Mediamänner sich, wahrnehmungspsychologischen Erfolgsgesetzen folgend, von Po zu Po hangelt und, beim roten Logo landend, zum zündenden Gedanken führt: Ach ja, *Vital!* Könnte man auch mal probieren!

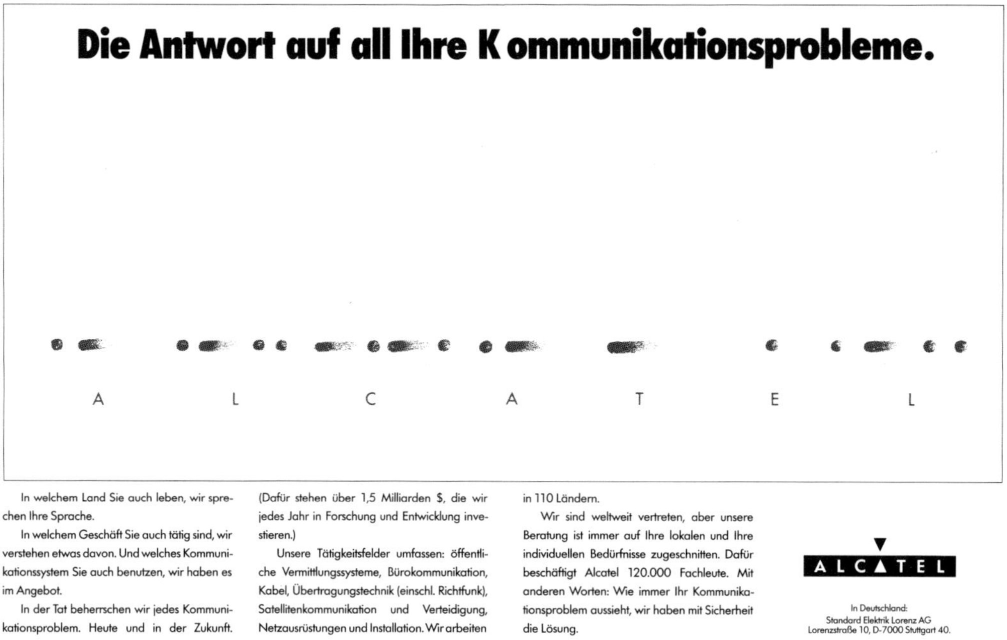

Bild 97

Kein sinnmachendes Hintertürchen gibt es beim nächsten Beispiel (Bild 96, links). Hier wird eine ohnehin dürftige Redensart der Umgangssprache in der Annahme, das ergebe einen interessanten Blickfang, umweglos und unreflektiert in ein Bild umgesetzt, das von Schwachsinn nur so trieft. Wer je den Umgang eines Konzertmusikers mit seinem Instrument beobachtete, kommt nie im Leben auf die Idee, geldbedürftige Musikantendarsteller mit blankgezogenen Instrumenten vorm Bankomaten aufzustellen. Ganz zu schweigen von dem Denkfehler, der dahintersteckt. Gemeint ist in der Redensart ja wohl das Bare des Veranstalters, ohne dessen Vor-Auszahlung die »Musik nicht spielt«, und nicht das Guthaben auf dem Girokonto, zu dem allein Karte und Geheimnummer des Inhabers den Zugang öffnen.

Erstaunlich ist für mich an dieser Kampagne der zum französischen ALCATEL-Konzern gehörende SEL aber vor allem die Konsequenz, mit der der nicht unbedeutende Hersteller moderner, wenn auch nicht immer unumstrittener Kommunikationstechnik das bejammernswerte Niveau über Jahre hinweg durchhält: Mit einem mehr als zwei Jahre vor dieser Anzeige veröffentlichten Anzeigenmotiv (Bild 97, oben) brachten die ALCATEL/SEL-Werber die Verkäufer im Außendienst zur Verzweiflung. Da bestand der »Bildteil« aus der Headline *Die Antwort auf all Ihre Kommunikationsprobleme*, einer weiteren Zeile in Morsezeichen und, zur Übersetzung, den rot daruntergesetzten Versalien A L C A T E L. Höhnten doch da die Kunden beim Vertreterbesuch: Jetzt, wo SEL zum Morsealphabet zurückgekehrt sei, könne ja wohl nichts mehr schiefgehen ...

Doch die dümmlichste Veranstaltung auf diesem Gebiet ist für mich eine 1988 geschaltete Anzeigenkampagne, die eine große Frankfurter, zur noch größeren Leo Burnett Worldwide Inc. gehörende Werbeagentur (MC & LB) für *DeTeWe*, einen SEL-Konkurrenten, gestaltete. Es geht da um Bürokommunikation, also um Business-to-Business-Werbung. Folglich bastelte man sich Situationen zurecht, in denen zwei Geschäftsleute, die das (fälschlich großgeschriebene) Du im Text als Freunde ausweist, sich in privaten Situationen über Bürokommunikation unterhalten.

Da hocken die beiden zum Beispiel im dunklen Tann, halten sich an ihren Flinten fest und sprechen so zueinander:

> »Bürokommunikation? Schön und gut. Aber bei so vielen Systemen sieht man ja den Wald vor lauter Bäumen nicht mehr.«
> »Na, dann pirsch Dich mal an DeTeWe ran. Die bringen Deine Bürokommunikation Stück für Stück auf den neuesten Stand der Technik.«

Bild 98

Oder (Bild 98, links) – so viel Zeit muß sein – der eine Geschäftsmann begleitet den anderen zur Anprobe beim Schneider. Da klingt der Dialog dann so:

> »Vor lauter Routinearbeit kommt bei mir das Neugeschäft vorne und hinten zu kurz.«
> »Selber schuld, wenn Dir das durch die Lappen geht. Mit Bürokommunikation von DeTeWe könntest Du doch längst aus dem Schneider sein.«

Ist das nicht schön? Diese Anspielungen! Dieser Witz! Diese Visualisierung! Alles so richtig aus dem Leben gegriffen, oder, wie Werber sagen, echt »slice of life«! Das muß doch verkaufen!

Ach, Leute, für wie blöd haltet ihr uns eigentlich?

Werber, das zeigt sich an solchen »Konzeptionen« immer wieder, haben ein unstillbares Bedürfnis, witzig zu sein. Doch weil wirklicher Witz etwas ganz Seltenes ist, bleibt es meist beim krampfhaften Versuch, witzig zu wirken. Und der geht dann daneben. Manchmal kolossal, manchmal haarscharf daneben. Doch leider: daneben ist daneben. Was ich an einem Beispiel beweisen möchte, das fast zu schön ist, um wahr zu sein. Hier ist es: Bild 99, Seite 136.

Kein Zweifel: Hier schlug ein kreativer Geist zu. Ein Teamgeist sicher. Denn daß der hervorragend ausgewählte Mensch, den wir da sehen, trotz der seltsamen Farbe des Blutes an seiner Arbeitskleidung kein Anstreicher, sondern ein Metzger (Fleischer, Schlachter) ist, ist das Ergebnis exzellenter Teamarbeit. Die Anzeige erschien in der hier schon oft zitierten Werbe-Fachzeitschrift »werben & verkaufen«. Ihre Leser wußten das Zeichen, das hier gesetzt werden sollte, zu deuten. In Klartext heißt es: Laßt uns mal ran. Wir schlachten die lila Kuh und machen euch eine bessere Werbung. Dafür steht unser Name: GGK.

Ich bin sicher: Ein paar der Werber, die das sahen, haben sich totgelacht. Es ist nicht schade um sie.

Werbeleute, die mit dem Gedanken spielen, eine Werbefigur von der Qualität der lila Kuh mal einfach so zu schlachten, beweisen, daß sie von der Wirksamkeit bewährter Firmen- und Markensignale keine Ahnung haben.

Eine Werbeagentur, die einen derart schwachsinnigen Gedanken – in einer, zugegeben, starken Visualisierung – der Mitwelt als Kreativitätsnachweis präsentiert, verdient den Ärger, den ihr Kunden machen, die damit vielleicht gewonnen werden.

Um eine Werbeagentur, die ihren einst guten Namen um eines kreativen Gags willen fahrlässig schädigt, sollte jeder Werbungtreibende einen großen Bogen machen.

Auch an heilige Kühe kann man mal neu rangehen.
GGK Frankfurt

Bild 99

Die Werber, die Bilder und die Wissenschaft

Neun Kapitel lang war nun die Rede vom Wort. Das Bild in der Werbung wurde allenfalls beiläufig erwähnt. Sind die Sünden der Werber also vorwiegend Sprachsünden? Anders gefragt: Gäbe es an der deutschen Printwerbung nichts auszusetzen, wenn plötzlich alle Texte und Überschriften fehlerlos wären?

Natürlich nicht. Auch das Bild hat seine Grammatik, die der eine beherrscht und der andere nicht. Und: Auch das Bild hat formale, gestaltliche, also syntaktische Merkmale, die der eine gekonnt, der andere stümperhaft einander zuordnet.

Doch das ist noch nicht alles. Am Anfang ist das Wort. Wer werben will, macht sich Gedanken. Überlegt sich, was er mit seiner Werbung erreichen will, denkt über mögliche Wege zu diesem Ziel nach, scheidet die Menschheit in Ungeeignete, Unwillige und Gutwillige, überlegt vielleicht sogar schon, wie er die Gutwilligen dazu bringen kann, die Brieftaschen zu zücken und setzt sich irgendwann hin und schreibt sich, weil es allmählich zu kompliziert wird, das alles auf: er faßt, was ihm durch den Kopf ging, in Worte. Oder, wie die Werber sagen, er schreibt ein Briefing. Ohne Briefing keine Werbung, behaupten die Werber, und wir glauben ihnen das. Auch der nächste Schritt ist meist ein verbaler. Die Werber bedenken das Briefing. Sie tun das so lange, bis sie glauben, gangbare Wege zum Werbeziel gefunden zu haben und eine Konzeption formulieren können. Oder mehrere. Ich habe noch keine Konzeption gesehen, die aus Bildern bestand. Auch in diesem Stadium der werblichen Arbeit regiert das Wort.

Sind sich der Werbungtreibende und seine Werbefachleute einig, ist also die Konzeption oder eine der Konzeptionen abgesegnet, geht es zur Sache. Nur selten bedeutet das, daß nun Texte oder Bilder in die erfolgversprechende Form gebracht werden. Sie wissen es selbst: Es gibt nur sehr wenige reine Textanzeigen, und so gut wie nie eine Anzeige, die aus nichts als einem Bild besteht. Meistens ist also der nächste Schritt die »Visualisierung« von Textideen: Es werden Bilder beschafft oder gemacht, fotografiert oder gezeichnet, die die Textidee in doppelter Hinsicht unterstützen sollen.

Einmal soll das Bild den Leser einer gedruckten Publikation »stoppen«, fesseln und dazu bringen, das in der Headline gemachte Versprechen und die in der Copy angebotenen Argumente zu lesen, zu verstehen und zu akzeptieren. Zum anderen soll es dem geneigten Leser die Möglichkeit geben, sich – sofern dies möglich ist – »ein Bild zu machen« von dem, was er hinfort begehren und möglichst umgehend kaufen soll.

Spätestens jetzt werden Sie erkennen, daß das geflügelte Wort »Ein Bild sagt mehr als tausend Worte« ein ziemlicher Humbug ist. Zumindest in dieser Undifferenziertheit. Davon war ich schon immer überzeugt und blieb es auch, nachdem ich ein paar Jahre professionell fotografiert hatte. Heute weiß ich, warum das so ist. Wir werden falsch erzogen. Wir wurden und werden auf Rationalität getrimmt. Lehrpläne und Unterrichtsstruktur an unseren Schulen bevorzugten und bevorzugen noch immer die logisch-analytisch orientierte linke Gehirnhälfte und vernachlässigen die rechte, in der die nonverbalen, intuitiven, kreativen, räumlich-visuellen Fähigkeiten des Menschen angesiedelt sind. Das hat zur Folge, daß kreativ-intuitives Denken nicht nur nicht gefördert, sondern geradezu aberzogen wird. Seitdem ich das weiß, bezweifle ich um so mehr, daß die große Mehrzahl der so erzogenen Menschen durch ein Bild ohne jeden Text so zu beeinflussen ist, wie Werbungtreibende und Werber es anstreben.

Weil wir einmal dabei sind: Hirnforscher wissen schon lange, daß die linke Hirnhälfte unter anderem für Lesen, Schreiben und Rechnen zuständig ist, daß aber die Art, wie ein Mensch liest, schreibt und rechnet, auch von der rechten Hirnhälfte mit gesteuert wird – wenn man sie läßt und wenn sie dazu überhaupt (noch) in der Lage ist. Was auch bedeutet: Je ausgewogener die beiden funktionell asymetrischen Gehirnhälften eines Menschen zusammenarbeiten und sich unterstützen, desto geeigneter ist dieser Mensch für kreative Berufe, desto größer seine Eignung gerade auch für die Werbung.

Doch zurück zum Thema. Wir waren bei der Visualisierung angelangt. Dieser Schritt ist, das sage sogar ich als Texter, der schwierigste auf dem Weg zu einer guten Anzeige. Er ist das nicht nur wegen der vielen Möglichkeiten – ein kluger Professor zählt in einem klugen Buch 101 Lösungswege zu einer visuellen Idee auf (Werner Gaede: »Vom Wort zum Bild«; Wirtschaftsverlag Langen-Müller/Herbig, 1981) –, sondern auch weil dieser Schritt eine geradezu unnatürliche Kombination von Fähigkeiten erfordert.

Da ist zum einen alles nötig, was eine gut ausgestattete und trainierte rechte Gehirnhälfte an kreativen, emotionalen, künstlerischen, intuitiven Denk- und Vorgehensweisen zu bieten hat, zum anderen aber muß dies alles durchaus rational gesteuert, bewertet, zugeordnet und im engen Rahmen sachlicher Vorgaben auf einen oft winzigen Zielpunkt gerichtet werden. Ein As, wer das kann!

Mit diesen Assen hat sich (wieder einmal) im März 1992 Prof. Dr. Werner Kroeber-Riel, der Direktor des Instituts für Konsum- und Verhaltensforschung an der Universität des Saarlandes, angelegt. Die Werbefachzeitschrift »w&v« befragte den »Papst der Werbewirkungsforschung« zu einem von ihm entwickelten Expertensystem für die Werbung. Seine Antworten brachten Scharen von gestandenen Werbern auf die Palme.

Für noch nicht digital tickende Leser: »Expertensysteme« sind Softwaresammlungen, in denen kumuliertes Expertenwissen für den Praktiker bereitsteht; eine im Grunde einleuchtende, wenn auch immer noch umstrittene Angelegenheit. Kroeber-Riels Expertensystem soll den Werbern beispielsweise die Ideenfindung erleichtern oder, mit einer anderen Komponente, sicherstellen, daß eine geplante Werbung keine grundlegenden Mängel aufweist.

In dem »w&v«-Interview sagte der Professor: »Kreativität ist nicht nur ein Persönlichkeitsmerkmal, sondern auch das Ergebnis von Professionalität. Wer kreativ sein will, ist auf Input durch die Forschung angewiesen.«

Beides wird Ihnen bekannt vorkommen. Genau das habe ich in den vorangegangenen Kapiteln dieses Buchs behauptet. Nur konnte ich es klarer formulieren, als das dem Professor im Streß eines kritisch geführten Interviews möglich war.

So geht es primär ja wohl nicht um vorhandene oder nicht vorhandene Persönlichkeitsmerkmale, sondern um die Wirksamkeit von Werbung. Die aber, und das meinen sowohl der Professor im Interview als auch ich ein paar Zeilen weiter oben, entsteht nur im optimalen Zusammenwirken von Kreativität und Ratio. Anders gesagt: Wer gute, also wirksame Werbung konzipieren will, muß wie ein Formel-1-Fahrer eine Ideallinie fahren, die ihn auf einer schmalen, tückischen Piste voller Schikanen und Begrenzungen zu seinem hochgesteckten Ziel bringt. Das schafft er nur, wenn er außer fahrerischem Können und Instinkt auch das Wissen besitzt, das ihn mit der Technik (und der Piste) in Einklang bringt.

Da mag man, aus welchen Gründen auch immer, den Professor von der Saar mögen oder nicht mögen: im Grunde hat er recht. Und viele Werber sagten das in ihren Reaktionen auf das Interview auch. Denn viele von ihnen stimmen Kroeber-Riel, wenn auch eher widerstrebend, zu, wenn er sagt:

> Meine Hauptkritik ist, daß sich die Kommunikation nicht an die heutigen und vor allem nicht an die künftigen Kommunikationsbedingungen anpaßt. Dabei denke ich insbesondere an die Informationsüberflutung und die wenig involvierten Empfänger. Das gehört eng zusammen. Gerade wenig involvierte Empfänger erfordern einen ganz

> bestimmten Stil der Kommunikation. Nämlich eine Kommunikation, die sich auf flüchtige Betrachtung einstellt. Ein großer Teil der Kommunikation ist darauf nicht eingestellt und lebt von einem Empfängerbild, das von der Spekulation ausgeht, daß sich der Empfänger intensiv mit der Kommunikation auseinandersetzt. Und daß der Empfänger – das ist der zweite Punkt – durch kreative Tricks dazu gebracht werden kann, sich intensiv mit der Kommunikation auseinanderzusetzen.

Sie geben ihm auch recht, wenn er feststellt, daß in unserer Zeit der Reizüberflutung das Fernsehen »die Wirkungsmuster für die gesamte Kommunikation« bestimmt und daraus folgert, »daß das Bild als Medium der Informationsübermittlung immer wichtiger wird«. Eher mit Unverständnis reagieren sie dagegen, wenn der Professor kritisiert, wie in den Agenturen

> mit Bildern umgegangen wird und wie mit Sprache. Die Sprache spielt dort eine aus dem Verständnis ehemaliger Kommunikationsmuster heraus gebildete vorrangige Rolle. Die kommt ihr aber heute nicht mehr zu. Unter professionellen Gesichtspunkten wird die Bildkommunikation vernachlässigt. (...) ...die Muster, nach denen sie Bilder entwerfen und nach denen sie ihre Kreativität in Bilder umsetzen, sind sozusagen die des intelligenten Sprachgebrauchs. Die fragen sich nicht, ob das gewählte Bild das richtige Schema im Empfänger trifft und wirkungsvoll erlebt wird, sondern ob es intelligent ist und verstanden wird. Das Bild wird aber eher erlebt, als daß es verstanden wird.

Bitte schalten Sie jetzt nicht auf RTL um. Professoren müssen so reden (Pardon: nicht alle!), aber wir sind hier auf einer höchst interessanten Spur. Denn wenig später stellt Kroeber-Riel fest:

> Der Empfänger ist selten involviert und reflektiert seine Umwelt nicht dauernd gedanklich. Da wird argumentiert, daß Bilder gut sind, wenn sie nicht auf Anhieb verstanden werden, weil der Empfänger dadurch mit einbezogen wird in einen Dialog. Das funktioniert nicht auf der Ebene der Massenkommunikation.

Da greife ich in meine Anzeigensammlung und hole eine Anzeige der *db Versicherung* heraus (Bild 100, rechts). Ist es das, was der Professor meint? Ein schönes Bild, das ich weder auf Anhieb, noch beim sechsten Hinsehen verstehe. Sind es singende Schwäne, die da vor der Brandung fliegen? Singt einer der beiden, was die Headline in ihrer schrecklichen Schrift festhält? Singt er

> ... Uns geht's gut. Und das soll so bleiben. Ich mach' das jetzt mit der Lebensversicherung bei der Deutschen Bank ...?

Bild 100

Aber nein, solch schwachsinnigen Text singt kein Schwan. Bitte, quetschen Sie sich das doch mal ausnahmsweise ganz langsam Wort für Wort durch die zuständigen Gehirnwindungen. Spüren Sie intensiv den Zusammenhängen nach, die zwischen den pluralen fiktiven Individuen in der ersten Hälfte und der ersten Person Einzahl in der zweiten Hälfte dieses inneren Monologs vielleicht bestehen könnten.

Sie finden keine? Ach, da bin ich aber froh, daß es Ihnen so geht wie mir. Wie sollten wir im Minimalfall, also in den Kroeber-Rielschen 1,3 Sekunden Betrachtungszeit, verstehen, was man uns mit dieser Anzeige verklickern will? Zumal ich sicher bin, daß Sie genau so wie ich sehr wenig involviert sind, wenn Sie das Wort Lebensversicherung lesen. An mir jedenfalls rauscht das nur so vorbei. Klar: Das Bild fällt mir auf. Das gefällt mir sogar. Doch es gibt mir nicht den geringsten Hinweis darauf, was man von mir will. Deshalb lese ich auch den Quatsch schon gar nicht, den man unter Vernachlässigung gewisser Regeln noch über das Bild gequetscht hat.

Meinen Sie nicht auch, daß es das ist, was der Professor meint? Auch beim nächsten Beispiel (Bild 101, Seite 142). Das mutet uns ein anderer Professor zu, Michael Schirner, der lange Zeit einer

Bild 101

breiten Öffentlichkeit als deutscher Werbepapst galt und noch heute als einer der guten Werbetexter.

Der kann es sich natürlich leisten, in der auf Oscar Wilde getrimmten Headline jeden Hinweis auf das beworbene Produkt zu vermeiden (erinnern Sie sich an David Ogilvys »Blasenschwäche«?). Auch das Bild hilft uns da nicht. Der Mann, der sich knapp unter dem Himmel seines Jacketts entledigte, trug sicher keine geländegängigen Schuhe, als ihn der Berg rief. Nun liegt er irgendwo links unten im Abgrund und wir enthalten uns jeglicher Anteilnahme. Auch den Herrn *Eduard Dressler* bedauern wir nicht, den Herr Schirner sagen läßt: »Weil wir nicht jeden Mode-Schnickschnack mitmachen, brauchen unsere Kunden das auch nicht.«

Hatte Prof. Dr. Kroeber-Riel diese Anzeige vor Augen, als er »w&v« sagte: »... die Muster, nach denen sie Bilder entwerfen und nach denen sie ihre Kreativität in Bilder umsetzen, sind sozusagen die des intelligenten Sprachgebrauchs«? Oder hatte er vielleicht Visualisierungen von der Art der *Loewe*-Anzeigen (Bild 85, Seite 121) vor seinem geistigen Auge?

Das nächste Beispiel, das ich Ihnen zeige (Bild 102, rechts), kann er dagegen nicht gemeint haben. Das hat seine eigene, visuelle Syntax. Hier hat sich der Erfinder der roten Couch, der Fotograf

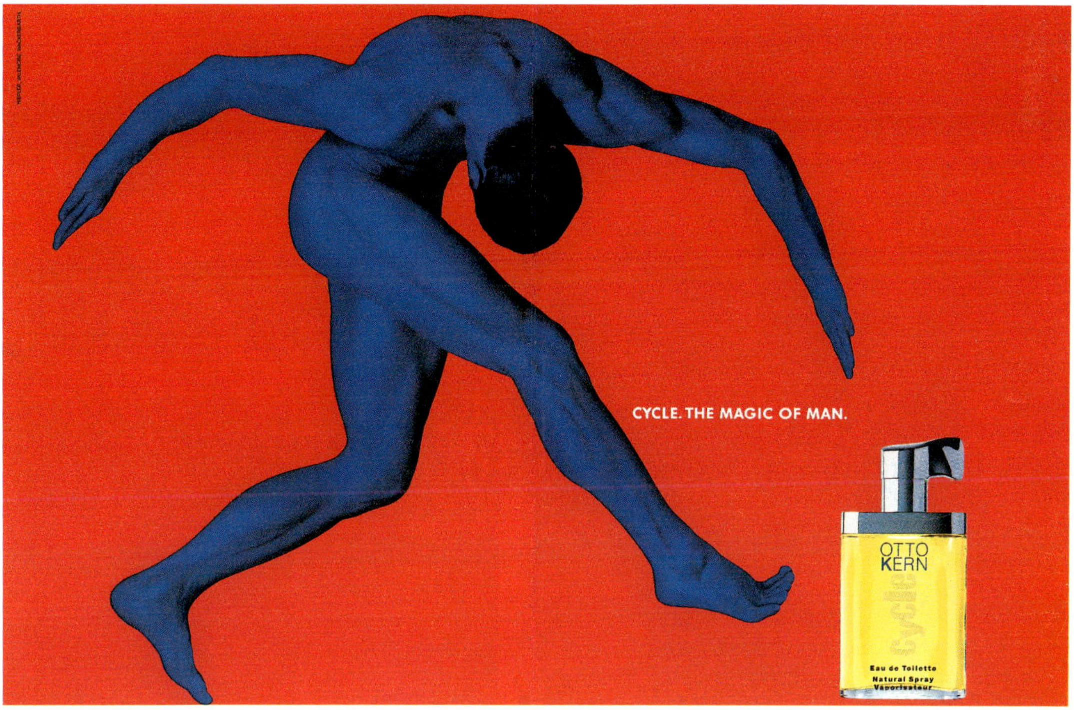

Bild 102

Horst Wackerbarth, visuell ausgetobt. Entstanden ist eine Anzeige, die ich rundum bemerkenswert finde. Ob sie werbewirksam ist, weiß ich nicht, und ich glaube, auch der Professor in Saarbrücken wird mit ihr wohl seine Schwierigkeiten haben. Eigentlich müßte sie genau auf seiner Linie liegen, fordert er doch, die Werber sollten das »ungeheure Repertoire an Schlüsselreizen« einsetzen, um »den Kern der Werbewirkung« zu treffen. Zu diesem Repertoire zählt er »Reize, die durch den Sozialisationsprozeß vermittelt werden«, »Reize mit tiefenpsychologischer Wirkung« und »erfahrungsunabhängige, nämlich biologisch vorprogrammierte Reize (erotische Reize, Kindchenschema)«.

Sehe ich das richtig, daß dann *Kenzo*, der Japaner in Paris, mit seiner Anzeige (Bild 103, Seite 144) für ein *Eau de Toilette für den Mann* des Professors Zustimmung finden müßte? Gut, denken wir uns die blasphemische Headline mal weg – die ja, wenn ich's richtig übersetze, *Und Kenzo erschuf den Menschen* heißt und so verkaufsfördernd ist wie der Satz *Keine heiße Asche einfüllen* –, dann sehe ich tatsächlich die ganze Reizpalette verwirklicht. Aber ob das verkauft?

Ich stimme dem Professor in vielem zu, was er (nicht nur in diesem Interview, sondern auch in seinen Büchern) behauptet. Wenn Kroeber-Riel bedauert, daß »die gröbsten Wirkungsmecha-

Bild 103

nismen, die bereits vor dreißig Jahren erforscht wurden, von den Werbepraktikern heute noch nicht zur Kenntnis genommen werden«, so nennt er ja haargenau den Grund, weshalb dieses Buch gemacht wurde. In manchem aber teile ich die Vorbehalte, die zahlreiche Werber ihm und seinem Wirken entgegenbringen. Grund genug, noch ein wenig tiefer zu schürfen. Zur Zeit laufen drei Werbekampagnen, an denen der Professor beratend mitgewirkt hat. Eine davon ist die im März 1988 gestartete des *Bundesverbands der Deutschen Volksbanken und Raiffeisenbanken (BVR)*.

In einer Druckschrift, die den Mitarbeitern der Banken die Kampagne und die ihr zu Grunde liegende Kommunikationsstrategie vorstellt, heißt es:

> Der Bankenmarkt ist ein gesättigter Markt. Alle drei großen Bankengruppen bieten im Prinzip allen Bevölkerungskreisen und Unternehmen alle Bankleistungen an. Es herrscht Verdrängungswettbewerb. –
> Die angebotenen Produkte und Leistungen sind weitgehend ausgereizt, Innovationen kaum möglich. Ein neu entwickeltes Bankprodukt wird früher oder später von den Mitbewerbern unter anderer Bezeichnung gleichfalls eingeführt. Differenzierungen sind prinzipiell auch nicht über Preise, Gebühren und Öffnungszeiten möglich. –
> Die Bankenwerbung ist ebenfalls weitgehend austauschbar:
> Die meisten Banken bieten ihre austauschbaren Leistungen in Verbin-

dung mit austauschbaren Bildern von freundlichen, liebenswürdigen und sympathischen Menschen an. – Hohe Leistungsfähigkeit ist in Zukunft die notwendige und selbstverständliche Grundlage, um im Wettbewerb bestehen zu können, aber kein Mittel zur Abgrenzung von den Wettbewerbern. ›Wenn's um Geld geht‹, ist jede Bank gleichermaßen Anbieter. Es bedarf mehr als des bloßen Produktes, es bedarf ›Mehr als Geld und Zinsen‹.

Die Folgerung aus diesem Faktum Marktsättigung lautet ›subjektive Präferenzbildung‹:

> Die Bank und ihre Produkte müssen sich im Wettbewerb abgrenzen durch Vermittlung von Erlebniskompetenz, über Erlebnisprofile, Lebensstile.

Das zweite Faktum, das es mit der neuen Strategie anzugehen galt, war die Informationsüberlastung. Sie hoffte man dadurch zu überwinden, daß man die *Volksbanken und Raiffeisenbanken* so darzustellen versuchte,

> daß sie aktuell in den Köpfen der Konsumenten vorhanden und mit ihren Angeboten bei Bedarf präsent sind. –
> Dabei helfen insbesondere Bilder, die so lebendig, anziehend, charakteristisch und eigenständig sind, daß sie Gedächtnisbilder, innere Bilder erzeugen und so zu Leitbildern werden. Aber auch Leitsätze, Kernaussagen, kurze und einprägsame ›verbale Programmformeln‹.

Die in mehr als anderthalbjähriger Arbeit entwickelte Kommunikationsstrategie wurde nach zwei Wettbewerbspräsentationen mit insgesamt sieben Werbeagenturen schließlich von Eiler & Riemel/ BBDO in ein kreatives Konzept umgesetzt. Dessen Aufgaben: den Genossenschaftsbanken Profil und Kompetenz zu geben, und zwar zum einen durch die Vermittlung von »Erlebnissen persönlicher Unabhängigkeit« und zum anderen durch die Umsetzung dieses Erlebnisprofils »in glaubhafte, emotionale Bilder und in eine glaubhafte, emotionale Sprache«. Wenn Sie nicht völlig auf dem Mond leben, müßten Sie nach allem, was Sie hier in ungewohnter Ausführlichkeit über diese Kampagne lasen, in Ihrem Kopf ein Bild vorfinden, das Sie mit dem Begriff *Volksbanken und Raiffeisenbanken* verbinden, und auch der dazugehörige Slogan müßte Ihnen durch und durch vertraut sein. Ist es so?

Nun, für alle Fälle finden Sie auf Seite 147 ein Beispiel für die Grundform der Anzeigenkampagne (Bild 104), eins für die daraus abgeleiteten ›Angebotsanzeigen‹ und eins für die auf der gleichen Strategie beruhenden Kampagne ›Wir öffnen Horizonte‹ der *R+V Versicherung* (Bild 105 und 106, Seite 147).

Weil ich dem Leiter der Abteilung Marketing des BVR, Dr. Edgar Erben, sehr dankbar dafür bin, daß er mir die wirklich eindrucksvollen Informationen zu dieser Kommunikationsstrategie zur Verfügung gestellt hat, lasse ich, statt meinen eigenen Senf dazuzugeben, Dr. Jörg Rehorn, seines Zeichens Geschäftsführer Research der schon mehrmals erwähnten Düsseldorfer Werbeagentur HSR&S/SMS, zu Wort kommen. Er schrieb in »w&v« vom 13. 03. 92 (zum Interview, nicht zur Werbung der Volksbanken und Raiffeisenbanken):

> Und was ist von des Professors Steckenpferd zu halten, der textarmen Bild-Kommunikation? Bilder kommunizieren direkter und schneller. Richtig. Aber – nur mit Bildern ist es schwerer, eine eigenständige, unverwechselbare Wettbewerbsposition aufzubauen als durch Kombination von Bild und Text. Der Professor ist anderer Meinung. ... –
> Die Short-copy, Big-visual-Emotionsanzeige ist die Anzeige für das geringwertige, niedrigpreisige, routinemäßig gekaufte Low-interest-Produkt. Es ist die Anzeige für die breite, undifferenzierte Masse. Steht hingegen eine Kaufentscheidung an, die mit Risiken, möglicherweise mit Verlusten verbunden ist, kurz, liegt Involvement vor, dann ist mit Firlefanz-Anzeigen nicht gedient. Erwünscht sind dann Aussagen, die gewertet und bewertet werden können.

An diesen Zeilen würde ich, nur um der Deutlichkeit willen, gern ein Wort ändern: Anstelle des ersten Wortes des letzten Satzes – Erwünscht – würde ich schreiben *Erforderlich.* Doch ansonsten nickt meine linke Hirnhälfte zu jedem einzelnen Satz deutlich zustimmend.

Nun könnten Sie ja kontern: Genau deshalb hat ja wohl die ausführende Agentur jenes gekippte Insert mit dem für rentable Geldanlageformen werbenden Text ins Bild (Bild 105) gesetzt. Dann bitte ich Sie zur Gegeneinrede vor das Fernsehgerät. Vielleicht gibt es den Spot noch, in dem ein Reiter an einem Felsabbruch entlangprescht, einer Schlucht entgegen, die sich, unheimlichen tektonischen Kräften gehorchend, knirschend schließt, um Mann und Roß den Weg zum Horizont frei zu machen. Oder – vielleicht erinnern Sie sich – geheimnisvolle Volks- und Raiffeisenkräfte rollen riesige, aber sorgfältig abgerundete Felsbrocken von der Paßstraße, um dem unbeirrt dahindonnernden Truck den Weg frei zu machen.

Geradezu perfide erscheint mir die derzeit neueste Folge von Fernsehspots, in der z.B. ein auf eine zerstörte Brücke zurasender Zug den Abgrund in dem Moment erreicht, in dem ein Bild der unversehrten Brücke auf einer Staffelei genau im richtigen Moment die Lücke verdeckt und der Zug – technisch hervorragend gemacht – über die gemalte Brücke rast. Das hat absolut nichts mit Erlebnis-

Bild 104

Bild 105

Bild 106

kompetenz zu tun. Das ist Täuschung, Irreführung, Falschmünzerei.

Das Erstaunen der – bleiben wir bei Dr. Rehorn – breiten, undifferenzierten Masse der RTL- und Pro 7-Gucker ist nach meinen Beobachtungen rat- bis fassungslos, wenn nach all dem gewaltigen visuellen Geschehen die Auflösung über sie hereinbricht und sie erkennen: Es sind die Volksbanken und Raiffeisenbanken, die – selbst mit zweifelhaften Mitteln – für Ordnung sorgen und Chaos verhindern.

Kann ja sein, daß einer in der Fernsehgemeinde gerade eben zu unvermutetem Vermögen kam. Wird er es, nachdem er einen dieser von »glaubhaften, emotionalen Bildern« berstenden Spots sah, bei der nächsten Volksbank anlegen? Wird er seine Entscheidung, die doch wohl mit Risiken, möglicherweise mit Verlusten verbunden ist, zugunsten einer Volksbank oder Raiffeisenbank treffen, weil er in unserem Anzeigenbeispiel lesen konnte, wie er den Ertrag seines Vermögens »jederzeit genießen, ohne die Substanz anzugreifen« kann? Oder wird er seinen Weg in ganz anderer Richtung suchen?

Fragen über Fragen. Positive Anworten im Sinne der werbungtreibenden Unternehmen wage ich nicht zu geben. Finden wir sie vielleicht beim zweiten Beispiel, der *Löwenbräu*-Kampagne (Bild 107, rechts)? Zu ihr sagte Professor Kroeber-Riel im »w&v«-Interview: »Löwenbräu bescherte sie die erfolgreichste Produkteinführung des vergangenen Jahres (1991, H. W.) mit erheblichen Umsatzzuwächsen.«

Anfang November 1992 meldete Reuter: »... sprach die Löwenbräu-Führung in München von einem Rückgang des Bierabsatzes in 1991/92 um rund 96000 auf knapp 11,4 Millionen Hektoliter. Dies habe sich im AG-Umsatz in einer Einbuße auf 289 (298) Millionen DM ausgewirkt.« Neun Millionen Mark minus – ein toller Zuwachs!

Aber wir haben ja noch ein drittes Beispiel (Bild 108, rechts), und hier kommen wir, glaube ich, wirklich auf den Punkt.

Als ich die erste *Underberg*-Anzeige der neuen Art sah, konnte ich nicht fassen, daß hier Profis am Werk gewesen sein sollten. Lange habe ich mich unbewußt einfach geweigert, darüber nachzudenken. Dann las ich das »w&v«-Interview. Da wurde Kroeber-Riel vorgehalten:

> »Wir entdecken bei den Unternehmen, die Sie beraten, auch Klischees – Beispiel Underberg und Löwenbräu.«
> Kroeber-Riel: »Es handelt sich um tief wirksame emotionale Schemata: Die Underberg-Fee in ihren verschiedenen Auftritten wurde international anerkannt. Die Löwenbräu-Werbung arbeitet mit sehr starken emotionalen Reizen, Frau mit Tier, Frau mit Löwe.«
> w&v: »Beide Kampagnen sind sonnendurchflutet.«

Bild 107

Bild 108

> Kroeber-Riel: »Ja gut. Ich gebe zu, daß das Licht eine gewisse Ähnlichkeit bringt. Die bildliche Oberfläche kann möglicherweise gleich sein. ... Aber die Underberg- und die Löwenbräu-Kampagnen sind nicht austauschbar.«

Dürftiger geht's nicht mehr. Von wem wurde die *Underberg*-Fee international anerkannt? Und wofür? Wir erfahren es nicht. Besonders wissenschaftlich finde ich das, was der Professor da von sich gibt, nicht. Und überzeugend schon gar nicht. Nun muß ich wohl doch einmal auf dieses seltsame Wort »involviert« eingehen. Im Deutschen gibt es diesen Begriff nur als Verb (etwas involviert etwas); die Werber und die Konsum- und Verhaltensforscher bedienen sich des englischen *involved* etwa im Sinne von interessiert (sein an etwas).

Kann es vielleicht sein, daß Kroeber-Riel, wenn er von den »wenig involvierten Empfängern« spricht, die einen ganz bestimmten Stil der Kommunikation fordert, »nämlich eine Kommunikation, die sich auf flüchtige Betrachtung einstellt«, dieses seltsam eingedeutschte Fremdwort nur deshalb verwendet, weil er einen gut deutschen Begriff nicht verwenden möchte, der zwar verständlicher, aber leider viel zu deutlich ist und zudem aus einer anrüchigen Kiste stammt?

In dem Buch »Werbung – Steuerung des Konsumentenverhaltens« (Physika-Verlag, Würzburg 1982), das Prof. Dr. Kroeber-Riel zusammen mit Gundolf Meyer-Hentschel schrieb, heißt es auf Seite 53 unter der Überschrift *1.2 Allgemeine Regeln zur Verhaltenssteuerung (Werbung):*

> Sucht man nach allgemeinen und vereinfachten Richtlinien für die menschliche Beeinflussung, so findet man sie verständlicherweise vor allem dort, wo die Steuerung des Verhaltens das erkärte Ziel von Machthabern war, unter anderem in den »Fundamentalgrundsätzen der NS-Propaganda«. Sie lauten nach Hundhausen (...) im einzelnen:
> 1. Die Propaganda hat sich einzustellen auf die Aufnahmefähigkeit des Beschränktesten unter denen, an die sie sich richtet.

Das war (»Nur für den Dienstgebrauch!«) damals »intelligenter Sprachgebrauch«. Im kleinen Kreis wird der »Reichspropagandaminister« Dr. Josef Goebbels wohl gesagt haben: »Das muß auch der Dümmste verstehen.« Damals gab es auch das Wort »idiotensicher«, das noch Anfang der sechziger Jahre die Verkäufer in Fotofachgeschäften arglos für einfach zu bedienende Kameras verwendeten.

Natürlich nimmt solche Bäh-Wörter heute kein zivilisierter Mensch in den Mund. Deshalb sprechen die Werber zurückhaltend vom wenig involvierten Verbraucher. Deshalb heißt es im erwähnten Buch auf Seite 54:

> Wirksame Werbung darf sich nicht an übersteigerten und wirklichkeitsfremden Vorstellungen über die Empfänger orientieren. Sie darf keine zu hohen Ansprüche an ihr Auffassungsvermögen stellen. Goebbels ... war sich dieser Regel bewußt. Er schrieb in seinem Tagebuch, seine Mutter habe ihn immer wieder darauf hingewiesen, »daß das Volk meistens sehr viel primitiver ist, als wir uns das vorstellen« [nach Hundhausen ...]. Das klingt zunächst zynisch. Es ist aber im Kern treffend, wenn wir unserem heutigen Sprachgefühl entsprechend das Wort »Volk« durch »Publikum« ersetzen und nicht davon sprechen, daß das Publikum primitiver ist, sondern daß es oft einfacher denkt und fühlt, als die Werbestrategen annehmen.

Nach einem Hinweis auf die ethischen Probleme, »die durch den Mißbrauch der Verhaltenssteuerung im Dienste eines verbrecherischen Regimes entstehen können«, faßt Kroeber-Riel »die altbekannten Grundsätze wirksamer Propaganda« so zusammen:

- Wenige und eingängige (»primitive«) Informationen!
- Starke und zwanghaft wirkende Appelle an die Gefühle!
- Wiederholung!
- Glaubwürdigkeit!

Und er betont:

> Diese Grundsätze, die sich das NS-Regime zunutze machte, lassen sich noch heute als Richtlinien für die Wirksamkeit von Werbung ansehen, die sich an ein breites Publikum richtet. Sie gelten auch für Werbemaßnahmen im Konsumgüterbereich.

Sind Sie empört? Dann gehören Sie eigentlich nicht zu dem Kreis von Mitmenschen, für die dieses Buch geschrieben wurde. Denn natürlich vertritt Kroeber-Riel

> den richtigen Standpunkt, daß zuerst gewußt werden muß, bevor gehandelt werden soll. Die Chaotiker der klassischen Werbung verlangen die »kreative Lösung«, weil sie dem Kunden vielleicht gefällt, sehr gut honoriert wird, das eigene Ansehen in der Branche und damit das Einkommen verbessert. Die meisten »kreativen Lösungen« sind jedoch sinnlos vergeudetes Geld, eben »Werbung gegen das Unternehmen«. –
> Das Thema muß weiter diskutiert werden, damit die Werbung endlich effizienter wird. Die Unternehmen können sich eine nutzlose Werbung einfach nicht mehr leisten.

So – auszugsweise – ein Leserbrief an »w&v« von Klaus Stöhlker, *Klaus J. Stöhlker AG*, Zollikon/Zürich. Auch er artikuliert, wie Sie inzwischen wissen, den Grundgedanken, der diesem Buch zugrundeliegt. Womit ich es bewenden lassen könnte.

Doch ich gestatte mir zu den eben vorgestellten Beispielen zwei Einwände. Zum einen lautet auch bei Kroeber-Riel der letzte der »altbekannten Grundsätze« Glaubwürdigkeit. Daß er in den drei von ihm beeinflußten Kampagnen berücksichtigt ist, sehe ich nicht. Alle drei sind in meinen Augen mehr oder weniger unglaubwürdig.

Zum anderen meine ich, daß es nicht nur den Werbern, sondern auch den Werbungtreibenden gut ansteht, sich bei Low-interest-Produkten zunächst einmal intelligente Gedanken zu machen, bevor sie in die Primitivität absteigen. Gedanken darüber zum Beispiel, wie man ein Low-interest-Produkt zum High-interest-Produkt machen kann, das selbst einen Dummkopf involviert, ohne ihn für dumm zu verkaufen.

Daß das öfter geschieht, als das Kroeber-Riel-Interview zu erkennen gibt, läßt sich beweisen. Nehmen Sie nur ein so anonymes Allerweltsprodukt wie die Türklinke. Unter den vielen hundert Entscheidungen, die ein Bauherr zu treffen hat, ist die für eine bestimmte Türklinke eine von denen, die in ein paar Minuten so nebenher getroffen wird. Dem Klinkenhersteller *FSB Franz Schneider Brakel GmbH+Co* im ostwestfälischen Brakel gelang es, in Zusammenarbeit mit dem leider verstorbenen Otl Aicher, ein überzeugen-

Bild 109

des Erscheinungsbild zu entwickeln, namhafte Designer aus aller Welt für Türklinken-Entwürfe zu interessieren und dem FSB-Hausdesigner der 50er Jahre, Johannes Potente, mit einem Buch ein Denkmal zu setzen, bevor er 1991 zusammen mit der Düsseldorfer Werbeagentur Stöhr/Kreutz die erste Publikums-Kampagne in der Zeitschrift »Schöner Wohnen« startete (Bild 109, oben).

Okay, Türklinken sind natürlich keine Konsum-, sondern Gebrauchsgüter. Aber das Involvement des potentiellen Käufers war

Bild 110

vor der Werbekampagne sicher nicht größer als das für irgendeines der zahllosen kongruenten Konsumgüter vom Bier über Schokolade, Kosmetika, Waschmittel und Frischkäse bis zu Zigaretten. Das Unternehmen FSB und der Fachhandel wissen, daß das, was der Saarbrücker Professor »kreative Tricks« nennt, dies ganz entschieden änderte.

Daß sich ein »breites Publikum« von intelligenten Kreativen sogar per Kroeber-Rielscher »textarmer Bild-Kommunikation« involvieren läßt, ohne daß sie ihm dazu Primitiv-Bildchen wie die groteske *Löwenbräu*-Mischung aus Bavaria, Ben Hur, Brehms Tierleben und transzendentem Wassersport oder *Underbergs* grüne Goldmarie auf die Augen drücken, bewies die Hamburger Werbeagentur Knopf, Nägeli, Schnakenberg (deren Kreative ihren Kroeber-Riel ganz offensichtlich gelesen haben) mit ihrer *Lucky-Strike*-Werbung (Abb. 110, Seite 153).

Ich bin ganz sicher, daß es in Deutschland genügend Werber gibt, die wie Dr. Rehorn wissen, daß »unterschiedliche Produkte, unterschiedliche Stadien im Produktlebenszyklus, unterschiedliche Werbestile, unterschiedliche Zielgruppen (und) unterschiedliche Involvements unterschiedliche Werbestrategien verlangen.« Und daß diese Werber, sofern sie es nicht längst tun, sich zunehmend der von Professor Kroeber-Riel und anderen abgemahnten Sünden enthalten werden. Kluge Auftraggeber werden, hoffentlich, die anderen, die Unverbesserlichen, zu meiden wissen.

Tierische Mißverständnisse und andere Wirkungsbremsen

Tiere! Ach, wie viele Werber und Werbungtreibende sind mit Tieren schon auf den Hund gekommen! Tiere sind die geborenen *Eyecatcher*, machen uns neugierig und zugänglich, transportieren Werbebotschaften nicht auf stählernen Schienen oder betonierten Straßen, sondern auf geheimnisvollen Dschungelpfaden direkt ins menschliche Unterbewußtsein. Immer, wenn die Werber erkennen, daß die von ihnen Umworbenen rationalen Botschaften nicht (mehr) zugänglich sind, versuchen sie es auf die emotionale Tour. Lassen junge, schöne, positive Menschen tanzen, springen, lachen, kopulieren. Führen uns »Erlebniswelten« vor, Utopien vom leichten Leben in fernen Traumländern voller Himmel, Wasser, Palmen, Strand und Calypso. Und wo das alles fehl am Platz wäre, müssen eben Tiere her.

Dann bricht, immer wieder einmal, Grzimeks Tierwelt über uns herein. Elefanten wechseln aus den Porzellanläden in Büros und Küchen, werden in die Luft gestemmt und in die Schubkarre gesetzt. Pinguine und Pumas, Leoparden und Libellen, Schmetterlinge und Schweinchen, Hund und Katz, Wolf und Schaf – nichts Tierisches ist fremd genug, um Werbebotschaften zu transportieren.

Bild 111

Selbst in der Investitionsgüter-Werbung, in der es traditionell sachlich bis trist zuging, mahnten schon in den sechziger Jahren kluge Leute, man solle nicht vergessen, daß auch Techniker und technisch orientierte Kaufleute Menschen und damit Gefühlen leichter zugänglich seien als kaltem Kalkül.

Daraus machen simple Gemüter immer wieder von neuem die Kurzformel *Mehr Emotion in die Investwerbung!*, greifen tief in den reich bestückten schwarzen Zylinder und verblüffen das Publikum zum Beispiel mit einer wunderschönen Doppelseite im »manager magazin« (Bild oben). Der Überraschungseffekt ist groß. Wir sehen zwei Gorillas. Der kleine steht verlegen vor dem großen, als habe der ihn bei irgendwelchem Unfug ertappt, der große sieht streng auf das Baby herab. Wer da beim Blättern nicht innehält ... Ein Stopper also, wie er im Buche steht. Eine Anzeige, die auffällt (prima!). Eine Anzeige, die gefällt (ausgezeichnet!). Eine wirksame Anzeige? Eine, die überzeugt und beeinflußt? Vielleicht sogar eine erfolgreiche?

Die *Lenze GmbH* ist ein renommiertes Unternehmen mit 2000 Mitarbeitern, das sich mit Antriebstechnik befaßt – ein Zulieferer für den Maschinen- und Fahrzeugbau. Wer mit dieser Anzeige zum Besuch des Messestandes in Hannover aufgefordert werden soll, kennt die Firma und ihren (tadellosen) Slogan *Wir sorgen für Bewegung.*

Doch was hat *Lenze*, was hat Antriebstechnik mit Gorillas zu tun (oder umgekehrt)? Den Spagat, der das aufmerksamkeitserregende Bild und das werbliche Anliegen verbinden soll, mußte die Texterin der Hamelner Jag Werbung Herbert KG vollführen. Sie wählte den englischen Ausdruck für »Kraftübertragung« – *power transmission* – als Überschrift und fuhr fort:

> Wenn Stärke und Beweglichkeit sich ideal ergänzen, kommt vieles in Bewegung und das ganze voran.
> Lenze Antriebstechnik ist ein Symbol für Bewegung mit über 40 Jahren Erfahrung in allen Branchen.
> Für 2000 Mitarbeiter, davon 200 Ingenieure, sind Qualität, Zuverlässigkeit und Innovation die Maximen ihrer »Kraftübertragung«.

Mal abgesehen davon, daß es das Ganze hätte heißen müssen: Sicher kann man den alten Gorilla als Symbol für Stärke und den jungen als eines für Beweglichkeit ansehen, doch der abschließende Halbsatz zeigt, wie mühsam hier ein Zusammenhang hergestellt werden mußte. Und der Rest des Textes besteht aus drei leidlich informativen Zahlen und zwei Dutzend hochtrabenden, aber nichtssagenden Wörtern.

Die von mir kritisierte Agentur gab sich in einem Brief halbwegs einsichtig und versprach einen neuen Text. Der, schon wegen der inzwischen beendeten Hannover Messe geändert, lautete nun:

> Auf den ersten Blick ist groß und stark sein eine wunderbare Sache: es macht mächtig Eindruck uns so manchen Konkurrenten ganz schön Beine.
> Uns kann Größe wenig imponieren – wir achten auf's Detail und wachsen durch Beweglichkeit.
> Unsere Entwicklungen für die Antriebstechnik ermöglichen technisch ausgereifte Problemlösungen für viele Anwender.
> Jedes Produkt trägt die Handschrift erfahrener Ingenieure, deren Wissen und Einsatz uns auch in Zukunft Wachstum durch Beweglichkeit sichert.

Dafür, daß gleich im ersten Satz ein Satzfehler übersehen wurde (uns statt und), ist natürlich, das weiß jeder Insider, nicht die Agentur verantwortlich, sondern (Zutreffendes bitte unterstreichen) der Setzer, der Drucker, die SPD-Landesregierung, die Gewerkschaft Druck und Papier, das Wetter oder die Reinemachefrau. Und daß nicht auf's, sondern aufs richtig wäre ... Aber im Ernst: Finden Sie den neuen Text besser als den alten? Ich nicht.

Es fehlen ihm, wie auch dem ersten Text, Klarheit, Logik und – in der heute so genannten Business-to-Business (B-to-B)-Werbung besonders wichtig – die beiden wichtigsten Elemente einer professionellen Copy-Strategy: *Reason why* und *Tonality.*

Mit *Reason why* meinen die Werber die (sachliche) Begründung für den Produktvorteil *(Benefit)*, mit dem geworben wird. Im Gegensatz zu der Gorilla-Anzeige, in der es weder *Benefit* noch *Reason why* gibt, machen die beiden anderen unten abgebildeten Lenze-Anzeigen einen Produktvorteil gleich zur Headline; vom *Weil, Warum* oder *Wieso*, das diesen Vorteil einleuchtend macht, ist dagegen weit und breit nichts zu sehen. *Tonality*, nun, das ist die Tonart, in der ich mit meinem potentiellen Kunden spreche. Wenn ein Texter auch nur ein Zwei-Tage-Seminar besucht hat, um sich für seinen Job fit zu machen, dann hat er zumindest dies gelernt: Ein guter Werbetext muß in dem Ton geschrieben sein, den der Umworbene versteht und der ihm sympathisch ist, weil es genau der Ton ist, in dem er selbst denkt und spricht.

Hier ist die Zielgruppe ganz klar definiert: Ingenieure, Techniker und technisch orientierte Kaufleute. Und denen bereiten Schwafelsätze wie der von Größe, Details und Beweglichkeit nichts als Unbehagen.

Bild 112

Bild 113

Und bitte, was soll der letzte Absatz? Weder trägt irgendein Produkt auf dieser Welt die Handschrift erfahrener Ingenieure (allenfalls, im übertragenen Sinn, die eines genialen Designers), noch interessiert es auch nur einen einzigen potentiellen Kunden, was der Firma Lenze auch in Zukunft Wachstum sichert.

Zweifellos kann man Technikern und Ingenieuren Produktinformationen besser »verkaufen«, wenn man nicht einfach technische Daten aufzählt, sondern die meist schwierige Materie in einen Text packt, der leicht zu lesen, eingängig und trotzdem intelligent ist. Erwiesen ist auch, daß beispielsweise das Bild eines niedlichen Kükens (Bild 114, rechts) in einer Zeitschrift voller nüchterner technischer Abbildungen den Leser fesselt und ihn – vielleicht – zum Lesen eines solchen Textes verführt. Doch wer sich an intelligente Leser wendet, muß schon selbst einiges an Intelligenz aufwenden, um Bild, Text, Emotion und Information plausibel miteinander zu verbinden. Im Fall *Lenze Antriebstechnik* kann davon keine Rede sein. Schade um die Gorillas.

Schade auch um all die anderen Tiere, die in dieser Kampagne als Blickfang für flaue Werbebotschaften dienten: die Pinguine etwa (Bild 112, Seite 157) – *Meister Pinguin ist optimal gegen arktische Kälte und eisiges Wasser geschützt!* – stehen dekorativ für die rundum geschlossenen *Lenze Disco-Verstellgetriebe*, die ebenfalls extremen Belastungen trotzen; der Bläuling, der *federleicht* (so die Headline) *und mit unerreichter Leichtigkeit ... tagtäglich tausendfach für die Entfaltung der Natur wirkt:* Auch *Lenze Schneckengetriebemotoren* mit Aluminiumgehäuse *ermöglichen durch ihre Leichtigkeit Tag für Tag die Lösung zahlreicher Antriebsprobleme.*

Solche verkrampften Gegenüberstellungen erinnern mich immer an Wilhelm Busch, der in seinem »Naturgeschichtlichen Alphabet« schamlos reimte *Johanniswürmchen freut uns sehr, der Jaguar weit weniger.* Doch der war Humorist. Spaßmacher können sich solche Plappereien leisten, Werbetexter sollten sie besser meiden. Denn, bitte, was ist unerreichte Leichtigkeit? Was ein Wirken für die Entfaltung der Natur? Hat jemand die Natur sich überhaupt je entfalten sehen?

Doch es geht unentwegt so weiter: *Dynamisch* ist die Antriebsführung bei großen und kleinen Sprüngen durch die *kreisstromfreien 4Q-Stromrichter der Lenze Reihe 490,* dynamisch auch *der Supersprung durch optimalen Energieeinsatz* beim abgebildeten springenden Frosch. *Affenartig schnell* und instinktiv handelt Freund Charly, der abgebildete Affe, und die *Lenze-Elektromagnet-Kupplungsbremskombinationen reagieren* wie er: *blitzschnell und zuverlässig, beim Schneiden, Verpacken, Etikettieren ... Flüsterleise* bewegen *Ein-*

Bild 114

phasen-Stirnradgetriebemotoren alles mögliche, und das Bild (Bild 113, Seite 157) zeigt ein weiteres Gorillababy, schlafend auf der Mutter Rücken.

Diese Anzeige nun, und damit bekommt die eben deshalb so ausführlich dargestellte Geschichte eine zusätzliche Dimension der Ignoranz, diese Anzeige also wurde von Lesern der polytechnischen Fachzeitschrift »Industrieanzeiger« aus zwölf »Anzeigen des Monats« zur »Anzeige des Jahres 1990« gewählt.

Die »Anzeigen des Monats«, die der im *Konradin Fachzeitschriften Verlag* erscheinende »Industrieanzeiger« von Jurys wählen läßt, die in wechselnder Zusammensetzung von Industrie-Werbeleitern, Agenturchefs und Agenturmitarbeitern gebildet werden, sind dabei das eigentliche Ärgernis. Soweit ich die Aktion über einige Jahre hinweg verfolgt habe, fand ich die ausgezeichneten Anzeigen meist relativ gut und bemerkenswert. Aber eben nur meist.

Schon im Jahr zuvor war ein Lenze-Motiv »Anzeige des Monats«. In das Bild mit einem eben aus dem Ei schlüpfenden Krokodil waren die Headline *Ausgereift* und der folgende Text eingeklinkt:

Bild 115

Bild 116

> Schon Millionen Jahre vor Columbus kam das Krokodil auf das Ei ... und schiebt es bis heute einfach Mutter Natur zum Ausbrüten unter! Ähnlich genial arbeiten auch Lenze Simplabelt-Verstellgetriebe, denn einfache Lösungen überzeugen auch heute: wartungsfrei, langlebig, zuverlässig und konkurrenzlos preisgünstig!

Diesen Text haben Werbefachleute für gut befunden! Hätte ich nicht sechzehn Jahre lang selbst für Investitionsgüter geworben, ich würde es nicht glauben. Doch leider kenne ich meine Pappenheimer und ihre großen Augen, wenn man sie auf die miserable Textqualität ihrer Anzeigen anspricht. Sie gucken einen an, als rede man chinesisch mit ihnen.

Natürlich haben sie die vielen Anzeigen, die da Monat für Monat im »Industrieanzeiger« erscheinen, angesehen, bewertet und gewichtet. Sie brauchten dazu nicht einmal, wie Professor Dr. Kroeber-Riel, wissenschaftliche Methoden und apparative Hilfsmittel. Ihre Erfahrung genügte ihnen, aus dem »so oft beklagten Einerlei« und der »Tristesse in der Investgüterwerbung« (»w&v«) die paar wenigen glänzenden Krümel herauszupicken. Auch wenn es nur Katzengold war wie der zweite Preisträger 1989, der die höchst informative Headline *Stecken Sie Ihre Nase doch mal in unser Programm* mit der riesigen roten Nase im Bild eines Clowns »visualisierte«. Auch sie bewerteten, wie Kroeber-Riel, die Werbewirkung. Oder, besser, werbewirksame Faktoren. Doch der Professor hätte auf seine Weise immerhin festgestellt, daß nach dem Blick auf die Clownsnase und auf die Affenbabys das Interesse der Betrachter gegen Null tendiere.

Daß dann per Fragebogen 1800 bis 2000 Leser des »Industrieanzeiger« aus den vorgegebenen 12 »Anzeigen des Monats« dreimal hintereinander Tiermotive zum Jahressieger kürten, ist nicht verwunderlich. Sie wählten Anzeigen, die in ihrem optischen Auftritt am weitesten vom gewohnt langweiligen Klischee entfernt und ihnen am sympathischsten waren. Die jeweilige Werbebotschaft und deren Akzeptanz waren wohl eher Nebensache. Das brachte 1989 die *Bayer AG* mit dem Küken als plausiblem Symbol für die »Geburt« eines neuen Materialtyps an die Spitze – und in den folgenden Jahren eben die verkrampften, an Haaren herbeigezogenen *Lenze*-Lösungen.

Natürlich stehen Investwerber tagtäglich vor dem Problem, knochentrockene Produkteigenschaften oder die wenig aufregende Identität eines tüchtigen, aber letztlich ganz normalen Unternehmens über eine auffallende Visualisierung und mit emotionalem Touch an den Mann zu bringen. Ich habe das jahrelang praktiziert und bin nie auf die Idee gekommen, dafür Tiere einzuspannen.

Die beiden Anzeigen zum Beispiel für den kleinen, aber feinen Werkzeugmaschinenbauer *Ex-Cell-O* in Eislingen/Fils (Bild 115 und 116, links) sind Teil einer Anzeigenserie, die das ursprünglich nur wenigen Großfirmen bekannte Unternehmen in kurzer Zeit in der metallverarbeitenden Industrie bekannt machte. Ich konzipierte, textete und gestaltete die Serie 1978. Tiere brauchte ich zur Emotionalisierung nicht; ein guter Text kann bildhaft, anschaulich und emotional genug sein.

Was nicht heißt, daß all die Tiere, die heute zahllose Anzeigenseiten beleben, für die Katz wären. Doch ganz so werbewirksam und universell verwendbar, wie man angesichts der 1992 angelaufenen Ausstellung »Die tierischen Verführer« des Deutschen Werbemuseums e. V., Frankfurt/Main, annehmen könnte, sind Tierbilder und -darstellungen nicht.

Wo und wann Tiere Werbung wirksam machen, kann man leider nirgends nachlesen, nicht einmal im Katalog zur genannten Ausstellung; der ist in dieser Hinsicht absolut unkritisch. Immerhin finden sich in seinem Klappentext drei Stichwörter, aus denen wir schließen können, daß der Werbezoo aus drei Sektionen besteht, deren Bewohner im Werbe-Slang *Logo-Animals, Kampagnen-Heroes* und *Animation Animals* heißen.

Logo-Animals, das sind die Tiere, mit denen der Mensch sozusagen aufwächst: der *Pelikan* des ehemaligen Farbenfabrikanten Günther Wagner, der *Salamander* Lurchi, das *Lacoste*-Krokodil, die *Milka*-Kuh oder der *Tiger* im Tank von Esso, um nur einige zu nennen.

Kampagnen-Heroes sind jene großen oder kleinen Tiere, die oft über lange Zeit eine Anzeigenkampagne tragen. Das kann das Logo-Animal sein, aber auch jedes passende oder unpassende Tier. Beispiele: der Leopard in der *Grand Marnier*-Kampagne (Bild 117, unten), die Lila Kuh von *Milka*, der rosa Elefant (und einige andersfarbige), der Fuchs von *Schwäbisch Hall*...

Unter *Animation Animals* schließlich stelle ich mir all die lieben Tierchen aus Film und Fernsehen vor, die, wie wir von den *Camel*-Dromedaren wissen, durchaus auch auf die Anzeigenseiten überwechseln können. Zu ihnen gehören all jene Tiere, die Leben in die Anzeigen bringen, obwohl sie weder Markenzeichen sind noch »Kampagnen-Helden«.

Jene zuletzt genannte Untergruppe ist es, bei der Vorsicht geboten ist, weil für jedes Motiv der Kampagne (siehe *Lenze*) ein anderes, »passendes« Tier erforderlich ist.

Nach meiner Erfahrung geben Tierbilder als Aufmerksamkeitsgeneratoren selten mehr als ein halbes Dutzend aufmerksamkeitsstar-

Bild 117

Bild 118

ker, wirkungsvoller Anzeigenmotive her, und zwar immer nur dann, wenn bereits die (verbale) Grundidee serienfähig ist und die Tierbilder nicht nur Stopper, sondern echte visuelle Umsetzungen dieser Idee sind. Selbst wenn, wie schon erwähnt, bei der Konzeption einer auf Tierbildern aufbauenden Anzeigenkampagne Bild und Text, Emotion und Information intelligent und plausibel miteinander verbunden werden, kommt bald der Punkt, von dem an die so schön erscheinende und hoffnungsvoll akzeptierte Serie nur mehr mit zunehmendem Krampf fortzuführen ist. Allerdings: Nimmt man solchen Krampf wie in den Lenze-Anzeigen hin (oder erkennt man ihn einfach nicht als das, was er ist), kann man eine solche Anzeigenkampagne bei der Vielzahl der Arten natürlich bis in alle Ewigkeit fortführen. Nur sollte man nicht glauben, damit ein Rezept für wirksame Werbung gefunden zu haben.

Mit Überlegung eingesetzt, sind Tierbilder bewährte Vehikel zur suggestiven Vermittlung menschlicher Eigenschaften wie Vertrauenswürdigkeit, Zuverlässigkeit, Klugheit, Wachsamkeit, Sicherheit, Schnelligkeit oder Ausdauer, die der Werbegemeinte dem beworbenen Erzeugnis, der angebotenen Dienstleistung oder sich selbst als Nutzer zuordnen soll.

Das gelingt vor allem dann überzeugend, wenn darauf verzichtet wird, eine gute Idee zur Serie plattzuwalzen. Die Werber der *DEVK Versicherungsgruppe* beispielsweise zeigten einmal einen Hund, dem man die Gutmütigkeit an der schwarzen Nase ansah, unter der Headline *Für 6 Mark 70 im Monat können Sie Ihren Briefträger versichern.* In den anderen Motiven der Kampagne tauchte weder dieser Hund auf noch andere Tiere.

Aber auch in Langzeitkampagnen, wie sie etwa die *KKB-Bank* anderthalb Jahrzehnte lang mit gezeichneten Fabeltieren durchzog, haben Tiere als Werbefiguren funktioniert, vor allem, weil sich – wie einer der Macher bekannte – die in der Kampagne verwendeten simplen (und damit allgemeinverständlichen) Werbesprüche zwar passenden Tiercharakteren, nicht aber seriösen Bankern in den Mund legen ließen.

Auch der *Esso*-Tiger, nach der Pack-den-Tiger-in-den-Tank-Kampagne zunächst in der Versenkung verschwunden, funktioniert nach seiner Wiederbelebung zweifellos als Langzeit-Werbefigur weiter. Doch gerade er beweist, daß die Werbung mit Tieren ihre ganz speziellen Gesetze hat. Erst dann, wenn wir eine Tierfigur spontan mit einem werbenden Unternehmen (oder mit einem stereotypen Claim) verbinden, funktioniert die Sache. Doch bis es funktioniert, ist nicht nur ein langer Atem nötig, sondern es muß sich auch erweisen, daß die gewählte Tierfigur dem Publikum sympathisch ist.

Ob das beispielsweise mit dem *Grand Marnier*-Leoparden wirklich funktioniert, muß sich noch zeigen; es darf bezweifelt werden. Für das Nichtfunktionieren tierischer Werbekampagnen gab es 1986 ein klassisches Beispiel. Der *Haftpflichtverband der Deutschen Industrie HDI*, der auf eine Außendienst-Organisation verzichtet, hatte schwerwiegende Image-Probleme. Der Name des Versicherungsunternehmens erweckte in der »breiten Öffentlichkeit« den Eindruck, seine Versicherungsleistungen seien nur der Industrie zugänglich. Eine auf lange Frist angelegte Anzeigenkampagne sollte dieses Vorurteil, ganz im Sinne marktpsychologischer Erkenntnisse, durch Information mindern. Zu diesem Zweck schuf man sich eine Identifikationsfigur in Form einer gezeichneten Gestalt in Männerkleidung mit dem Kopf einer deutschen Dogge (Bild 118, Seite 162). Bei einem Interview in »w&v« zeigte sich der verantwortliche HDI-Mann überzeugt, mit dem ernst blickenden Gescheckten »tatsächlich ein Symbol zu haben, mit dem sich viele Personen identifizieren können.«

Ich schrieb damals dazu: »Wenn Sie mich fragen: ich kann das nicht.« Als Hundehalter wußte ich, wie viele Mitmenschen mit Hunden generell nichts im Sinn haben, aber auch, daß selbst überzeugte Hundefreunde um diese kalbsgroßen Biester einen großen Bogen machen und absolut keine Sympathieträger in ihnen sehen können. Die »Langzeitkampagne« mußte ein Flop werden, auch wenn Pretests Erfolg signalisiert haben sollten. Die Dogge verschwand nach relativ kurzer Zeit von der Bildfläche.

Es wäre interessant und für Werbungtreibende wie für Werber hilfreich gewesen, von Insidern zu erfahren, welche realen Erkenntnisse und Überlegungen letztlich zur Einstellung der Kampagne führten. Der Versuch scheiterte, die HDI-Werber mauerten.

Auf jeden Fall halten wir nochmals fest: Das mit den Tieren kann funktionieren, tut es aber nur dann, wenn bestimmte Voraussetzungen erfüllt sind. Würde ich diese Erkenntnis ein bißchen wissenschaftlicher formulieren, könnte ich behaupten: Dies ist ein Lehrsatz. Ich tue das schon deshalb nicht, weil Werber mit Lehrsätzen so wenig im Sinn haben und weil vor allem sehr junge Werber dazu neigen, derartige Lehrsätze als Innovationsverhüterli zu betrachten. Es hat also wenig Zweck. Es wird immer wieder Schlaumeier geben, die Wirksamkeitsbremsen wie falsch verstandene Werbung mit Tieren für großartige Innovationen halten. Werbungtreibende werden diesen Irrtum, hoffentlich, in Zukunft zu verhindern wissen. Es ist schließlich ihr Geld, das da vor die Hunde geht.

Doch es gibt Wirksamkeitsbremsen ganz anderer Art, deren Vorhandensein viele Werber, weil für sie nicht sein kann, was nicht sein

Bild 119

Bild 120

Bild 121

Bild 122

Bild 123

Bild 124

Bild 125

darf, für Erfindungen böswilliger Kritiker halten. Erinnern Sie sich noch an die *Pirelli*-Werbung vor dem Triumph der kämpferischen Feministinnen? Als der Slogan *Die Beine Ihres Autos* noch in immer neuen Variationen mit schönen Frauenbeinen visualisiert wurde? Hier war die Grundidee, im Slogan fixiert, nicht nur unbegrenzt serienfähig, sondern ausgesprochen wirksam. Welcher Mann – und nur er galt damals beim Reifenkauf als Entscheider – schaut nicht hin, wenn lange, schlanke Beine seine Blicke fangen? Die Permanenz des Slogans und die ständige Varianz des Blickfangs »penetrierten« den Namen Pirelli.

Der Zeitgeist hatte was dagegen. 1987 änderte Pirelli den werblichen Auftritt mit einem kreativen Paukenschlag. Der Slogan blieb, die Visualisierung verzichtete (zunächst) auf jeden weiblichen Reiz (Bild 119, Seite 165; Anzeigenversion aus der Händlerwerbung): Hochwürden flitzte wie der Teufel zu seinen Schäfchen. Eine große Idee! Zu groß, wie sich meiner Meinung nach zeigte. Kein weiteres Motiv der Kampagne erreichte das gedankliche Niveau dieser Anzeige, die Börsianer (Bild 120, Seite 165) nicht, sportive Pärchen nicht und nicht das Hochzeitspaar. Doch auch lange, schlanke Beine in gemäßigter Version (Bild 121, Seite 165) waren plötzlich nicht Fisch, nicht Fleisch. Was im Fall des Pfarrers gewaltigen Impact hatte, wirkte in den folgenden Anzeigenmotiven, weiß der Teufel, warum, nur noch wie zweiter Aufguß.

Lange vorher schon gab es Beispiele für impactgewaltige Anzeigen, die als Solitäre zwar ganze Konkurrenzkampagnen verblassen lassen, zugleich aber die Meßlatte so hoch legen, daß alle Folgeanzeigen dagegen abfallen. 1972 gelang *Fuji*-Film einer der großen Treffer dieser Art mit einem schwergewichtigen, nackten Mädchen unterm Sonnenschirm. Und Mitte der achtziger Jahre war es die *Dame mit König* (Bild 122, links), von der mein Kollege Hans Joliet (»Informieren – überzeugen«; Schäffer Verlag Stuttgart 1991) in »w&v« meinte, sie werde in die Geschichte der Werbung eingehen wie die weiße Persilfrau. Das wird wohl unter Werbefachleuten so sein, hoffentlich aber als Beispiel dafür, daß sich die Kreativen die visuelle Variierung einer Idee verdammt gut zu überlegen haben, bevor sie sie dem Kunden verkaufen. Denn auch im Fall König-Pils wurde deutlich, daß ein Solitär am Start einer Serien-Visualisierung den schleichenden Tod auch der besten Kampagne programmieren kann. Weder die damaligen Folgeanzeigen (Bild 123, links) noch die Ende 1992 mit neuen Vorgaben von der Hamburger Agentur Scholz & Friends gestartete Kampagne *Heute ein König* (Bilder 124 und 125, links) konnten den Impact der *Dame mit König* erreichen.

Doch beweisen die König-Kampagnen auch, daß das, was ich im Zusammenhang mit Tierbilder-Serien schrieb, ganz generell gilt: Gleichbleibend wirksame Serien-Visualisierungen funktionieren nur dann, wenn die verbale Grundidee serienfähig ist und die Bilder nicht nur Stopper, sondern echte visuelle Variierungen eines Claims oder eines Slogans sind.

Einige der guten Anzeigenserien der letzten Jahre, wie die für *American Express* und die für *Lucky Strike,* beweisen, daß Claim und Slogan sogar mittelmäßig sein dürfen. Sie müssen nur eingängig und merkfähig und ihre Visualisierung gleichmäßig gut und impactstark sein.

Claude Bonnange, einer der Gründer der Werbeagentur TBWA, reiste Ende 1991 in Deutschland umher und verkündete unter anderem, daß die in den 60er Jahren aufgestellte Behauptung, eine Werbebotschaft sei nur stark mit einer einzigen visuellen Umsetzung, in Wahrheit tödlich sei. Und er bewies an zahlreichen Beispielen, daß eine variantenreiche Werbung, sofern sie nur die fünf Stufen zur Wirksamkeit der Werbung bewältigt, erfolgreicher ist als »das Totreiten des immer gleichen Motivs«.

Was er nicht sagte, war dies: Das Variieren einer guten, tragfähigen Idee verlangt mehr als Kreativität, nämlich *disziplinierte* Kreativität. Und damit eine jener Sekundärtugenden, die man nach heutiger Meinung allenfalls zum Verwalten von Konzentrationslagern braucht. Wenn das mal nicht des Pudels sprichwörtlicher Kern ist, der guter, erfolgreicher Werbung so oft im Wege steht ...

3. Die Fehler der Auftraggeber

Signale aus der Chefetage

Der Brief trägt das Datum vom 5. 4. 1970, die Angelegenheit ist also alt genug, daß man sie als Beispiel vorzeigen kann. Da schrieb also ein Dr. phil. aus Blankenese (es gab ihn wirklich, wie ein Blick ins Telefonbuch zeigte) an die Geschäftsleitung des großen Stuttgarter Konzerns:

> Sehr geehrte Herren, bitte nehmen Sie die anliegende Entgleisung zur Kenntnis. Ich erwarte keine Antwort aber setze einen Rüffel Ihrerseits bei den Verantwortlichen voraus. – In Schwaben ist derartiges Deutsch unverantwortlich. – mit freundlichem Gruß

Dem Brief beigeheftet war ein einseitig bedrucktes DIN A4-Blatt, das ich als Konzeptioner und Texter der beauftragten Werbeagentur verbrochen hatte. Beworben wurde damit eine kleine, sehr preiswerte Motorantenne für den Einbau ins Auto, und zwar zum einen mit Anzeigen in der »ADAC Motorwelt« und zum anderen mit dieser der BILD-Zeitung beigelegten Massen-Streuwerbung. Die Publikationen entsprachen exakt der Zielgruppe der Neuentwicklung.

In drei kleinen Textblocks am Fuß des Blattes waren die vier wesentlichen Produktvorteile knapp und klar beschrieben; in Punkt 3 hieß es, die Antenne sei

> klein und kompakt; sie geht sogar in den VW-Käfer einzubauen.

Die Wörter »sie geht einzubauen« hatte unser Sprachwissenschaftler unterstrichen und an den Rand hatte er geschrieben: *ist mieses Deutsch. So etwas »verbricht« die Werbeabteilung von XYZ?!*

Der Brief landete tatsächlich ganz oben, bei dem Mann, der im Organigramm des Konzerns F 1 hieß, von den ihm unterstellten Managern heimlich »Gottvater« genannt wurde und allgemein als Kenner und brillanter Nutzer der deutschen Sprache bekannt war. »Gottvater« schrieb unter den Begleitbrief: *Leider hat der Mann recht.*

Der Wirbel, den der Agenturchef veranstaltete, war gewaltig. Selbst die von Herrn Dietz beigesteuerte Erklärung, die umgangssprachliche Fügung »gehen« plus Infinitiv mit »zu« entspreche dem Sprachgebrauch der Zielgruppe BILD-Leser und sei deshalb bewußt anstelle des korrekten Passivs *läßt sich auch in den VW-Käfer einbauen* verwendet worden, blieb unbeachtet. Hätte es noch ein paar Millionen Exemplare gegeben, sie wären eingestampft worden. Zum Glück waren die Blätter restlos unters Volk gebracht – ob mit der gewünschten Effizienz, habe ich leider nie erfahren.

Nun läge es nahe zu sagen, selbst ein hochgebildeter Konzernchef solle seinen Senf nicht auf jeden Pappteller drücken. Auch auf die Mitarbeiter(innen) zu schimpfen, die solche Briefe »Gottvater« auf den Schreibtisch speditierten, hätte nahegelegen. Doch die hatten strikte Anweisung, so zu handeln. Was im Prinzip durchaus lobenswert ist. Es sähe besser um die deutsche Werbung aus, wenn Konzernspitzen und Firmenleitungen bei der Genehmigung von Werbemaßnahmen auf deren sprachliche Qualität achten würden. Doch ist das leider nicht so einfach, wie es sich hinschreibt. Denn Probleme mit dem Infinitiv sind eine Sache, werbewirksam auf die Zielgruppe hin formulierte Texte eine andere, und was den Philologen die Nase rümpfen läßt, schmeckt dem Verkaufsleiter womöglich ganz hervorragend.

Das Grundproblem hinter diesem Fall: Wenn Kompetenz und Macht in einer Person vereint sind, wertet der wirtschaftlich Abhängige nur zu leicht jede Meinungsäußerung des Mächtigen als Befehl. Und wenn philologische Kompetenz mit werblicher Kompetenz gleichgesetzt wird, sind weitere Irrtümer programmiert. Wenn dann vielleicht gar die Kompetenz des Mächtigen (in diesem Fall die werbefachliche) nur eine vermeintliche ist, steht selbst der beste Werber wie ein dummer Junge da.

Also, werden Sie nun fragen, wie hätten Sie's denn gern? Meine Antwort, die sich, wie ich weiß, mit der vieler guter Werbeleute deckt, lautet: Am liebsten wäre es mir, es gäbe noch den Werbeberater alter Art. Doch es gibt ihn praktisch nicht mehr, weil es auch den Unternehmer alter Art, dem er ein gleichberechtigter (und manchmal befreundeter) Partner war, kaum noch gibt. Daß beide wie die Dinosaurier ausstarben, ist Folge der Evolution, in deren Verlauf aus dem Firmenpatriarchen, der sich womöglich noch »Fabrikant« nannte, der Unternehmer und aus diesem der angestellte Manager wurde.

Lassen wir alle Betrachtungen, die sich zu diesem Thema anbieten, weg. Sie gehören nicht zum Thema. Halten wir nur fest, daß während dieser betriebwirtschaftlichen Evolution die Kultur des Umgangs mit externen sachverständigen Ratgebern, zu der auch das Vertrauen in die Fähigkeiten des Partners gehörte, weitgehend verlorenging – glücklicherweise inzwischen aber hier und da ganz bewußt und aus guten Gründen schon wieder gepflegt wird.

Was vor allem die Werber nur ungern sehen wollen, ist, daß sie sich dieser Entwicklung nur strukturell angepaßt haben. Von dem guten Dutzend brillanter deutscher Werbefachleute, das in den siebziger Jahren den Eindruck zu erwecken verstand, es könne den qualitativen Vorsprung der anderen einholen und vielleicht gar an den Amerikanern, Engländern und Franzosen vorbeiziehen, sitzen heute die meisten, bestens bezahlt, auf Vorstandsstühlen von Agenturen, in denen ihr Name nur noch nostalgische Funktion hat. Dort jammern sie, daß sie vor lauter Administration zu kreativem Tun keine Zeit mehr fänden, und befehligen ein Heer von Leuten, von denen kaum einer alt genug ist, um noch einen Zipfel der vergangenen Werbekultur gesehen zu haben. Die im Eilzugtempo wechselnden Werber»generationen« dieser Agenturen leben nach anderen Maßstäben, der Zeitgeist fordert ständigen Wandel. Wie soll der Partner auf der Unternehmensseite im Werber einen gleichberechtigten Partner sehen, wenn er ihn gar nicht richtig kennenlernen kann, bevor der zur nächsten Agentur oder zum nächsten Etat verschwindet? Und was soll er von Leuten halten, die sein Werbebudget als geeignetes Sprungbrett für den Salto in die Selbständigkeit ausersehen und ihn selbst – halb zieht man ihn, halb sinkt er hin – zum Komplizen machen?

Wenn sich die Beziehung zwischen Werbungtreibenden und Werbern zum Wohl beider aus der Auftraggeber/Auftragnehmer-Situation wieder in die einer vertrauensvollen Partnerschaft wandeln soll, müssen natürlich beide Seiten mitspielen. Die ersten Gedanken dazu müssen sich aber wohl die Werber machen. Denn im Grunde sind es fast immer sie, die aus dem Gefühl der Abhängigkeit und Schwäche heraus das Element der Instabilität und des mangelnden Vertrauens in die Beziehung zu ihren Auftraggebern bringen.

Zwar denken wohl die meisten Agenturchefs irgendwann einmal über das Problem nach. Doch diese Gedanken und die Erkenntnisse daraus verdrängen sie dann – aus vermeintlich guten Gründen – meist ganz schnell wieder. Von einem, der dies nicht tat, muß ich Ihnen berichten.

Das Kreu(t)z des Werbers mit seinen Kunden

Bernd Kreutz, der geschäftsführende Gesellschafter einer kleinen, aber feinen Düsseldorfer Werbeagentur, schaltete 1991 in der Werbefachzeitschrift »w&v« zwei ganzseitige Textanzeigen. In der ersten schilderte er unter einem dicken, fetten »Nein.« ein Phänomen, »das besonders häufig in der Geschäftsbeziehung zwischen Werbungtreibenden und ihren Werbeagenturen zu beobachten ist.« Das las sich so:

> Viele Auftraggeber neigen dazu, zu Vorschlägen ihrer Agenturen eher nein zu sagen; die meisten Werbeagenturen dagegen tendieren dazu, zu Forderungen ihrer Kunden auch dann ja zu sagen, wenn sie aus professionellen Gründen eigentlich gegenteiliger Auffassung sein müßten.
> Das Nein der Auftraggeber hat seine Ursache nicht nur in schlechten Erfahrungen mit der Ineffizienz mancher Agenturleistungen oder der Inkompetenz mancher Agenturmitarbeiter. Oft steckt auch die Scheu dahinter, Risiken einzugehen, wie sie mit außergewöhnlichen Ideen verbunden zu sein scheinen.
> Das bereitwillige Ja der Agenturen hat einen profanen Grund: es wird oft als Preis angesehen, den man bezahlen muß, um den Etat zu sichern.

So isses, kann man als Werber dazu nur sagen. Ob man dann so weit geht wie Bernd Kreutz, ist eine andere Sache. Er jedenfalls brachte mit den folgenden sechs Sätzen seine Einstellung zum Problem auf den Punkt:

> ... bleibt es bei meinem Nein zu Auftraggebern, die so tun, als ob sie von Werbung mehr verstünden als von ihrem eigentlichen Geschäft.
> Beim Nein zu Auftraggebern, bei denen ich es mit aufgeblähten Hierarchien und Verhinderungskomitees zu tun hätte.
> Beim Nein zu Auftraggebern, die bei der Realisierung unserer Kampagnen nicht die erforderlichen Mittel zur Verfügung stellen.
> Beim Nein zu Auftraggebern, die bei der Realisierung unserer Kampagnen qualitätsmindernde Kompromisse erzwingen wollen.
> Beim Nein zu Auftraggebern, die die Qualität von Werbung ausschließlich aufgrund von Tests beurteilen können.
> Beim Nein zu Auftraggebern, die der Werbung nicht die Zeit geben wollen, die sie braucht, um ihre Wirkung zu entfalten.

In der zweiten Anzeige berichtete Kreutz unter einem dicken, fetten »Ja.« Über die Reaktionen auf das erste Inserat:

Das ging vom begeisterten »Ja!« eines sehr geschätzten Kollegen bis zum Kommentar des Chefs einer Großagentur, dem es offenbar ein Rätsel ist, wie man mit einer solchen Einstellung Kunden gewinnen will.
Nun passen Werbeagenturen, die unter Haltung anscheinend verstehen, vor Kunden strammzustehen, zwar heute zur allgemein vorherrschenden Management-Philosophie der Absicherung nach allen Seiten. (Man denke nur an das hartnäckige Festhalten vieler Firmen an Wettbewerbspräsentationen, obwohl doch jeder weiß, daß dabei in der Regel nur Zufallslösungen herauskommen.)
Aber ein zu vorsichtiger Kunde und eine zu nachsichtige Werbeagentur werden niemals überdurchschnittliche Werbeerfolge zustande bringen. Denn das verlangt Mut und Konsequenz, auf Seiten der Agentur wie auf Seiten des Kunden. Herausragende Werbung kann nicht entstehen ohne hervorragende Auftraggeber.
Deshalb sage ich ja zu Auftraggebern, die konzeptionelle Vorschläge und kreative Ideen auch dann akzeptieren, wenn sie deren werbliche Kraft vielleicht nur ahnen können.
Ich sage ja zu Auftraggebern, die den Aufwand zu schätzen wissen, der nötig ist, um die geplanten Werbemittel auf höchstem Niveau realisieren zu können.
Ich sage ja zu Auftraggebern, die wissen, wieviel Geld investiert werden muß, damit eine Kampagne ihre Ziele wirklich erreichen kann.
Am liebsten sage ich jedoch ja zu Auftraggebern aus Sympathie.

Auf derart kompromißlose Grundsatzerklärungen kann es nur zwei Reaktionen für einen potentiellen Auftraggeber geben.

Entweder sagt er: ›Der Kerl ist ja größenwahnsinnig. Soll er sich doch seine Auftraggeber suchen, wie und wo er will. Ich jedenfalls werde nicht nach seiner Pfeife tanzen.‹

Oder er sagt: ›Der Herr Kreutz sitzt auf einem ganz schön hohen Roß. Aber vielleicht hat er ja recht. Man müßte mal mit ihm reden.‹

Ich bin weder ein Freund, noch ein potentieller Auftraggeber von Bernd Kreutz. Deshalb fällt es mir leicht zu sagen: Wenn Sie mit Ihrer Werbung oder mit Ihrer Werbeagentur nicht zufrieden sind, sollten Sie mit ihm sprechen. Möglicherweise stellen Sie beim ersten Gespräch fest, daß Sie den Menschen Kreutz partout nicht mögen. Dann suchen Sie besser weiter. Denn wenn Sie Wert auf Partnerschaft legen, ist es unabdingbar, daß die Chemie zwischen den Partnern stimmt; auch ihm ist ja Sympathie sehr wichtig.

Ebenso wichtig sind für Sie seine Arbeitsproben. Aus ihnen – und aus Kreutz' Worten – werden Sie wahrscheinlich erkennen, daß diese Agentur nicht nur in der Lage, sondern darauf versessen ist, hervorragende, professionelle und rundum niveauvolle Werbung zu machen. Da ich mich ja mit den **Sünden** der Werber befasse, finden

Sie in diesem Buch nur eine – fast sündenfreie – Anzeige aus der Düsseldorfer Agentur *Kreutz & Partner* (Bild 109, Seite 152). Wenn Sie »Spiegel«-Leser sind, kennen Sie aber zweifellos weitere Kampagnen (Thonet-Stühle, Aktion Besser Hören). Allerdings wäre es möglich, daß diese Beispiele guter Werbung Sie einigermaßen ratlos machen. Denn spektakulär sind die Kampagnen nicht, jedenfalls nicht auf den ersten Blick eines ungeschulten Betrachters. Die Auftraggeber allerdings wissen ein Lied davon zu singen, wie wirkungsvoll und erfolgreich Werbung dieser Art sein kann.

Damit wir uns nicht falsch verstehen: Bernd Kreutz steht hier nur als Beispiel für viele andere Werber. Und zwar nicht etwa deshalb, weil er so kompromißlos kundtat, daß er gewillt ist, auf Kunden zu verzichten, die ihm nicht konvenieren, sondern weil seine Grundsätze die Grundsätze jedes guten Werbers sind. Oder sein müßten.

Daß nur wenige diese Grundsätze konsequent befolgen, ist eine andere Sache. Wahrscheinlich handle ich mir böse Proteste ein, wenn ich behaupte, daß die schönen (und die Interessen der auftraggebenden Werbungtreibenden fördernden) Grundsätze vor allem dort unbeachtet bleiben, wo den Werbern Wachstum wichtiger ist als werbliche Qualität.

So ist es denn auch verständlich, daß der Chairman einer der großen deutschen Werbeagenturen, Lothar S. Leonhard, Geschäftsführer und Managing Director der zum britischen Werbekonzern WPP gehörenden Frankfurter *Ogilvy & Mather GmbH & Co. KG* in »w&v« Nr. 28 vom 10. 07. 92 die Situation der großen Agenturen bildhaft so beschreibt: »Wir sind als beratende Firma von der auftraggebenden Seite so unmittelbar abhängig wie der Schwanz vom Hund. Wenn der Hund die Haare verliert, kann der Schwanz die Haare nicht vorsorglich noch behalten.«

Konkret gesagt: Wenn die Auftraggeber der Agenturen, wie das so Usus ist, auf die ersten rezessiven Bremsspuren hin ihre Werbeetats kürzen, kommen die Werber ins Schleudern. Was »w&v« so ausdrückt: »Wenn sich die Agenturparameter nur ein wenig mehr gegeneinander verschieben – die Mitarbeiter immer teurer, die Honorare noch mehr beschnitten und die Etats durch geringeres Wirtschaftswachstum weiter gekürzt werden –, könne das Szenario der Agenturbranche schnell rezessive Züge annehmen.«

Das trifft natürlich auch auf die kleineren Werbeagenturen zu. Doch haben diese dank ihrer betrieblichen Strukturen mehr Möglichkeiten, flexibel auf schlechtere Zeiten zu reagieren, als die großen Agenturen. Deren Chefs sind in erster Linie angestellte Manager; ihrer Handlungsfähigkeit sind jene Grenzen gesetzt, die man so schön »Sachzwänge« nennt. Sie sind eher als die Geschäftsführer kleiner Agenturen gezwungen, den Rotstift auch dort anzusetzen, wo sich Kürzungen auf die Qualität der Arbeit ihrer Mannschaft auswirken. Denn selbst der qualitätsbewußteste Chef einer Großagentur hat sich zunächst einmal das grundlegende Ziel seines ›Networks‹ zu eigen zu machen: *to build value for the shareholders*, die Aktionäre bei Laune zu halten. Und das heißt, das Wachstum zu fördern und die Kosten zu zügeln.

Das wird in den Interviews in der Werbefachpresse natürlich selten gesagt. Einer, der es (in »w&v« Nr. 3/17. 01. 92) klar und deutlich sagte, heißt Willi Schalk und war, mit Sitz in New York, selbst Initiator und Spitzenmanager der aus drei großen, internationalen Agenturgruppen zusammengeschlossenen *Omnicon Group*. 1990 stieg er aus der Werbeszene aus. Sein Statement zum Thema:

»Was der börsenorientierten Agentur blcibt, ist als allcrcrstcs dic Verpflichtung und Orientierung des Managements, kurzfristig und immer stetig die Gewinne zu steigern, weil externe Aktionäre das und nur das interessiert. Das führt die Agenturen zu einer nahezu ausschließlichen Orientierung an einer kurzfristigen Gewinnentwicklung zu Lasten einer Orientierung an langfristigem Substanz- und Qualitätszuwachs.«

Ich zitiere das nicht in der Absicht, den großen, international verflochtenen Agenturen mangelhafte Qualität zu unterstellen und die kleinen, inhabergeführten hochzuloben; Sünder gibt es hier wie dort. Hier geht es ja um die Fehler der Auftraggeber. Die aber beginnen schon bei der Wahl der Agentur, weshalb es mir wichtig erscheint, auf die meiner Meinung nach meist übersehenen Unterschiede zwischen den Großen und den Kleinen besonders hinzuweisen. Es sind nicht Äußerlichkeiten wie ›Manpower‹ oder betriebliche Strukturen, nicht das Streben nach Gewinn oder Wachstum – es ist die Denkungsart, die Werbeagenturen von anderen Wirtschaftsunternehmen zumindest im Idealfall unterscheidet.

Natürlich ist es recht und billig, daß sich die großen, multinationalen Unternehmen bei der Realisierung ihrer weltweiten marktpolitischen Ziele der umfassenden Kompetenz der großen Werbe-Networks bedienen. Auch noch etliche Stufen darunter ist, vor allem auf dem Markenartikelsektor, der Drang zu den Großen der Werbewirtschaft verständlich und oft sogar ratsam. Doch von einer gewissen Grenze an, die exakt zu definieren ich mir allerdings nicht anmaßen möchte, wird dieser Drang einfach unsinnig.

Eine Begründung für diese Behauptung liefert indirekt der eben zitierte O&M-Chairman Leonhard, von dem »w&v« berichtet, er gehe »sogar so weit, zu sagen, daß große Agenturen nur von großen Etats wie Bundesbahn und Postbank, von großen Auto- und Kaffee-

Budgets wirklich vorangebracht würden, die nichts zu tun hätten mit ›mal einem Vier- oder mal einem Drei-Millionen-Mark-Etat‹, selbst wenn man diese addierte.«

Tatsächlich hat O&M neben Großetats wie *Bundesbahn, American Express Comp., Schwäbisch Hall* oder *Mynta* auch »kleine« Kunden wie *SWF 3, Ben Barton* und *rtv.* Detlev Krause, Geschäftsführer Kreation bei O&M, betrachtet solche Etats als »essentiell für die Vitalität einer Großagentur«, als notwendig für das Einfangen guter Kreativer. Da sind also offensichtlich die berühmten zwei Seelen nicht in einer Brust, sondern in zweien, aber doch immerhin in einer Geschäftsführung. Und natürlich haben beide recht.

Doch wenn man weiß, daß Leonhard seine Agentur als »zu etwa 120 Prozent ausgelastet« betrachtet, wenn man ihn klagen hört, daß der Aufwand für Präsentationen um Neuetats den dreijährigen Verbleib eines gewonnenen Etats bei der Agentur erfordert (was keine Selbstverständlichkeit ist), um nur die Investitionen zu amortisieren, dann wird deutlich, warum der Werbungtreibende mit dem Vier-Millionen-Etat – und erst recht der mit der einen, blutenden Herzens abgezweigten Million – sich die Entscheidung für eine Großagentur sehr genau überlegen sollte.

Bei diesen Überlegungen sollte er, um diesen Tip gleich vorwegzunehmen, auch die neuerdings oft geradezu unglaubliche Personalfluktuation der großen managergeführten Agenturen nicht übersehen.

Auch hier bestätigen Ausnahmen die Regel. Gerade Ogilvy & Mather ist, wenn ich es richtig sehe, ein Beispiel dafür, daß es auch in internationalen Networks Einheiten gibt, die sowohl ihren Kreativen als auch manchem Kunden langfristige Heimat sind. Bei den anderthalb oder zwei Jahrzehnte andauernden Partnerschaften zwischen Werbungtreibenden und Werbeagenturen überwiegen jedoch die kleinen, inhabergeführten Agenturen in einem Maß, das das reine Zahlenverhältnis weit übersteigt. Was übrigens auch die beteiligten Werbungtreibenden adelt.

Diese ganz besondere Art der Konföderation zwischen Agentur und Kunden – für die, um auch hier ein Beispiel zu nennen, die Stuttgarter Werbeagentur *Leonhardt & Kern* bekannt und geschätzt ist – entspricht nicht nur dem oben erwähnten Unternehmer/Berater-Verhältnis vergangener Werbezeiten, sondern auch den aktuellen Forderungen namhafter Marketing-Experten. Einer davon heißt Klaus Brandmeyer, ist Doktor der Philologie, war Geschäftsführer einer Hamburger Agentur und veranstaltet seit 1988 für »Bild« die »Sommer-Akademie« im schleswig-holsteinischen Herrenhaus Steinhorst.

Er gab »w&v« (Nr. 40/04. 10. 1991) ein bemerkenswertes Interview, in dem er »etwas provozierend« zwei Gründe dafür nannte, daß Werbeagenturen oft nicht so funktionieren, wie es von ihnen erwartet wird. Zitat:

> Der eine ist, daß Agenturen insgesamt personell zu jung sind. Agenturen müssen radikal »entjüngt« werden. Aus der schlichten Lebenserfahrung heraus, daß man einem Älteren einen Rat eher abnimmt als einem Jüngeren. Das ist besonders wichtig für einen Bereich, in dem der Ratgeber sich nicht auf mathematische Formeln berufen kann. Zweitens müßten Agenturen in der Lage sein, im eigenen Haus einige Erkenntnisse durchzusetzen. In den meisten Agenturen geht das nicht. Der Künstlerbegriff bedeutet bei uns in Deutschland Freiheit und nicht Disziplin. Es wird unglaubliche Energie darauf verwendet, das künstlerische Moment in einer Agentur zur Geltung zu bringen. Zweckorientierte Argumentation wird oft gnadenlos niedergeknüppelt. »Entjüngung« und Disziplinierung sind nach meiner Ansicht zwei wichtige Ansatzpunkte für eine Verbesserung im Agenturbereich.

Klaus Brandmeyer, das wissen Sie inzwischen, spricht mir aus der Seele. Das Kernproblem der großen Agenturen ist, daß sie diese für die Verbesserung ihrer Effizienz so wichtigen Forderungen nicht erfüllen können, was wiederum eine Folge ihrer, wie es Brandmeyer nennt, »Angestellten-Kultur« ist: »Unternehmer haben sich immer intensiv im Trial-and-error-Verfahren mit der Wirklichkeit auseinandergesetzt, während der Angestellte heute zur Optimierung in einer selbstgemachten Wirklichkeit mit 80prozentigen Erfolgswahrscheinlichkeiten erzogen wird.«

Deshalb beschäftige ich mich erst hier, wo es um die Fehler der Auftraggeber geht, mit einer der Hauptsünden der Werber. Denn die Entjüngung und Disziplinierung in den großen Agenturen wird nur dann stattfinden, wenn die Werbungtreibenden eine Auftragsvergabe von der vorherigen Erfüllung dieser Forderung abhängig machen oder – weil das natürlich die pure Utopie ist – ihre Werbung ganz selbstverständlich dort machen lassen, wo dieses Problem keines ist. Mit anderen Worten: wenn sie die Wahl ihrer Agentur anders handhaben, als sie das üblicherweise tun.

Wovon im folgenden Kapitel die Rede sein wird.

Die Suche nach der richtigen Agentur

Harmlose Gemüter könnten Bernd Kreutz' Anzeigen in »w&v« als befremdlichen öffentlichen Auftritt eines überheblichen Agenturchefs deuten. Das waren sie schon deshalb nicht, weil sie dann ihr Geld nicht wert gewesen wären und Kreutz in der Branche nicht als Verschwender gilt. Nein, die Anzeigen waren Akquisition pur. Und weil da einer akquirierte, der sein Geschäft versteht, teilte er seine Zielgruppe in unwillkommene und erwünschte potentielle Kunden. Die Handvoll Werbungtreibenden, die in diesem Poltergeist die verwandte Seele entdeckten – die werden es dann auch gewesen sein.

Daß Werbeagenturen ihre Dienste per Inserat anbieten, ist nicht ungewöhnlich. Hier war es nur der Inhalt der Anzeige, der vom Üblichen abwich. Was ich dagegen noch nie erlebt habe, ist der umgekehrte Fall: Ein werbungtreibendes Unternehmen inseriert, um eine Agentur zu finden. Sicher ist der Fall »Werbungtreibender sucht Werbeagentur« weniger häufig als der umgekehrte. Was dafür spricht, es doch einmal mit einer Anzeige zu versuchen – die Auswahl unter den Bewerbern dann aber nicht über Präsentationen zu treffen.

Wettbewerbspräsentationen waren früher einmal ein Privileg der großen Markenartikelunternehmen und für die aufgeforderten Agenturen eine Auszeichnung, weshalb diese ihr Bestes gaben, ohne von den Kosten auch nur zu reden. Wer bei dem Zirkus mit in die Manege steigen durfte, der mußte bereit sein, notfalls alles aufs Spiel zu setzen – und dann möglicherweise in den Sand.

Heute laden nicht nur Bahn, Post, Auto-, Zigaretten- und Waschmittelhersteller zur Präsentation ein, sondern jeder, der 100 000 Mark für Anzeigen auszugeben hat, und während die Großen schon eher geneigt sind, den Verlierern ihren Aufwand zu honorieren, empfinden andere die Frage nach Kostenerstattung als Unverschämtheit. Schätzungsweise 1200 bis 1500 Präsentationen finden jährlich statt – eine gigantische Verschwendung von Kreativität, Arbeitskraft und Zeit, die, müßte sie die Werbewirtschaft tragen, schon längst die Hälfte aller Werbeagenturen in die Pleite getrieben hätte. Daß sie nicht nur weiterleben, sondern sich mit karnickelhafter Emsigkeit munter vermehren, zeigt, daß es ihnen – Honorar hin, Honorar her – gelingt, die Kosten der »pitches« letztlich irgendwie »abzuwälzen«.

Wer trägt sie dann? Die Werbungtreibenden natürlich, wer sonst? Wer einmal ernsthaft über dieses sonst nirgends im Wirtschaftsleben übliche Brauchtum nachdenkt, wird erkennen, daß der Aufwand der Agenturen für die Präsentationen sozusagen vollautomatisch jene Arbeitskraft mindert, die zur Erledigung der vorhandenen Aufträge erforderlich ist. Das Manko an Qualität, das so entsteht, trifft alle Kunden aller Agenturen. Denn: Könnten die Agenturmitarbeiter all die Zeit, das Können, die Kreativität, die in einer Präsentation bei einem möglichen Kunden stecken, den schon vorhandenen Auftraggebern widmen, bekämen diese wirklich die Arbeit, die sie bezahlen.

Ja aber, höre ich Sie fragen, wie sonst soll ich denn dann die beste aller denkbaren Werbekampagnen finden?

Die Frage ist falsch gestellt. Die beste aller denkbaren Werbekampagnen bekommen Sie natürlich nur von der besten aller für Sie in Frage kommenden Agenturen.

Mit einer Präsentation können Sie aber nur feststellen, welcher der von den zufällig eingeladenen Agenturen gezeigten Vorschläge der beste ist, was ja nicht heißt, daß eine Ihnen gar nicht bekannte nicht eingeladene Agentur nicht eine viel bessere Lösung Ihres Problems gefunden hätte.

Suchen müssen Sie also zunächst nicht eine Kampagne, sondern eine Agentur. Die Agentur. Dazu ist eine Präsentation ungeeignet.

Mit der Antwort auf die Frage, welcher Weg dafür der geeignete ist, habe ich nun allerdings selbst ein Problem. Weil ich noch nie erlebt habe, daß zwei, drei oder mehr Menschen gleichzeitig in einem Buch lesen, spreche ich Sie, die Leserin, den Leser, ganz persönlich in der Einzahl an. Doch leider weiß ich nicht, wer Sie sind. In einem werbungtreibenden Betrieb gibt es zweifellos mehr als einen potentiellen Leser dieses Buches. Ist der Betrieb klein, mag dies der Chef sein (was zu begrüßen wäre). Oder der Werbeleiter. Oder der Verkaufsleiter, wenn es keinen Werbeleiter gibt. Ist das Buch in einem großen Unternehmen gelandet, gibt es Dutzende potentieller Leser – bis hinauf zum zuständigen Vorstand oder zu den ihm unterstellten Abteilungschefs.

Wollte ich so perfekt sein, wie ich es gern wäre, müßte ich für jeden die ganz exakt ihn betreffenden Worte finden. Dafür ist das Buch nicht das geeignete Medium. Also muß ich leider eine gewisse Unschärfe in Kauf nehmen und Sie, wer und was Sie auch sind, bitten, diese Unschärfe zu akzeptieren und zu entschuldigen. Und, vor allem, mitzudenken; es wäre schade, wenn Sie sich fälschlicherweise irgendwann nicht zuständig fühlten.

Einverstanden? Dann suchen wir also jetzt nach der idealen Werbeagentur. Dazu tun wir so, als hätten Sie noch nie geworben, noch nie mit einer Agentur zusammengearbeitet. Und obwohl Sie es sicher eilig haben, die Superagentur zu finden, lautet mein erster Rat: Nehmen Sie sich Zeit. Soviel Zeit, wie nötig ist, Ihre Wunschagentur an ihren Taten zu erkennen.

Über die Medien, mit deren Hilfe Sie werben möchten, haben Sie sicher schon nachgedacht. In diesen Medien – Zeitungen, Zeitschriften allgemeiner und spezieller Art (bis hin zu Fachzeitschriften), Rundfunk, Film, Fernsehen, und, nicht zu vergessen, Direktwerbung – finden Sie aller Wahrscheinlichkeit nach auch Arbeiten Ihrer zukünftigen Agentur. Überlegen Sie sich also, noch ohne sich zu sehr festzulegen, wo und wie Sie Ihrer Meinung nach werben müssen, um Ihre Werbeziele zu erreichen, und beobachten Sie die Werbung in den ausgewählten Medien über einen längeren Zeitraum intensiv.

Beauftragen Sie gegebenenfalls einen dafür geeigneten Mitarbeiter, stellen Sie ihn von anderen Aufgaben frei, geben Sie ihm die erforderlichen Mittel.

Abonnieren, verwerten und sammeln Sie alle wichtigen Werbefachzeitschriften und Informationsdienste. Die auf Seite 205 abgedruckte Liste kann dazu nur Hinweise geben. Einzelheiten finden Sie im jährlich erscheinenden Presse- und Medienhandbuch »STAMM Leitfaden durch Presse und Werbung«. Das Nachschlagewerk ist unentbehrlich für jede Art der Medienbeobachtung.

Meinen Sie, daß es richtig wäre, **Direktwerbung** zu betreiben, braucht Ihr Agenturforscher die Mithilfe anderer. Vergattern Sie sämtliche leitenden Mitarbeiter, alle bei ihnen eingehenden Werbesendungen zu sammeln und (komplett) mitzubringen; bitten Sie auch Freunde und Verwandte darum.

Beim Medium **Werbefilm** läßt sich nichts sammeln. Wer den aktuellen Stand verfolgen will, muß mit Notizblock oder Diktiergerät ins Kino gehen. Zumindest sollte er sich einmal im Jahr in einem Programmkino die sogenannte »Cannes-Rolle« ansehen.

Fernsehspots und **Rundfunkwerbespots** können dank der Möglichkeit der Aufzeichnung besser als Kinowerbefilme beurteilt und ausgewertet werden.

Anzeigen in Zeitungen, Zeitschriften und Fachzeitschriften sollten generell, auch über die Zeit der Agentursuche hinaus, gesammelt, ausgewertet und archiviert werden; weit über die werblichen Belange hinaus ist ein gut geführtes Anzeigenarchiv den Marketing-Verantwortlichen von großem Nutzen.

Was sich auf diese Weise ansammelt, muß sorgfältig auf Qualität, Machart und Eignung für die eigenen Zwecke untersucht und die Untersuchungsergebnisse gespeichert (Kartei, EDV) werden.

Das Aufspüren der für die jeweilige Werbung verantwortlichen Agentur erfordert – vor allem, wenn es sich nicht um Inserate handelt – einige Findigkeit. Mit Lob und diplomatischem Feingefühl läßt sich jedoch der Name der Agentur (und mehr) fast stets im Chefsekretariat des werbungtreibenden Unternehmens erfahren. Werbefachzeitschriften, Informationsdienste und der STAMM bieten flankierende Hilfe.

Bei der Auswertung und Beurteilung der gesammelten Unterlagen sollte übrigens die »Konkurrenzbeobachtung« nur eine Nebenrolle spielen. Zwar ist es wichtig zu wissen, was der Wettbewerb tut. Doch dieses Wissen darf nicht dazu führen, die gleichen oder ähnliche Wege zu gehen. Selbst wenn Ihnen die Werbung eines Mitbewerbers besonders gut gefällt: Ihre Werbung muß ganz anders und vor allem besser scin!

Deshalb müssen Sie primär versuchen, das werbefachliche Können der einzelnen Werbeagenturen zu beurteilen. Das heißt: Sie (oder Ihre damit beauftragten Mitarbeiter) sollten sich bei jeder Anzeige, die Sie für bemerkenswert halten, zunächst nach der Aufgabe fragen, die der Agentur gestellt war, und danach, ob und wie diese Aufgabe gelöst wurde.

Das ist nicht ganz so schwierig, wie es zunächst erscheinen mag. Sollten Sie dabei auf sich allein gestellt sein und Ihnen die werbefachlichen Kenntnisse fehlen, können Sie auf einem Umweg zu den richtigen Antworten kommen: Im zweiten Teil des Buches fanden Sie ja nicht nur eine umfassende Sammlung möglicher »Kunstfehler«, sondern auch genügend Hinweise darauf, wie es denn richtig gewesen wäre.

Sind Sie Marketingfachmann, sollten Sie einen Ausspruch des großen William (»Bill«) Bernbach kennen. Der sagte ein paar Monate vor seinem Tod am 2. Oktober 1982 in einem Interview für »Advertising Age«: »... je besser der Marketingfachmann, desto schlechter seine Fähigkeit, eine Anzeige zu beurteilen.« Werber zitieren das gern, wenn ihnen Marketingleute auf der Kundenseite an den Wagen fahren. Doch das ist mehr als ein Jahrzehnt her und bezog sich zudem auf amerikanische Verhältnisse. Ich habe 1982 durch zwei Marketingfachleute innerhalb weniger Monate sowohl Bernbachs Erfahrung bestätigt bekommen als auch die genau gegenteilige Erfahrung gemacht. Der eine hatte seinen Magister in den USA gemacht, der andere seinen Dr.rer.oec. in Germany. Seitdem sind mir deutsche Wirtschaftwissenschaftler sympathisch.

Sind Sie Werbefachmann, brauchen Sie bei der Beurteilung der Qualitäten der ausgewählten Agenturen sicher keine Hilfestellung. Sind Sie noch dazu ein guter Werber, dann wissen Sie jene fünf

Essentials – Aufmerksamkeitswirkung, Anmutungsqualität, Verständigungsleistung; Einstellungsbeeinflussung und Verhaltensbeeinflussung –, auf die ich im zweiten Teil immer wieder hingewiesen habe, richtig einzuschätzen. Trotzdem sollten Sie sich stets der Tatsache bewußt sein, daß es nicht um eine generelle, gewissermaßen neutrale Einschätzung der Anzeigenqualität geht, sondern um die Beurteilung der Arbeit der Agentur anhand der qualitativen Differenz zwischen Aufgabe und Lösung.

Vor allem aber sollten Sie, auch wenn Ihnen das im Einzelfall vielleicht schwer fallen mag, mit eiserner Konsequenz alle jene Anzeigen ausscheiden, die beweisen, daß die verantwortliche Agentur die in diesem Buch aufgeführten Werber-Sünden nicht als Vergehen, sondern als gern geübte Tugenden betrachtet.

Tun Sie das nicht, begehen Sie den ersten Fehler, und sicher einen der schwersten, den ein Agentur-Auftraggeber begehen kann. Glauben Sie nicht, daß Sie einer eingespielten Mannschaft ihre kollektiv verübten Sünden abgewöhnen können. Leute, die besten Gewissens Ihr Geld zum Fenster hinauswerfen werden, sollten Sie schon deshalb meiden, weil Sie sicher Besseres zu tun haben, als erwachsenen Leuten Nachhilfeunterricht in einem Fach zu geben, in dem diese Leute glauben, die großen Meister zu sein. Außerdem: In Bernd Kreutz' »Nein«-Anzeige finden Sie einen deutlichen Hinweis darauf, wie selbstbewußte Werber auf Auftraggeber reagieren, »die so tun, als ob sie von Werbung mehr verstünden als von ihrem eigentlichen Geschäft«.

Nehmen wir jetzt einmal an, Sie haben Ihre Agenturforschungen abgeschlossen. Sie haben zwei, drei, vielleicht auch ein halbes Dutzend Kampagnen mit Höchstnoten bewertet und die verantwortliche Werbeagentur ausfindig gemacht.

Ich an Ihrer Stelle würde nun die so gewonnene Liste potentieller Agenturen auf deren Standorte und mir eventuell nähergelegene Niederlassungen prüfen. Vor ein paar Jahren wurde es Mode, Entfernungen als Quantité négligeable anzusehen und Hamburger Werber in Oberstdorf oder Freiburg antreten zu lassen. Inzwischen wächst wohl die Einsicht, daß das, ökologisch wie ökonomisch gesehen, Unsinn ist. Zumal viele Agenturen den mit mentalen Rädern und Düsen geborenen Kontakter abgeschafft haben und den direkten Kontakt der Kreativen mit den Kunden vorziehen. Ich meine, daß selbst längere Kontaktgespräche samt An- und Abreise bequem an einem Tag zu schaffen sein müssen. Jeder Tag, den ein Kreativer nur am Steuer oder im Flugzeug sitzt, ist sinnlose Verschwendung eines der kostbarsten Güter in unserem Job. Mit anderen Worten: Agenturen, die mehr als hundert Kilometer vom Firmensitz entfernt sind, würde ich von meiner Liste streichen. Aber bitte: Vielleicht gibt es in Ihrem Fall wirklich gute Gründe, das anders zu handhaben.

Der nächste Schritt wäre nach altem Brauch die Aufforderung von drei, vier Agenturen zur Präsentation. Mein Vorschlag: Vergessen Sie diesen Zirkus, bei dem das größte, aber kaum je bedachte Manko die Tatsache ist, daß Sie dafür wildfremden Leuten im Briefing Betriebsinterna offenbaren müssen, die Sie selbst einem lieben Nachbarn nicht auf die Nase binden würden.

Da Sie ja einige Mühe und Überlegung darauf verwendet haben, in werbefachlicher Hinsicht Spreu und Weizen zu trennen, sollten Sie nun eine Auswahl nach rein personellen Kriterien treffen. Mit anderen Worten: Partnerwahl ist angesagt. Und wie heute jeder einigermaßen lebenserfahrene Mensch einen Partner fürs Leben nicht nur nach dessen sexuellen Qualitäten auswählt, sondern Harmonie und Verträglichkeit möglichst vieler Persönlichkeitsmerkmale anstrebt, sollten Sie versuchen, sich ein möglichst umfassendes Charakterbild von den Leuten zu machen, die in Ihrem Auftrag und zu Ihrem Nutzen in Zukunft eine Menge Ihres Geldes ausgeben sollen.

Als ersten Schritt schlage ich vor, von den ausgewählten Agenturen schriftlich die unverbindliche Zusendung einer Selbstdarstellung zu erbitten.

Kaum etwas ist so aufschlußreich wie die Eigenwerbung von Werbern. »Hier bin ich Werber, hier darf ichs sein«, ist dabei ihre Devise, und so ziehen sie ungebremst alle Register ihres kreativen Könnens. Die Ergebnisse zeigen oft genau das, was in diesem Buch an werbefachlichen Sünden zusammengetragen ist, in potenzierter Form. Messen Sie also die eingehenden Selbstdarstellungen an diesem Sündenregister. Scheiden Sie unerbittlich aus, was als Auftragskommunikation nicht der Forderung nach Wirksamkeit entsprechen würde.

Unter Umständen hat sich danach Ihre Auswahlliste in Luft aufgelöst und Sie müssen wieder von vorn anfangen. Oder Sie drücken ein Auge zu, was im minderschweren Sündenfall erlaubt sein mag. Schließlich lassen sich die Verwendung negativer Schriften oder das sinnlose Verschwenden von Apostrophen und Punkten später durch eine Generalanweisung und konsequente Kontrolle unterbinden.

Haben Sie schließlich zwei oder drei Agenturen ausgewählt, beginnt die Phase der persönlichen Kontakte. Die sollten »auf höchster Ebene« beginnen und vom zweiten Treffen an nachgeordnete, »praktizierende« Mitarbeiter einbeziehen. Zweck der Veranstaltungen ist, einerseits die Leute kennenzulernen, mit denen man sich einlassen will, andererseits die Agentur als Wirtschaftsunternehmen beurteilen zu können.

Das erste Treffen soll über das persönliche Kennenlernen hinaus dem Agenturchef Einblick in Ihren Betrieb und in Ihre bisherigen werblichen Bemühungen geben. Ein gemeinsames Mittagessen sollte unbedingt dazugehören: Wo könnte man einen Menschen besser kennenlernen als beim Essen?

Das zweite Meeting sollte in jedem Fall bei der Agentur stattfinden und vordergründig dem Zweck dienen, die Mitarbeiter kennenzulernen, die gegebenenfalls »auf Ihrem Etat« arbeiten. Im Hintergrund aber wird natürlich auch der Blick auf das Ambiente, in dem die Werber arbeiten, Ihre Entscheidung beeinflussen. Sie sollten es nicht überbewerten, aber auch nicht vernachlässigen. Wer offensichtlich bei der Ausstattung der Arbeitsplätze weder Maß noch Ziel hat, ist für einen sparsamen Unternehmer trotz guten ersten Eindrucks vielleicht doch nicht der richtige Partner. Und umgekehrt wird auch ein Schuh daraus.

Darüber hinaus aber sollte dieses zweite Treffen und erst recht das darauffolgende dritte dazu dienen, alle für eine Zusammenarbeit wichtigen Fakten Ihrer zukünftigen Agentur kennenzulernen. Dazu gehören auf jeden Fall klare Statements und nachprüfbare Belege zu folgenden Themen:

Was spricht nachweisbar für die werbefachliche Kompetenz der Agentur?

Lassen Sie sich dazu nach Möglichkeit mehrere Kampagnen vollständig dokumentieren, d.h. vom Briefing über die Konzeption und eventuelle Entwicklungsstadien bis zur endgültigen Realisierung.

Haken Sie nach, wenn Ihnen nur Inserate gezeigt werden. Fragen Sie auch nach sogenannten »Below-the-line«-Maßnahmen wie »Follow-up«-Material, Verkaufsförderungs-Aktionen, Prospekten, Katalogen, Mailings usw.

Nehmen Sie derartiges Material nicht nur beeindruckt zur Kenntnis; leihen Sie sich zumindest einzelne Arbeiten zur genauen Überprüfung auf Verstöße gegen die Wirksamkeitsregeln aus.

Nehmen Sie überhaupt alles, was Sie an Bedrucktem bekommen können, zur sorgfältigen Prüfung mit. Nachdem Sie wissen, worauf es ankommt, wenn Werbung wirksam sein soll, dürfen Sie nun nicht fünf gerade sein lassen.

Übrigens: Auszeichnungen sind keine Kompetenzbeweise, sondern oft von Kollegen applizierte Pflaster auf jene Wunden, die ignorante Kunden frustrierten Werbern schlugen.

Wie denken gegenwärtige und frühere Kunden über die Agentur?

Wichtigstes Indiz für die Zufriedenheit der Auftraggeber mit ihrer Werbeagentur ist die Dauer der Zusammenarbeit. Fragen Sie nach Kunden, die seit der Agenturgründung betreut werden. Verlangen Sie Referenzen. Prüfen Sie, ob Firmen, die Agenturkunden waren, in der Referenzliste unerwähnt bleiben. Versuchen Sie die Gründe dafür zu erfahren. Enthält die Referenzliste Unternehmen, zu denen Sie freundschaftliche Beziehungen unterhalten, sollten Sie ein Gespräch der schriftlichen Auskunft vorziehen.

Wie integer ist die Agentur in wirtschaftlicher und personeller Hinsicht?

Eine Anfrage bei einer Wirtschaftsauskunftei sollte eigentlich selbstverständlich sein. Vertrauen ist gut, Kontrolle ist besser. Manchmal genügt schon der Blick ins Handelsregister.

Verlangen Sie exakte Auskunft über die Personalstruktur, d.h. über die Anzahl der angestellten Mitarbeiter(innen) im administrativen und im kreativen Bereich. Zumindest das kreative Personal sollte mit Position und Funktion aufgeschlüsselt und um ständige freie Mitarbeiter ergänzt sein.

Fragen Sie nach der Zahl der Mitarbeiter, die seit der Agenturgründung dabei sind. Starke Fluktuation ist bei manchen Werbeagenturen das einzig Permanente. Bedenken Sie aber auch, daß Beamtenmentalität und kreative Potenz höchst selten in einer Person vereint sind. Ein Richtwert ist das olympische Maß: Wenn ein guter Kreativer nach vier Jahren die Agentur wechselt, spricht das weder gegen ihn noch gegen die Agentur.

Wie wird man Sie betreuen?

Fragen Sie frühzeitig nach der in der Agentur gepflegten Form der Kundenbetreuung. Die klassische Arbeitsteilung zwischen Kontakter einerseits und Konzeptgruppe mit Text und Gestaltung andererseits kann durchaus effizient sein. Je erklärungsbedürftiger Ihr Produkt oder Ihre Dienstleistung ist, desto empfehlenswerter ist jedoch die direkte Zusammenarbeit zwischen den wirklichen »Machern« – bis hin zum kurzgeschlossenen Informationsfluß zwischen Texter und/oder Grafiker und den Verantwortlichen im Betrieb.

Auf jeden Fall müssen die später Verantwortlichen sich bereits während der ersten Kontaktmeetings »beschnüffeln«. Es nützt auf die Dauer nichts, wenn zwar die Chemie zwischen den Chefs stimmt, die »ausführenden Organe« der alltäglichen Arbeit aber nicht miteinander können.

Versuchen Sie, einen Eindruck von der Kompetenz der Leute zu gewinnen, die Ihre Werbung machen sollen. Dabei geht es nicht um spezielles Fachwissen, sondern um die Fähigkeit, Wichtiges von Unwichtigem zu unterscheiden, das Wichtige mit Hilfe der richtigen Fragen transparent zu machen und es neu darzustellen – so, daß diese Darstellung dem/der Umworbenen auffällt, gefällt und einleuchtet und zudem geeignet ist, Einstellung und Verhalten zu beeinflussen. Mit anderen Worten: Denken ist gefragt, simultanes Übersetzenkönnen aus Ihrer Fach- in die Werbesprache.

Last but not least: Sprechen Sie über die Kosten!

Am Geld scheiden sich, wie immer, die Geister. Werbung kostet Geld, gute und effiziente Werbung kostet viel Geld. Darüber sollte es keinen Streit geben. Fragen Sie die Werber, wie sie ihre Leistungen honoriert sehen wollen. Wenn Sie in allen anderen Punkten einig sind, sollten Sie von diesen Forderungen keine Abstriche machen oder Ihre Erwartungen nachträglich modifizieren.

Bedenken Sie: Die Abgeltung der Agenturleistungen per Mittlerprovision setzt Grenzen, die der Werbung sehr oft nicht gut tun. Agenturen, die es ablehnen, ihre Leistungen dem Provisionsvolumen anzupassen, haben meist gute und respektable Gründe dafür.

Es ist immer wieder erstaunlich zu sehen, wie Unternehmen, die jahrelang Printwerbung in angemessenem und vernünftigem Umfang betrieben, plötzlich offensichtlich Maß und Ziel verlieren und mit vierfarbigen Doppelseiten zu klotzen beginnen. Auslöser ist oft eine (neue) Agentur, die nur auf diese Weise auf ihre Kosten zu kommen glaubt. Wenn es keine anderen Gründe für die Vervielfachung des Anzeigenbudgets gibt, sollten Sie lieber in vernünftigem Umfang inserieren und eine aufwandorientierte Mischhonorierung vereinbaren, also etwa Mittlerprovision plus festes Grundhonorar plus Honorierung zusätzlicher Arbeiten.

Wie die Suchprozedur in Ihrem Fall im einzelnen abläuft, kann ich nicht voraussagen. Irgendwann jedenfalls werden Sie die endgültige Entscheidung treffen. Das heißt auch: Andere Agenturen, die mit im Rennen waren, mit denen Sie also bereits ein oder zwei Meetings hatten, bekommen eine Absage. Die sollte so offen und ehrlich sein, wie es die Umstände erlauben. Der Hinweis auf die Fehler, das Fehlverhalten oder die Unterschiede in der Sicht der Dinge, die letztlich den Ausschlag für Ihre Entscheidung gaben, kann einsichtigen Menschen durchaus hilfreich sein.

Die Entscheidung also. Ich erlebte sie meist so: Mein Gesprächspartner beim zukünftigen Auftraggeber empfing mich mit feierlichem, in einigen Fällen auch mit strahlendem Gesicht, schüttelte mir ausgiebig die Hand und verkündete, man habe sich entschlossen, mit mir zusammenzuarbeiten. Und am Ende des folgenden Gesprächs stand die Aufforderung, doch bitte einen Vertragsentwurf zu schicken oder den bereitliegenden Vertrag zu prüfen und evtl. zu unterschreiben.

So unterschiedlich die Umstände waren, die dazu führten: In allen Fällen hatte ich zu diesem Zeitpunkt bereits eine Konzeption und erste Entwürfe für ihre praktische Umsetzung vorgelegt; obwohl es meist keine Mitbewerber gab, war diese Vorleistung ausschlaggebend für die Entscheidung zur Zusammenarbeit.

Wenn Ihre Vorarbeit so sorgfältig ist, wie sie sein sollte, ist eine definitive Entscheidung auch zu einem früheren Zeitpunkt denkbar. Tatsächlich spricht einiges dafür, das Briefing und damit den Auftrag für die konzeptionelle Arbeit erst dann zu übergeben, wenn die vertragliche Bindung vollzogen ist. In der Praxis kommt dies jedoch schon deshalb kaum vor, weil die übliche Wettbewerbspräsentation ein Briefing voraussetzt. Allerdings habe ich den Verdacht, daß manche Werbung besser sein könnte, hätte das ihr zugrunde liegende Briefing jene wichtigen Informationen enthalten, die bewußt zurückgehalten wurden, weil man sie ungern bei jenen Werbern wissen wollte, die nach der Präsentation als Verlierer nach Hause gehen mußten. Solche Überlegungen sind natürlich überflüssig, wenn bereits ein Vertrag besteht.

Auf jeden Fall sollten Sie bedenken, daß Sie selbst dann, wenn Ihre zukünftige Werbeagentur fähig ist, wirksame und effiziente Werbung zu machen, ernsthaft und intensiv daran mitarbeiten müssen. Auch eine gute Konzeption ist noch verbesserungswürdig; Vorschläge dazu können nur von Ihnen kommen und sind besser und fairer als ein vorschneller Ausstieg aus dem hier vorgeschlagenen Procedere. Wenn also Ihr Partner in spé damit einverstanden ist, sollte Ihre Entscheidung (samt vertraglicher Fixierung) nach der einvernehmlichen Verabschiedung der Konzeption fallen. Bestandteil der (natürlich schriftlich formulierten) Konzeption müssen Skizzen der beabsichtigten Visualisierung und erste Proben der verbalen Umsetzung sein. Ausgearbeitete Anzeigenserien, evtl. sogar mit Alternativvorschlägen, sollten nicht dazugehören; sie sind Bestandteil des geschäftlichen Alltags nach dem Vertragsabschluß.

Wir waren davon ausgegangen, daß all dies unter der Voraussetzung stattfindet, daß Sie noch nie mit einer Werbeagentur zusammengearbeitet haben. Und wenn diese Voraussetzung nicht zutrifft? Auch dann können (und sollten) Sie sich an diesen Leitfaden halten. Doch zuvor sollten Sie sehr ernsthaft prüfen, ob eine Trennung von Ihrer bisherigen Agentur wirklich unumgänglich ist. Manches, was ich zum Thema Agentursuche schrieb, kann durchaus Anhaltspunkte für diese Überlegungen geben.

Heinz A. Hauenstein, Unternehmensberater in Grünwald bei München, schrieb in »w&v« (29. 11. 91) zum Thema Agenturwechsel:

> Es ist einfacher, die Agentur zu ändern, als die Agentur zu wechseln. Der zweitbeste Weg, die Agentur nicht zu feuern, ist ein Austausch von Leuten, die auf Ihrem Etat arbeiten. So kann man Ermüdungserscheinungen beheben und für neuen Schwung sorgen. Nichts geht verloren. Trainerwechsel bewirken manchmal Erstaunliches.
> Wenn Sie Ihre Werbung nicht mehr gut finden, sagen Sie es Ihrer Agentur, damit sie etwas dagegen tun kann. Sie müssen stolz sein auf Ihre Werbung! Und Ihre Werbeagentur muß es auch sein. Gute Agenturen sind niemals bequeme Agenturen. Lassen Sie die Leistung entscheiden – damit Sie auf Ihre Werbung stolz sein können.
> Suchen Sie eine »lebenslange« Agenturverbindung. Ich glaube, viele Kunden-/Agenturbeziehungen wären effizienter und würden länger halten, wenn sich beide Seiten sicher sein könnten, daß ihre Partnerschaft eine feste Vertrauensbasis hat und nicht an Meinungsverschiedenheiten scheitert, die sich beheben lassen. Gerade jetzt kommt es darauf an, nach Möglichkeiten einer noch wirksameren Zusammenarbeit zu suchen und alle Reserven einer guten Kunden-/Agenturbeziehung zu erschließen; denn Sie müssen davon ausgehen, daß in Zukunft die Wettbewerbsfähigkeit von Firmen und Marken noch stärker durch die Qualität der Kommunikationsleistung bestimmt wird.

Ich finde das sehr beherzigenswert. Auch dann, wenn Sie letztlich doch auf einen Wechsel der Agentur nicht verzichten wollen, finden Sie in diesem Appell Überlegungen, die Sie bei der Suche nach einer besseren Verbindung nicht aus den Augen verlieren sollten. Zum Schluß dieses Kapitels noch ein paar Worte zum Briefing. Erwähnt hatte ich es bereits weiter oben. Doch weil es sicher einige Leser gibt, die mit diesem seltsamen Wort nichts anfangen können, möchte ich noch einmal darauf zurückkommen.

Falls Sie dieses englisch-amerikanische Wort im Fremdwörter-Duden nachschlagen wollen – ersparen Sie sich die Mühe. Dort steht nämlich: *Informationsgespräch zwischen Werbefirma und Auftraggeber über die Werbeidee.* So hätte es zwar mancher Auftraggeber gern, doch das eben ist es nicht, was not tut.

Das Briefing bedarf zwingend der Schriftform. Schon aus dem Grund, den der anglo-irische Schriftsteller Cecil Day-Lewis, den Sie vielleicht eher als Krimi-Autor unter dem Pseudonym Nicholas Blake kennen, so formulierte: »Wir schreiben nicht, um verstanden zu werden, sondern um zu verstehen.«

Ich würde in unserem Fall hinter dem nicht noch ein *primär* einfügen, denn natürlich müssen auch die Werber das Briefing verstehen. Doch zunächst einmal soll ein Briefing Ihnen selbst die Gewißheit geben, daß Sie wirklich alles Wichtige, was zu Ihrem Unternehmen, zu Ihrem Produkt oder zu Ihrer Dienstleistung zu sagen ist, an die Werber weitergeben – und zwar sowohl alles Positive wie auch Negatives, soweit es für die Werbung relevant sein könnte. Dabei sollten Sie so objektiv wie möglich sein, doch schadet es nicht, wenn angesichts besonderer Vorteile die Emotionen mit Ihnen durchgehen; Emotionen sind der Humus, auf dem die Werbung besonders gut gedeiht.

Ins Briefing gehören alle Fakten, die Unternehmen, Unternehmensziele und Produkte kennzeichnen, aber auch in konzentrierter Form die wichtigsten Fakten über Mitbewerber und ihre (konkurrierenden) Erzeugnisse, über den Markt und die realen bzw. angestrebten Marktanteile, über Distribution, Vertriebswege und die Zielgruppe(n). Es gibt Checklisten zu diesem Thema, die mehrere hundert Positionen enthalten; Ihr Bestreben sollte es sein, mit drei oder vier DIN A 4-Seiten auszukommen, auf denen dann allerdings kein unnötiges Wort zu finden sein darf.

Bei der Arbeit am Briefing sollten Sie keine Vorkenntnisse auf Seiten Ihrer zukünftigen Agentur voraussetzen (sind sie, etwa über Markt und Mitbewerber, vorhanden, um so besser), aber davon ausgehen, daß Sie es mit intelligenten, lernwilligen und vernunftbegabten Menschen zu tun haben. So weit Ihnen dies möglich ist, sollten Sie berücksichtigen, daß Werber keine Marketingleute sind.

Wolf D. Rogosky, einer der berühmten Kreativen der legendären Düsseldorfer Werbeagentur GGK, erzählte »w&v« vor Jahren (Nr. 13/März 1986):

> Briefings machen meist die Marketingleute. Aber die verbringen ihr Leben in anderen Termini als wir. ... Produktmanager wissen ja alles über ihr Produkt. Bei IBM zum Beispiel dokumentierten sie das über drei volle Stunden, immer dieselben Charts und Overheads, und wir machen danach unsere Arbeit. Dabei sind wir wie begossene Pudel. Wir haben nicht richtig verstanden, was sie gesagt haben oder können nichts damit anfangen. Wenn man dann kühn genug ist, doch was zu machen, fällt man in jedem zweiten Fall auf die Nase.

Deshalb, nochmals: Ein »Informationsgespräch« ist kein Briefing! Das Briefing bedarf der Schriftform! Was übrigens auch ein Gebot der Fairness (und der Vorsicht) ist. Auch Schriftliches kann mißverstanden werden, doch dann kann man mit dem Finger darauf zeigen, kann richtigstellen. Was bei einem Gespräch schwerfällt – auf beiden Seiten.

Zwölf Tips für Werbungtreibende

Während sich die Sünden der Werber schwarz auf weiß oder vierfarbig in aller Öffentlichkeit manifestieren, bleiben die Fehler der Auftraggeber gnädig verborgen. Sie sind meist pränataler Natur, quasi unsichtbar in den Genen der Werbekampagnen festgelegt und nicht selten die eigentlichen Auslöser der Mißbildungen an den Werken der Werber.

Was also können Sie als Auftraggeber tun, um den Zug Ihrer Werbung auf die rechte Schiene zu setzen und die Weichen richtig zu stellen? Die folgenden zwölf Tips sind die diesbezüglichen Erkenntnisse aus 27 Jahren Werbepraxis, in der beide Seiten Fehler machten: ich die meinen, meine Auftraggeber die ihren. Für die einen wie die anderen zahlten fast immer die Auftraggeber.

1.

Lassen Sie den Werbern Zeit! Eine Werbung, die drei, vier und mehr Jahre laufen und wirken soll, kann niemand so nebenher »erfinden«.

Eine gute Idee schlägt oft ein wie ein Blitz. Doch bis es soweit ist, muß sich ein Kraftfeld aufbauen, in dem sich die für die Entladung nötige Energie sammelt. Das braucht seine Zeit.

Zeit kostet es zu prüfen, ob die Idee zur Kampagne ausgebaut und hinreichend variiert werden kann, ob die Kampagne die im Briefing geforderte Werbebotschaft trägt, ob die Botschaft die Zielpersonen erreicht und von ihnen verstanden wird und ob in den Köpfen der Rezipienten schließlich die gewünschten Effekte bewirkt werden können.

Zeit kostet es zu prüfen, ob sich die Konzeption auf allen erforderlichen Ebenen mit gleicher Effizienz verwirklichen läßt: in allen vorgesehenen Medien, in der Verkaufsförderung, im Follow up.

Zeit kostet es zu prüfen, ob die Realisierung im zeitlichen und finanziellen Rahmen möglich ist.

Und Zeit kostet es, wenn die Prüfungen ergeben, daß man auf dem Holzweg war. Daß man eine neue Idee braucht, einen neuen Anlauf nehmen, einen neuen Blitz abwarten muß.

Auch nach dem Anlaufen Ihrer Werbemaßnahmen tickt die Uhr, wird der Kalender dünner. »Schnelle« Werbewirkung können Sie nur mit Direktwerbung erzielen (und kontrollieren). Mittel- und langfristig angelegte Werbung – Anzeigen-, Außen-, Funk-, Film- und Fernsehwerbung – wirkt nicht von heute auf morgen. Selbst erstklassige Werbung muß zwei Hemmschwellen überwinden: die zunehmende Menge der miteinander konkurrierenden Werbebotschaften und die ebenfalls zunehmende Abstumpfung der Menschen gegenüber diesen Botschaften. Die einzige Konsequenz daraus kannten die Menschen schon, als es noch keine Werbung gab: Nur steter Tropfen höhlt den Stein. Das kostet Zeit. Das kostet Geld. Das kostet Nerven. Wenn Ihnen das untragbar erscheint, sollten Sie vielleicht besser nicht werben.

2.
Nicht nur die Zeit kostet Geld. Auch Können, Wissen, Erfahrung und erst recht so unwägbare Fähigkeiten wie Begabung und Kreativität haben ihren Preis. Wenn Sie professionelle Werbung wollen, müssen Sie akzeptieren, daß die Agentur für jede Arbeit die besten Profis beschäftigt, die sie bezahlen kann. Das ist sie Ihnen schuldig.

Professionelle Fotografen beispielsweise fordern und bekommen Honorare, die Neid und Mißgunst wecken. Manche sind tatsächlich überbezahlt. Die meisten sind es keineswegs. Ihre Betriebskosten sind enorm, der Konkurrenzdruck der Freiberufler ist groß, die Anforderungen sind gewaltig. Wenn Sie der Meinung sind, Sie »könnten das auch«, warum werden Sie dann nicht Fotograf?

Oder Texter? Oder Grafik Designer? Oder gründen eine Werbeagentur? Die Unterschätzung, oft sogar die Mißachtung des Könnens solcher Spezialisten ist nichts als eine perfide Mischung von Geiz und Ignoranz.

Das schließt nicht aus, daß Sie auf der strikten Einhaltung des Budgets bestehen sollten. Doch die für die Werbung vorgesehenen Mittel müssen so bemessen sein, daß alle notwendige Arbeit und jeder erforderliche Aufwand angemessen honoriert werden kann. Und es setzt voraus, daß beide Seiten Disziplin wahren. Auch Sie, der Auftraggeber. Nachträgliche Forderungen (wie die Gefälligkeitsanzeige im Mitteilungsblatt des Tennisvereins oder die Spende für die Tombola des Golfclubs) bedingen entweder einen Etatposten für derartige Ausgaben oder die Bewilligung ergänzender Mittel.

3.
Lassen Sie nicht zu, daß Ihre Werbung potentielle Kunden für dumm verkauft.

Die Überheblichkeit einer Werbebotschaft ist selten auf den ersten Blick zu erkennen. Sie verbirgt sich im Text. Lesen Sie deshalb jeden Text jedes Ihnen vorgeschlagenen Werbemittels.

Achten Sie darauf, daß Ihre Anzeigen (und alle anderen Werbemittel) keine unbegründeten Aussagen enthalten. Selbst gutgläubige Menschen reagieren negativ auf die Behauptung, ein Erzeugnis oder eine Dienstleistung sei für sie gut, wichtig oder unentbehrlich, wenn dafür kein ihnen einleuchtender Grund genannt wird.

Das gilt erst recht, wenn Sie intelligenten Menschen Erzeugnisse oder Dienstleistungen schmackhaft machen wollen, deren Vorteile nicht jedermann bekannt sind oder deren Nutzen nicht leicht zu erkennen ist. Da zieht kein Werbeversprechen, das nicht auch Vorteile und Nutzen nennt.

4.

Zwar darf, wer nicht gegen das Grundgesetz, das Strafrecht, das Warenzeichenrecht, das Patentrecht, das Gebrauchsmusterrecht, das Geschmacksmusterrecht, das Urheberrecht und besonders das Gesetz gegen den unlauteren Wettbewerb (UWG) verstößt, ungestraft für alles werben, was er selbst nicht einmal mit der Feuerzange anfassen würde.

Zwar müssen gute Werber können, was Karl Valentin konnte – der hat, wie Mathias Richling richtig meint, »gespielt für die ganz Gscheiten **und** für die Saudummen«.

Doch heute sind selbst die »Saudummen« gescheit genug zu merken, wenn sie für dumm verkauft werden sollen.

Deshalb sollte jeder Werbung eine realistische Einschätzung des möglichen Erfolgs zugrunde liegen. Und die Überlegung, ob das Produkt/die Dienstleistung jene Bedürfnisse tatsächlich zu stillen vermag, die eine absolut professionelle, konsequente und kostenintensive Werbung womöglich zu wecken vermag.

Was mit anderen, deutlicheren Worten eine Warnung ist vor dilettantischer, unentschlossener, von Sparwillen geprägter Werbung (nicht nur) für schwache, austauschbare, billige, banale und überflüssige Erzeugnisse und Leistungen. Sie bringt nichts, kostet trotzdem Geld und schürt den Überdruß der Menschen an der Werbung.

5.

Zahlreiche Werbekampagnen, die später zu den erfolgreichsten gehörten, wurden von den Auftraggebern ursprünglich abgelehnt. »Das kann man doch nicht machen«, hieß es. Oder: »So etwas akzeptiert doch nur eine Minderheit.« Oder: »Die Tests beweisen es: Die Leute mögen das nicht.« Eine der ältesten derartigen Kampagnen läuft noch heute: die Wüstenrot-Kampagne von *Young & Rubicam,*

Frankfurt, die in den Siebzigern mit dem »springenden« Goggomobil und der Headline *Jetzt aber los, Ludwig!* begann. Die Leute mochten sie.

Weitere Beispiele: die Kampagnen für Fiat Panda (*MC&LB*, Frankfurt), Lada (*Baader, Lang, Behnken*, Hamburg), Bayrische Vereinsbank (*Trust*, Frankfurt) und die Plakatwerbung für die Zeitschrift »Freundin« (*MC&LB*, Frankfurt). Die Panda-Kampagne wurde im Pretest zu 75 Prozent abgelehnt und wäre damit »gestorben« gewesen. Der Fiat-Werbeleiter setzte auf die 25 Prozent und gewann. Mit der Lada-Kampagne fiel die Agentur in der Präsentation beim Auftraggeber durch – und bekam den Etat ein halbes Jahr später doch.

»Wer nur Durchschnitt ist, provoziert keine Reaktionen«, sagte Bill Bernbach, einer der großen US-Werber. Und was sonst soll Werbung, als Reaktionen zu provozieren, um damit Aktionen – am Regal, an der Theke, an der Kasse – auszulösen?

Natürlich gehört Mut dazu, Werbung zu akzeptieren, die die Angesprochenen polarisiert. Doch wenn schon der Volksmund weiß, daß nicht gewinnt, wer nichts wagt, sollten Unternehmer nicht kleinmütig sein.

Der erste Werbungtreibende, der bewußt auf Provokation setzte, war Luciano Benetton. Seine Werbung polarisierte nicht nur die Werbewelt. Der Erfolg gab ihm recht. Er hatte Mut.

6.
Was ist das Geheimnis der wirtschaftlichen Erfolge der Japaner? Was unterscheidet den japanischen Geschäftsmann vom deutschen? Kenner wissen: Der geheimnisvolle Unterschied liegt in dem großen Stellenwert, den das Emotionale im Denken des so pragmatischen Japaners einnimmt. Was, selbst dem Laien erkennbar, der japanischen Werbung zugute kommt.

Deutsche Werbungtreibende, vor allem solche im Angestelltenstatus, empfinden den emotionalen Touch, den Werbung braucht, um wirksam und erfolgreich zu sein, häufig als unangemessen. Sie möchten zwar das, wofür sie werben wollen, verklärt, verherrlicht, vergoldet sehen. Aber, bitte, ganz ernstgemeint und rational.

Doch schon Schopenhauer wußte: »Was dem Herzen widerstrebt, läßt der Kopf nicht hinein.« Deshalb: Stecken Sie all Ihren Verstand, alle Logik, alle Vernunft in die Entwicklung und Herstellung Ihres Produkts, in die Konzeption und Vervollkommnung Ihrer Dienstleistung, meinetwegen auch in Ihr Marketing. Doch in der Werbung, obwohl sie ja Teil des Marketing ist, wirken die Ecken und Kanten, die Klarheit und der Glanz der Ratio eher abschreckend.

Wie erfolgreich heitere, herzerwärmende Konzeptionen und Texte für Produkte werben, für deren Kauf eigentlich nur die Akzeptanz vernünftiger, rationaler Argumente ausschlaggebend ist, beweisen *Fiat Panda, Lada, Ikea* und viele andere Erfolgsprodukte – und *Sixt* auf dem Dienstleistungssektor.

Ein Blick auf die Seite 160 (Bild 115) zeigt Ihnen zudem, daß dies sogar in der Investwerbung funktioniert. Mit dem lockeren Satz *Mit uns können Sie deutsch reden, schwäbisch schwätzen und metrisch messen* waren zählebige Vorurteile glaubhaft auszuräumen. Todernste Beteuerungen hätten eher Mißtrauen geweckt. Und selbst eine so »unsinnige« Headline wie die auf Seite 70 (Bild 43) lenkt die Aufmerksamkeit sicherer auf den Text als eine REFA-legitimierte.

Selbst intellektuelle Wortspiele und Pointen sind, zielgruppengerecht eingesetzt, nicht tabu, sofern sie nur bewirken, was wirkungsvolle Werbetexte ausmacht: daß sie beim Leser die Synapsen munter und ihm derart gute Laune machen.

7.
Gute Laune? Soll man also mit Humor werben?

Man soll, wenn man es kann. Doch wenn man so manchen Versuch, mit Humor zu werben, sieht, möchte man gleich wieder davon abraten. Humor ist eine Farbe im Regenbogen der Weisheit. Den forschen jungen Werber, dem Weisheit gegeben ist, möchte ich sehen, bevor ich an seine Existenz glaube. Was unsere jungen Werber, wenn sie gut sind, haben, ist Witz. Vor dem aber sei gewarnt.

Franz Ulrich Gass, ein unermüdlicher Kämpfer für mehr Humor in der Werbung und selbst ein Könner in diesem Fach, warnte stets davor, ihn zum Selbstzweck zu machen. Und davor, Humor und Witz zu verwechseln: »Witz zündet nur. Humor erwärmt.«

Doch auch Humor kann nur neugierig machen und Gedankenbrücken bauen; erfolgsbestimmend ist die geschickte, nahtlose und unverkrampfte Verbindung zum werbenden Argument.

Auf jeden Fall: Wenn es Ihre Werber verstehen, glaubhafte Argumente mit emotionalem Touch, heiter und pfiffig übers Herz in die Köpfe der Menschen zu pflanzen, dann bitte, denken Sie an diese Zeilen! Das Leben ist hart genug und ein von Ihnen finanziertes Lächeln sein Geld immer wert.

8.
In den sechziger Jahren war man Marktführer auf einem Gebiet der Nachrichtentechnik, das selbst mäßig kluge Menschen als ausgesprochen zukunftsträchtig einschätzten: der mobilen elektronischen Kommunikation. Man hatte technischen Vorsprung vor anderen. Man hatte ein enges, leistungsfähiges und in jeder Hinsicht

ausbaufähiges Netz von Stützpunkten mit sachverständigem Personal für Beratung, Verkauf und Kundendienst. Man mußte als eines der großen einschlägigen Unternehmen in Forschung und Entwicklung nicht knausern (und tat es wohl auch nicht). Und doch ist man drei Jahrzehnte später nur einer unter vielen Anbietern. Wie das?

Denkbar sind eine Menge von Fehlern, die irgendwo im Getriebe des großen Unternehmens gemacht worden sein könnten. Ich halte einen tatsächlich begangenen für besonders unklug: die Tabuisierung des Nachrichtenmagazins »Der Spiegel«.

Man bewarb den Produktbereich zwar professionell und mit allen relevanten Werbemitteln, also auch, wie die Mitbewerber, zunehmend mit Anzeigen. Doch die durften überall geschaltet werden, nur nicht im »Spiegel« – »Anordnung von ganz oben«.

Dies ist kein Plädoyer für das Blatt, das montags hunderte von Gallenblasen überlaufen läßt. Doch ein Konzernlenker, der aus Gründen seiner persönlichen Einstellung dem Werbeträger, der seine Kern-Zielgruppe mit höchster Effizienz erreichen würde, die paar Millionen, die dies kosten würde, nicht gönnt, der weiß nicht, was er seinem Unternehmen antut.

Noch heute finden Sie im »Spiegel« keine Anzeige dieses Konzerns mit dem weltbekannten Fünf-Buchstaben-Logo. Und so unglaublich es klingt: Er ist nicht das einzige deutsche Unternehmen, in dem einer sachgerechten, erfolgversprechenden Media-Planung vom parteipolitischen Horizont einer verantwortlichen Führungskraft Grenzen gesetzt werden. Koste es, was es wolle.

9.

Media-Planung – davon war in diesem Buch bisher nur ganz beiläufig die Rede. Dabei sind Fragen wie die, welche Medien und welcher »Media-Mix« zu wählen sind, um die Zielgruppe(n) mit dem geringsten finanziellen Aufwand und der größten Effizienz zu erreichen, genauso wichtig wie die nach Text und Gestaltung der Werbemaßnahmen; Marketingleute wissen, daß sie Bestandteil der Werbestrategie sind. Doch den deutschen Durchschnitts-Werbungtreibenden interessieren an diesem Thema allenfalls die ihm exorbitant erscheinenden Kosten für Schaltungen aller Art. Und das auch nur, um sich darüber aufzuregen.

Deshalb muß es (noch einmal) gesagt werden: Media-Planung ist eminent wichtig; sie gehört an den Anfang aller werblichen Überlegungen; sie muß Bestandteil jeder sachlich begründeten strategischen Zielsetzung sein.

Für die Praxis heißt das: Wenn Sie Ihren Werbern sagen, wem Sie **was wo** sagen wollen, können die Ihnen nur noch Vorschläge zum

Wie machen. Alle wichtigen strategischen Elemente der Werbeplanung haben Sie vorweggenommen. Folglich tragen allein Sie die Verantwortung für Wirksamkeit und Erfolg der Werbung. Können Sie das? Wollen Sie das? Wenn ja, dann ist alles gut.

Doch normalerweise ist eben dies nicht der Fall. Sie wissen, daß Sie werben müssen. Sie wissen auch, was Sie mit der geplanten Werbung erreichen wollen. Doch Sie wissen nicht, wie Sie Ihr Werbeziel so effizient wie möglich erreichen können. Deshalb haben Sie ja schließlich gute und erfahrene Fachleute gesucht und gefunden.

Diese Ihre Werbeagentur wird in der Regel Ihr Briefing zunächst auf die strategischen Erfordernisse abklopfen, also danach fragen, wie eine noch zu entwickelnde Werbebotschaft »zur rechten Zeit am rechten Ort und in der erforderlichen Intensität« an den »als Zielpotential definierten Empfängerkreis« zu bringen ist. Sie wird das auch dann tun, wenn sie, wie das zunehmend vernünftiger Brauch wird, die »Schaltung«, also den rein technischen Vorgang des Versands der Druckvorlagen, der Kontrolle und der Abrechnung, darauf spezialisierten Media-Agenturen überläßt. Denn vom Ergebnis dieser Überlegungen wird es abhängen, wie die Ihnen vorzuschlagenden Werbemaßnahmen auszusehen haben: Anzeigen in »Bild« sind etwas ganz anderes als Anzeigen in der FAZ; und daß ein und dieselben Anzeigenmotive sowohl im »Stern« als auch in »Hörzu«, in der »Freundin« und in »Tempo«, in »Penthouse« und »Capital« geschaltet werden, ist nur selten der Fall.

Wenn Sie derartige Überlegungen schon bei der Agenturauswahl gemeinsam mit den Werbern anstellen, dann – ja dann sind Sie ein Auftraggeber, wie er im Werbealltag leider nur selten vorkommt. Dann können Sie stolz auf sich sein.

10.

Nur indirekt mit dem Mediaplan zu tun hat ein anderer Fehler, den Werbungtreibende häufig begehen: Weil sie sich an ihrer eigenen Werbung sattgesehen haben, glauben sie, aller Welt gehe es ebenso. Ich nenne das den Spielzeug-Effekt. Irgendwann ist jedes Kind seines eifersüchtig gehüteten Lieblingsspielzeugs überdrüssig. Für die Nachbarskinder dagegen, die nur hin und wieder mitspielen dürfen, behält dasselbe Spielzeug viel länger seine Anziehungskraft.

Von einem Nachlassen der Wirkung eines über eine lange Zeit geschalteten Anzeigenmotivs kann heute weniger denn je die Rede sein. Was nachläßt, ist im Gegenteil die Bereitschaft, Werbung zur Kenntnis zu nehmen. Ein Nachlassen der Werbewirkung könnte sich zudem stets nur auf einen Rezipienten beziehen, der Ihre Anzeige(n) tatsächlich bei jedem Erscheinen wahrnimmt und geistig verarbeitet. Doch diese ideale Zielperson der Werbung war schon immer ein Wunschtraum, und sie wird es, da bin ich ganz sicher, auch immer bleiben.

Zudem inseriert ja niemand für eine einzelne Zielperson, sondern hofft, mit seiner Anzeige Tausende von Köpfen zu erreichen. Das ist in unserer Zeit der Reizüberflutung nicht nur ein anspruchsvolles, sondern ein fast hoffnungsloses Unterfangen. Selbst wenn Ihre Werbung rundum optimal ist: Bis jeder einzelne Ihrer vielen »Werbegemeinten« ein einzelnes Anzeigenmotiv nicht nur einmal, sondern so oft gesehen hat, daß es für eine Weile in seinem Bewußtsein gespeichert ist, sahen Sie selbst Ihre Anzeigen fünfzig- oder hundertmal. Der Unterschied ist nur: Sie suchen Ihre Werbung in den belegten Publikationen, wollen wissen, ob sie gut plaziert und gedruckt ist. Ihre Zielpersonen dagegen haben beim Lesen einer Zeitschrift alles andere im Sinn als Werbung. Sie suchen Unterhaltung oder fachliche Information. Oder nichts als das Kreuzworträtsel. Dabei werden sie gelegentlich auch auf eine Anzeige aufmerksam.

Und manchmal, wenn die Aufmerksamkeit der Leserin/des Lesers nicht zu sehr von einem redaktionellen Beitrag in Anspruch genommen ist, wenn das Telefon nicht im falschen Moment klingelt, wenn die Sterne günstig stehen, wenn Ihr Produkt/ Ihre Dienstleistung das Begehren der Leserin/des Lesers zu wecken imstande und zu alledem Ihre Anzeige kein Sündenfall der Werber ist – dann, vielleicht, ist es **Ihre Anzeige**, die Aufmerksamkeit weckt, gefällt, verstanden wird, überzeugt und den gewünschten Erfolg hat. Und das ist dann genau die Anzeige, die Ihnen schon lange zum Hals heraushängt. Die Sie abschaffen wollen. Wissen Sie eigentlich, was Sie da vorhaben?

Das abgedroschene Wort vom Köder, der dem Fisch schmecken muß und nicht dem Angler – hier paßt es haargenau. Sie sind weder der Köder noch der Fisch. Sie sind der Angler. Und wenn Sie gute Köder haben, sollten Sie die nicht wegwerfen, bevor nicht alle Fische aus dem Teich sind.

11.

Und dann ist da noch die Sache mit der Corporate Identity. Werden Sie wach, hellwach, wenn Werber darauf zu sprechen kommen!

In der Psychologie bedeutet Identität die als Selbst erlebte innere Einheit der Person. Zu fragen wäre also zunächst: Kann ein Unternehmen eine Identität haben? Ein Blick in die ökonomische Landschaft zeigt, daß die Antwort ein eindeutiges Ja ist. Wie Monolithen ragen sie über die Dunstschicht hinaus, in der sich die Menge der grauen Unternehmensmäuse verbirgt. Millionen Menschen verbinden mit ihren Namen exakte, wenn auch nicht immer die richtigen Vorstellungen. Sie machen, beeinflussen und beherrschen Märkte, häufig die Politik und manchmal sogar den sozialen, kulturellen und ethischen Gang der Dinge. Oder sie konzentrieren all ihr Wollen und Können, alle ihre Ambitionen auf ihr Tun, machen sich so einen guten Namen und werden uns fast unmerklich unentbehrlich und sympathisch. Doch, Unternehmen können eine Identität verkörpern.

Wer jedoch glaubt, er könne seinem Unternehmen eine solche Corporate Identity verordnen oder vom Spezialisten schneidern oder drechseln oder schmieden lassen, der ist auf einem Holzweg. Corporate Identity wächst wie die Perle in der Auster, um einen Kristallisationskern herum, ganz von selbst und schön langsam. Oder auch nicht.

Wachstumskern einer Unternehmensidentität ist immer eine Idee. Die Idee eines einzelnen oder einer Gruppe von Menschen, seine oder ihre Denkweise, seine oder ihre »Unternehmensphilosophie«. Auch sie ist eines Tages da, findet ihren adäquaten verbalen Ausdruck, ein kongeniales Design, das Gesicht, an dem wir die Identität erkennen.

Natürlich können externe Helfer nach dem treffenderen Ausdruck, dem besseren Design, dem wirksameren Logo suchen, und sicher kann solche Hilfe wertvoll und wirksam sein. Doch diese Söldnerarbeit ist immer nur Polieren des Scheins und verändert nur in seltenen Fällen nach langwierigem Bemühen auf beiden Seiten das Sein.

Was noch am ehesten zu erreichen ist, nennt sich Corporate Design und ist zwar nicht wohlfeil, aber immerhin käuflich. Oft ist es die Identität derer, die keine haben. Unnütz und überflüssig ist es selten. Es ist Outfit und Korsett in einem, hilft Haltung zu bewahren und einen guten Eindruck zu machen.

Zu warnen aber ist vor dem Versuch, schönen Schein für Identität zu halten. Das geht schon beim einzelnen Menschen schief. Wieviel mehr erst bei einem Unternehmen.

12.
Schaffen Sie eine Atmosphäre des Vertrauens. Sorgen Sie dafür, daß Ihre Werber im Betrieb ein gutes Ansehen genießen und von allen Beteiligten unterstützt werden. Vergewissern Sie sich in offenen Gesprächen, ob ihnen alle erforderlichen Informationen zugänglich sind und ob sie diese auch nutzen. Geben Sie Ihren Werbern die Möglichkeit, die Ergebnisse ihrer Arbeit im Unternehmen vorzu-

stellen – in der Firmenzeitschrift, durch Aushang aktueller (!) Anzeigen am Schwarzen Brett oder, noch besser, durch »Wechselausstellungen« in der Kantine oder an anderen geeigneten Plätzen im Betrieb.

Eine solche Unterrichtung der Mitarbeiter über Ihre Öffentlichkeitsarbeit gibt Ihnen bei entsprechender Organisation zugleich die Möglichkeit der Rückkopplung mit interessierten Laien. Kaum jemand kann die Effizienz der Werbung für Dienstleistungen, Gebrauchs- und Verbrauchsgüter besser beurteilen als derjenige, der engagiert an ihrer Herstellung beteiligt und womöglich gleichzeitig »Verbraucher« ist.

Wenn Sie dann noch das Glück haben, daß auch Ihre Werber selbst zur Zielgruppe gehören, ist gegenseitiges Vertrauen die sicherste Garantie dafür, daß Sie entweder gut und erfolgreich werben oder die Erkenntnis gewinnen, daß an Ihrem Produkt oder an seiner Positionierung irgendetwas verbesserungsbedürftig ist. Denn wer anderes als Sie, Ihre Mitarbeiter und Ihre Werber machen sich so viel Gedanken über das, was Sie verkaufen wollen?

Eine Art Nachwort: Die lausigen Verführer

Ende der fünfziger Jahre gingen die Horrormeldungen von den *hidden persuaders* durch die Weltpresse. Obwohl der Urheber, der amerikanische Publizist Vance Packard, eher an verborgene Knüppel dachte, mit denen jeder, der das entsprechende Know-how besitzt, seinen Mitmenschen unbemerkt Wünsche in die Köpfe prügeln könne, kam sein Buch in Deutschland 1958 mit dem schöngefärbten Titel »Die heimlichen Verführer« auf den deutschen Markt.

Die deutschen Werber fanden auch dies noch ehrenrührig. Erbittert wehrten sie sich gegen solch weitere Demontage ihres ohnehin miserablen Images. Ihre Profession sei es, auf honorige Weise seriöse Informationen unter die Leute zu bringen. Mündige Konsumenten wüßten zudem ohnehin, was sie auf dieser schönen Welt zu tun hätten.

Und obwohl sich schließlich herausstellte, daß Packards größter Schocker, die unsichtbare *Hol-sie-dir*-Botschaft in der Kinowerbung, ein Hirngespinst ehrgeiziger Verhaltenswissenschaftler war, blieben die Werber dabei: Verführen ist Pfui, Verkaufenwollen ist nicht viel besser und auch Werben klingt nicht gut. So ernannten sie sich zu Kommunikationsfachleuten (»Kommunikationswirt« ist ein ernstgemeinter Titel!) und wähnten das Imagetief bewältigt.

1992 bekannte Werner Herrwerth, Chef einer Münchener Agenturgruppe und seit 45 Jahren ein in der Wolle gefärbter Werber, in einem »w&v«-Interview: »Ich halte mich für einen Verführer. Und andere Leute zu verführen, ist eine schweißtreibende Angelegenheit.« Daß er dies für eine absolut ehrbare Tätigkeit hält, steht außer Zweifel.

Das kann man natürlich auch anders sehen. Als ich die ersten Jahre in dieser seltsamen Branche hinter mir hatte, fand ich, für das Seelenheil eines sensiblen Kreativen komme es weniger darauf an, daß man als Werber andere Leute verführen müsse als darauf, wozu man sie verführe. Und weil man das als Angestellter in einer Agentur kaum steuern kann, machte ich mich selbständig und spezialisierte mich auf jene Werbung, die bei denen, an die sie sich richtet, willkommen ist und als hilfreich akzeptiert wird. Lange gab es dafür noch nicht einmal eine passable Bezeichnung. Seit auch große Agenturen dieses Feld beackern, nennt man sie »Business-to-Business-Kommunikation«, woran mich nur das hochtrabende Wort »Kommunikation« stört.

Darunter fällt, die Bezeichnung trifft ansonsten den Nagel auf den Kopf, alle Werbung, mit der sich Produzenten oder Dienstleister an andere Unternehmen wenden: Investitionsgüter-Werbung ebenso wie Werbung für spezielle Dienstleistungen, Werbung also, die Otto Normalverbraucher kaum zu sehen bekommt.

Was, als ich 1971 damit begann, noch beklagenswert dilettantisch gehandhabt wurde – noch zehn Jahre später gab es 20-Mann-Agenturen, die keinen einzigen Texter beschäftigten –, ist heute großenteils so professionell wie die Markenartikel- oder Verbrauchsgüterwerbung – und eine schöne Nische für alle Werber, die nicht in den Geruch kommen wollen, heimliche Verführer zu sein.

Vance Packards Leiche aus den Fünfzigern wurde 1991 erneut aus dem Keller geholt, diesmal von einem erfahrenen deutschen Werber, dessen beruflicher Weg dem meinen gleicht. Dr. Ulrich Eicke studierte Literaturwissenschaft, Psychologie und Philosophie, lernte das Werbehandwerk in einer Agentur, war Werbeleiter in der Industrie und schließlich freiberuflicher Werbeberater. Fast 40 Jahre Werbepraxis im Hintergrund, schrieb er das Buch »Die Werbelawine – Angriff auf unser Bewußtsein« (Knesebeck & Schuler), von dem Gerd Stahlschmidt in »w&v« meinte: »Ein packendes Buch, prallvoll mit haarsträubenden Beispielen aus der gefährlich bunten Welt der freien Marktwirtschaft, mit denen der Autor die unverantwortlichen und letztlich menschenverachtenden Aspekte der Werbebranche belegen will.«

Eicke schießt vor allem auf die Markenartikelwerbung. Er schreibt: »Es stimmt also, was von der Werbewirtschaft stets bestritten wird: Markenartikelwerbung verteuert die Ware. Präziser gesagt: Markenwerbung sorgt dafür, daß Konsumenten überhöhte Preise bezahlen.« Zum Beweis schreibt er 20 Zeilen tiefer: »In seinem Buch Geständnisse eines Werbemannes schrieb David Ogilvy: Neun Zehntel und mehr der Werbung sei nichts anderes als ein Streiten über die relativen Vorzüge zweier voneinander kaum verschiedener und oft auch nicht unterscheidbarer Waren wie Mogg- oder Bogg-Seife. Versuche, die Umsätze einer Firma auf eine andere umzulenken, seien eine ›enorme Verschwendung‹.«

Doch wer in Ogilvys Buch nachsieht, kann nur staunen. Der erste, wohlweislich nicht in Anführungzeichen gesetzte Satz von *Neun Zehntel* bis *Bogg-Seife* stammt von einem Menschen namens Stuart Chase. Und auch der zweite Satz ist kein Ogilvy-Originalzitat. Im Buch lautet er: »Rexford Tugwell, der ... der Schöpfer der wirtschaftlichen Renaissance von Puerto Rico ist, verurteilt auch ›die enorme Verschwendung, die beim Versuch, die Umsätze einer Firma auf eine andere umzulenken, entsteht‹.« Ogilvy selbst weicht der Frage der Kapitelüberschrift »Soll man die Werbung abschaffen?« mit solchen und anderen Zitaten geschickt aus; der erste Absatz dieses Kapitels lautet:

> Vor nicht allzulanger Zeit versuchte mich Lady Hendy, meine ältere Schwester, die eine begeisterte Sozialistin ist, davon zu überzeugen, daß Werbung abgeschafft werden sollte. Es war für mich sehr schwierig, mich mit diesem drohenden Vorschlag zu beschäftigen, da ich weder Wirtschaftswissenschaftler noch Philosoph bin. Zu guter Letzt gelang es mir aber zu beweisen, daß die Ansichten in diesem Punkt zumindest geteilt wären.

Und beim Thema Verteuerung der Waren durch die Werbung ist Ogilvy exakt gegenteiliger Meinung als Eicke.

Derart unseriös sollte, wer nicht weniger anstrebt, als die Werbung abzuschaffen, nicht arbeiten. Denn es gibt vieles in Eickes Buch, dem man vorbehaltlos zustimmen kann. So zum Beispiel, wenn er auf die verheerenden Folgen hinweist, die die Fernsehwerbung – vorsätzlich – in den Köpfen von Kindern anrichtet.

Obwohl ich unter soziokulturellem Aspekt an der Werbung nicht viel weniger auszusetzen habe als Ulrich Eicke, verstehe ich mein Buch, wie Sie sicher bemerkt haben, nicht als Kritik an der Werbung »als solcher«, sondern als Kritik an der unprofessionellen, weil inkompetenten und/oder voraussetzungslosen Art, in der so viele Werber mit ihrem Auftrag umgehen.

Das hat etwas damit zu tun, daß mir aus gutem Grund Eiferer und Ideologen verhaßt sind. Außerdem bin ich Pragmatiker. Deshalb liegt es mir fern zu glauben, es könne irgendjemandem gelingen, die Werbung in ihrer heutigen Form generell abzuschaffen. Das käme der mit viel schwerwiegenderen Gründen immer wieder erhobenen Forderung nach Abschaffung zumindest des individuellen Autoverkehrs gleich. Von der nach der ersatzlosen Streichung kriegerischer Auseinandersetzungen aus dem kollektiven Bewußtsein der Menschheit ganz zu schweigen. Offene Augen, ein bißchen Lebenserfahrung und ein wenig Vernunft genügen, um festzustellen, daß die Menschheit nicht fähig ist, derartige Utopien zu verwirklichen – was immer auch dafür sprechen mag.

Pragmatismus ist es auch, der mich David Ogilvys Leitsatz zustimmen läßt, daß Werbung verkaufen soll und daß die Werber, wenn sie unter dieser Prämisse Aufträge von Werbungtreibenden entgegennehmen, so gut, so wirkungsvoll und so ökonomisch zu arbeiten haben, wie man das von einem ordentlichen Handwerker erwarten darf.

Da sie es dabei stets mit Menschen zu tun haben, versteht es sich von selbst, daß ihr Wirken ein stetes Verführen ist. Und das bedeutet, daß gute Werber(innen) einiges mehr brauchen als guten Willen, Fleiß und Cleverness. Einiges von dem, was zu ihrer handwerklichen Mindestausstattung gehört, habe ich beschrieben. Wie vielen von ihnen es daran mangelt und was dieser Mangel bewirkt, haben Sie gesehen.

Mein Fazit: Es sind lausige Verführer, die das Geld ihrer ahnungslosen Auftraggeber unter deren Augen aus dem Fenster werfen.

Nicht immer. Aber immer öfter.

Fachzeitschriften und Informationsdienste

***absatzwirtschaft* Zeitschrift für Marketing**
Handelsblatt GmbH
Postfach 101102
40002 Düsseldorf
Fax (0211) 379330

HORIZONT Zeitung für Marketing, Werbung und Medien
Deutscher Fachverlag GmbH
Postfach 100606
60006 Frankfurt am Main
Fax 75951600

Der Kontakter
Märkte & Medien Verlagsges. mbH
Postfach 501060
22710 Hamburg
Fax (040) 316658

Marketing Journal
Gesellschaft für angewandtes Marketing GmbH
Postfach 130704
20107 Hamburg
Fax (040) 4101276

STAMM Leitfaden durch Presse und Werbung
Stamm Verlag GbH
Goldammerweg 16
45134 Essen
Fax (201) 8579801

text intern
Text Verlag GmbH
Postfach 106124
20042 Hamburg
Fax (040) 2278676

TEXTEN & SCHREIBEN
Hans Holzmann Verlag GmbH & Co
Postfach 1342
86816 Bad Wörishofen
Fax (08247) 354170

***w&v* Die Wochenzeitung für Marketingkommunikation**
Europa Fachpresse Verlag
Postfach 83 09 15
81709 München
Fax (089) 63 77 791